Klaus Scala, Ralph Grossmann
Supervision in Organisationen

Klaus Scala, Ralph Grossmann

Supervision
in Organisationen

Veränderung bewältigen - Qualität sichern -
Entwicklung fördern

Juventa Verlag Weinheim und München 1997

Die Autoren

Klaus Scala, Jg. 1945, Dr. phil., Philosoph, Gruppendynamiker und Organisationsberater, ist wissenschaftlicher Mitarbeiter an der Universität Graz, Zentrum Schulpraktikum und wissenschaftlicher Konsulent und Lehrbeauftragter am IFF-Institut für Interdisziplinäre Forschung und Fortbildung in Wien.

Ralph Grossmann, Jg. 1949, Dr. jur., ist Universitätsdozent für Gruppendynamik und Organisationsentwicklung, leitet die Abteilung Gesundheit und Organisationsentwicklung am IFF, arbeitet als Supervisor und Organisationsberater.

Die Deutsche Bibliothek - CIP-Einheitsaufnahme

Scala, Klaus:
Supervision in Organisationen : Veränderung bewältigen - Qualität sichern - Entwicklung fördern / Klaus Scala ; Ralph Grossmann. - Weinheim ; München : Juventa Verlag, 1997
   ISBN 3-7799-1045-4

© 1997 Juventa Verlag Weinheim und München
Umschlaggestaltung: Atelier Warminski, 63654 Büdingen
Umschlagabbildung: Oskar Schlemmer „Figurenplan K1" 1921
Printed in Germany

ISBN 3-7799-1045-4

Inhalt

Einleitung

Supervision in Organisationen ist recht plötzlich zu einem in der Fachwelt vieldiskutierten Thema geworden. Dies belegen Publikationen, einschlägige Weiterbildungsangebote und Fachtagungen. Als Verfahren berufsbezogener Selbstreflexion ist Supervision schon länger auf die Bedeutung des „institutionellen Faktors" für die Arbeit der Klienten und die eigene Rolle gestoßen. Vor allem die Sozialisationskraft von Institutionen auf die Werthaltungen, Denk- und Handlungsmuster ihrer Beschäftigten ist schon lange Gegenstand supervisorischer Theoriebildung.

Doch hat die Entwicklung der Profession in den letzten Jahren einige Sprünge nach vorne gemacht. Immer häufiger werden Supervisoren und Supervisorinnen zur Arbeit in Organisationen eingeladen. Damit wird Supervision mit unterschiedlichen organisatorischen Rahmenbedingungen und Erwartungen konfrontiert, die aus der aktuellen Problemlage der Organisationen resultieren. Vor allem sind jedoch die Organisationen selbst in einen Wandel eingetreten, der eine deutliche Zäsur markiert und in seiner weiteren Entwicklung noch gar nicht absehbar ist. Nicht allein in Wirtschaftsorganisationen stehen Strukturveränderungen und Organisationsentwicklung am Programm; die Notwendigkeit, sich als Organisation zu verhalten und sich um die eigene Entwicklung zu kümmern, hat die Organisationen in allen gesellschaftlichen Subsystemen erfaßt. Der Ruf nach Supervision ist in diesem Kontext lediglich ein Symptom unter vielen, es wird darüber hinaus in vielfältiger Weise externe Expertise angefragt. Organisationsentwicklung, Qualitätsmanagement, Projektmanagement und Personalentwicklung sind einige wichtige Schlüsselbegriffe, die beleuchten, was in den Organisationen zur Zeit vor sich geht.

Es kann nicht mehr genügen, die Supervision, die sich traditionell als eine auf Personen und Kleingruppen orientierte Arbeit versteht, um die Facette zu bereichern, den organisatorischen Kontext in den Wahrnehmungshorizont einzubeziehen. Die Dynamik der Organisationen und die Veränderung des beruflichen Handelns lassen es nicht mehr zu, Organisation lediglich als

Rahmenbedingung für die fachliche Arbeit zu sehen. Die Professionellen sind zunehmend damit konfrontiert, sich aktiv mit der Gestaltung ihrer Organisation auseinanderzusetzen. Davon sind die Erwartungen der Professionellen in allen Supervisionssettings beeinflußt. Die Integration der Organisationsdimension in die supervisorische Arbeit bedeutet, die Entwicklung von Personen vor dem Hintergrund der Entwicklung von sozialen Systemen zu bearbeiten und beide Prozesse kompetent zu beobachten.

Die Voraussetzungen für das Gelingen dieser Umorientierung haben wir in dem vorliegenden Buch systematisch dargelegt: Einleitend haben wir unser Verständnis von Supervision in Organisationen in Thesen zusammengefaßt. Ausgehend von einer Exploration der aktuellen Veränderungstendenzen in Organisationen und den daraus abgeleiteten Herausforderungen für die Supervision (Kap. 1) geht es um die Entwicklung eines organisationsdiagnostischen Instrumentariums (Kap. 2 und 3). Darauf folgt die Thematik der Intervention in Organisationen (Kap. 4 und 5), wobei das Setting als wirkungsvollstes Interventionsinstrument eine zentrale Stelle einnimmt. Die drei folgenden Kapitel sind der speziellen Organisationstheorie gewidmet und behandeln die Schule, das Krankenhaus und die Sozialeinrichtungen als Klientensysteme von Supervision (Kap. 6, 7, 8). Wir meinen, daß die Auseinandersetzung mit unterschiedlichen Organisationstypen eine unverzichtbare Voraussetzung darstellt, um sich in diesen Systemen als Supervisor sicher bewegen zu können. Eine allgemeine Organisationstheorie greift hier zu kurz. Dieser Aspekt ist in der Debatte über Supervision in Organisationen bislang viel zu kurz gekommen. Es gibt sehr wohl einige Darstellungen feldspezifischer Organisationskulturen und ihrer Auswirkungen auf die Professionellen, die jedoch nicht auf die unterschiedlichen Systeme und ihre aktuelle Entwicklungsdynamik eingehen. Wir haben die spezielle Organisationstheorie auf die Schule, das Krankenhaus und die Sozialeinrichtung konzentriert. Sie repräsentieren ein breites Spektrum der Klienten von Supervision, und die Darstellungen können gut als Modelle zur selbständigen Erforschung anderer Felder genützt werden. Außerdem haben die Autoren in diesen Feldern ihre praktischen Erfahrungen als Organisationsberater und Supervisoren. Daran anschließend werden Formen der Implementierung und organisatorischen Verankerung von Supervision in den Klientensystemen behandelt und ihre Bedeutung für die Qualität der Supervision erörtert (Kap. 9). Das Buch endet mit Schlußfolgerungen für die Qualifizierung und die professionelle Weiterentwicklung von Supervisoren, wobei der Hochschullehrgang des IFF (Institut für Interdisziplinäre Forschung und Fortbildung) vorgestellt wird (Kap. 10). Das Buch wendet sich an

- Supervisoren und Organisationsberaterinnen,

- Verantwortliche für Supervision, Personalmanagement und Weiterbildung auf seiten der Auftraggeber,

- Leitungskräfte in unterschiedlichen Organisationen: Schuldirektorinnen, Abteilungsleiter und Krankenschwestern in Führungspositionen, Leiterinnen von Sozialeinrichtungen bzw. deren Subeinheiten u.a.

Die Arbeit als Organisationsberater und Supervisoren in den dargestellten Organisationen und langjährige Erfahrungen mit organisationsbezogenen Trainings in den angesprochenen Systemen bilden den professionellen Hintergrund der Autoren. Dazu kommen noch die speziellen Erfahrungen aus dem Hochschullehrgang Supervision in Organisationen, den die Abteilung Gesundheit und Organisationsentwicklung des IFF entwickelt und durchgeführt hat.

Für unsere Theorieentwicklung war die Auseinandersetzung mit der Systemtheorie besonders anregend. Wir beziehen uns dabei stärker auf den soziologischen und gesellschaftstheoretischen Zweig der Systemtheorie, der speziell für die Praxis als Berater und Supervisorin eine wertvolle theoretische Fundierung abgibt. Die systemischen Ansätze aus der Familientherapie sind für unsere Thematik in einigen Aspekten sehr anregend, gleichzeitig scheint uns jedoch die Verwechslung von Gruppen und Familien mit Organisationen eines der häufig anzutreffenden Probleme im Umgang mit Organisationen zu sein.

Für die sorgfältige und fachlich profunde Dokumentation und Auswertung des Hochschullehrgangs „Supervision in Organisationen", der den entscheidenden Anstoß für diese Publikation gab, danken wir Evelyn Klein und Wolfgang Fürnkranz; letzterem auch für die Kooperation in der Lehrgangsentwicklung und die Bündelung des umfangreichen Materials. Wir danken den Konsulenten und Lehrbeauftragten des Hochschullehrgangs, namentlich Richard Timel als einem der Impulsgeber und Marlies Lenglachner für ihr Engagement in der Reflexion des Lehrgangskonzepts. Wir danken den Lehrgangsteilnehmern, die über einen längeren Zeitraum hindurch mit wichtigen Anregungen dafür gesorgt haben, daß das Thema der Professionalisierung und Qualifizierung von Supervisoren gründlich bearbeitet wurde, und wir danken Helena Biritz für die Koordination des Publikationsprojektes und das Management des komplexen und schwer steuerbaren Unternehmens Hochschullehrgang sowie Isabella Brandner für die umfangreiche Transkripterstellung.

Graz und Wien, im Juni 1997
Klaus Scala, Ralph Grossmann

Thesen zur Konzeption und zu den Instrumentarien der systemischen Supervision in Organisationen

1. *Der Fokus der systemischen Supervision ist gerichtet auf professionelles Handeln, berufsbezogen und eingebunden in den Kontext eines organisierten Sozialsystems.*

2. *Systemische Supervision exploriert die Fallproblematik vor dem Hintergrund der spezifischen Organisations- und Systemlogik sowie der spezifischen Kultur der Organisation. Dafür dienen die soziologische Systemtheorie und Erkenntnisse anderer Organisationstheorien als Grundlage.*

3. *Dies braucht Verständnis für die unterschiedlichen Funktionen gesellschaftlicher Subsysteme, Kenntnisse über unterschiedliche Funktionen und über die Kernoperationen einer Organisation, Kenntnisse über die Aufbauorganisation, welche professionellen Rollen sich jeweils etabliert haben und welche spezifischen Handlungsmuster damit verbunden sind. Dazu gehört ein Wissen um die Funktionen und Aufgaben, für die eine Organisation geschaffen und zuständig ist und welche Aufgaben und Probleme sie daher nicht wahrnehmen kann.*

4. *Ausgehend von konkreten Fällen und der professionellen Rolle versucht systemische Supervision einen sozialen Kontext abzugrenzen, der analyse- und handlungsrelevant ist. Der Blick ist dabei nicht primär auf die Person mit ihren Eigenschaften, sondern auf die professionelle Rolle und ihre Einbindung in ein soziales System gerichtet.*

5. *Systemische Supervision fokussiert die spezifische Problemsicht und die dahinterliegenden Wahrnehmungsmuster und Handlungsweisen des Fallbringers; sie ist auf Erweiterung dieser Problemsicht und damit auf das Erschließen neuer Handlungsoptionen ausgerichtet.*

6. *Wahrnehmungsmuster und Wirklichkeitskonstruktionen sind einerseits immer stark von affektiven Momenten, andererseits von organisations- und kulturspezifischen Faktoren bestimmt.*

7. *Der wechselnde Bezug von Person und sozialem System und der Zusammenhang zwischen beiden steht im Zentrum der Supervisionsarbeit. Die Fallgeschichte verbindet Person und System und erschließt einen konkreten Handlungskontext.*

8. *In die Erhebung des sozialen Kontextes sind die Subsysteme und die an diesem Fall beteiligten Rollenträger, die wichtigsten System/Umwelt-Beziehungen einzubeziehen, und es ist die Klärung der Problemsicht und der Interessen der Beteiligten zu erarbeiten.*

9. *Systemische Supervision fokussiert Beziehungen, sie denkt das Problem in Relationen und nicht als Produkt individuellen Handelns.*

10. *Systemische Supervision lenkt den Blick auf die Handlungsebene im System und verharrt nicht bei Bewußtseins- und Gefühlslagen.*

11. *Systemische Supervision stärkt ressourcenorientierte Herangehensweisen und nicht defizitorientierte Zugänge. Eine sorgfältige Problemanalyse ist ein notwendiger Bestandteil von Supervision. Sie ist darauf gerichtet, die Problemwahrnehmungskapazität des Fallbringers zu erhöhen, aber es ist ihre Aufgabe, Ressourcen freizusetzen sowie Handlungsmöglichkeiten zu eröffnen, und zwar sowohl auf der Personen- als auch auf der Systemebene.*

12. *Systemische Supervision nimmt sorgfältig Bezug auf die Differenz von Bewahren und Verändern im System wie auch beim Fallbringer und versucht, die geschilderte Problemsituation auch als Lösungsversuch zu sehen und die zu bewahrenden Elemente zu ermitteln sowie herauszufinden, wofür Veränderungsenergie vorhanden ist. Sie initiiert Überlegungen zur Funktionalität sowie Kosten-Nutzen-Kalküle, wenn es um Bewahren oder Verändern geht.*

Das bedeutet auf der Ebene der Methoden:

13. *Systemische Supervision verwendet Differenzschemata für das soziale System und sorgt dafür, daß die relevanten Unterschiede in den Blick kommen.*

14. *Systemische Supervision verwendet Frageformen nicht allein zur Datenerhebung, sondern auch als Instrument dafür, den Fallbringer dazu anzuregen, neue Perspektiven zu entwickeln. Im Sinn der Erweiterung der Problemsicht des Fallbringers (Umdeutung) dient das Fragen zur Diagnose und als Intervention.*

15. *Systemische Supervision benützt*

   a) *zirkuläre Fragetechniken, weil sie Beziehungen erschließen und öffnend wirken und damit unterschiedliche Sichtweisen und Wirklichkeitskonstruktionen anregen,*

   b) *hypothetische Fragen, weil sie Funktionen von Problemen sowie Kosten-Nutzen-Relationen sichtbar machen,*

   c) *Unterscheidungsfragen, weil sie die Aufmerksamkeit von diffusen Eindrücken und Gefühlen auf konkrete Handlungszusammenhänge lenken,*

   d) *Merkmalsfragen, weil sie auf die Handlungsebene lenken und auch konkrete Erfolgskriterien formulieren lassen.*

16. *Systemische Supervision bewertet und selektiert Methoden danach, inwiefern sie gleichermaßen den Bezug auf Person und Struktur ermöglichen.*

17. *Systemische Supervision nützt die Gruppe als Resonanzraum.*

18. *Systemische Supervision zieht sorgfältig Grenzen gegenüber Qualifizierung (Weiterbildung), Therapie und Organisationsberatung.*

19. *Systemische Supervision verwendet viel Energie auf die Vertragsgestaltung, mit dem Ziel, supervisionsgeeignete Problemstellungen zu identifizieren und eine adäquate Konstruktion des Supervisionssettings herbeizuführen.*

20. *Systemische Supervision tendiert eher zu befristeten Arrangements mit Erfolgskriterien und Erfolgsverantwortung der Klienten bzw. des Klientensystems. Offene und zeitlich unbefristete Angebote werden eher vermieden.*

1. Organisationen im Umbau – Supervision mit neuer Identität

RALPH GROSSMANN, KLAUS SCALA

Die Veränderungsfähigkeit von Organisationen ist in den letzten Jahren von einer vieldiskutierten Frage unter den Organisationsexperten zu einer Überlebensnotwendigkeit geworden. Allerorts wird umstrukturiert, ausgelagert, dezentralisiert etc. – eine Reihe vielversprechender Modernisierungskonzepte kursiert am Markt, doch ist noch unklar, ob Organisationen damit auch überleben können. Reformen in der Spitalsfinanzierung, der Rückzug des Staates als Eigentümer vieler Organisationen, grundlegende Umstrukturierungen in den Großunternehmen – sie passieren; mit welchem Erfolg, ist noch offen. Drei Trends bestimmen zur Zeit das Geschehen: Zum einen verlieren Organisationen an Stabilität und Kontinuität, ein sich selbst beschleunigender Wandel beherrscht die Szene. War in den vergangenen Jahrzehnten die Veränderungsfähigkeit von Organisation das Thema, so ist es jetzt die Geschwindigkeit der Veränderungen. Zweitens steigt die Bedeutung von Organisationen. Immer mehr Aufgaben werden von immer mehr Organisationen übernommen, sodaß man sagen kann: Probleme, die nicht von einer Organisation bearbeitet werden, können auf gesellschaftlicher Ebene überhaupt nicht aufgegriffen werden. Die moderne Gesellschaft ist in diesem Sinn in einem noch unbekannten Ausmaß von der Leistungsfähigkeit ihrer Organisationen abhängig. Und drittens wird immer deutlicher, daß Organisationen von außen nicht direkt steuerbar sind. Sie verarbeiten Einwirkungen aus der Umwelt nach eigenen Regeln, die sich aus der internen Logik ergeben und nicht von außen bestimmt werden können. Die Grenzen, auf die z.B. Politik beim Versuch zentraler, linearer Steuerung stößt, sind ein Beleg dafür. Alle diese Trends sind mehr als kurzfristige Modeströmungen – sie signalisieren eine Entwicklung, die in ihrer Richtung unumkehrbar ist.

Organisationen verlieren ihre Sicherheit gebende Funktion und müssen diese neu herstellen

Diese Entwicklungen rütteln an wesentlichen Funktionen von Organisationen. Organisationen stellten und stellen einen stabilen Ordnungsrahmen dar, der Unsicherheit absorbiert und der Angstabwehr dient (Menzies 1974; Obholzer 1994). Die in vielen Organisationen zu beobachtende Resistenz gegen Veränderung hat darin ihre Wurzel. Nun haben Organisationen ihr Image von Stabilität und Dauerhaftigkeit verloren; die Zukunft gehört Organisationen, die flexibel auf ihre Umwelten reagieren und ihre permanente, aktiv gestaltete Veränderung als eine zentrale Aufgabe wahrnehmen. Vor diesem Hintergrund bekommen Elemente der Reflexion, wie sie auch die Supervision darstellt, einen neuen Stellenwert. Unsicherheit und die Angst vor Veränderung können produktiv nur gemeinsam – d.h. in gut kooperierenden Teams – bewältigt und gemanagt werden. Unberechenbarkeit und Veränderungstempo der für die Organisationen relevanten Umwelten brauchen als Gegengewicht in der Organisation soziale Strukturen, die Stabilität vermitteln und Freiräume für gemeinsames Nachdenken ermöglichen. Je öfter man sich auf Veränderungen einstellen und je schneller man reagieren muß, umso mehr Zeit zur Reflexion braucht man. Supervision kann institutionalisierte Selbstreflexion unterstützen und helfen, Sicherheit und Orientierung aufzubauen.

Knappe Ressourcen, höhere Ansprüche, wachsende Konkurrenz

Diese Veränderungsprozesse betreffen nicht allein Wirtschaftsorganisationen, in denen man solches gewohnt ist, sondern erfassen Organisationen in allen gesellschaftlichen Sektoren, also auch Einrichtungen, die personenbezogene Dienstleistungen erbringen und in besonderer Weise als Kunden von Supervision bekannt sind: Sozialeinrichtungen, Krankenhäuser, Schulen.

Diese Organisationen stehen mehrfach unter Druck. Der Hauptwiderspruch liegt darin, daß die Budgets der öffentlichen Haushalte knapper werden und gleichzeitig die von der Gesellschaft an diese Organisationen herangetragenen Anforderungen im Steigen begriffen sind. Zum Teil hängt dieses Problem mit der Verschärfung der gesellschaftlichen Widersprüche zusammen. Die steigende Arbeitslosigkeit erhöht den Bedarf an Dienstleistungen von Sozialeinrichtungen und macht sich mittelbar auch in Schulen bemerkbar. Der Druck der Klienten auf Einrichtungen sozialer Dienstleistungen steigt, gleichzeitig sinken die Budgetmittel zur Ausstattung dieser Organisationen. Diese Umweltveränderungen stehen durchaus in einem Zusammenhang: Der Problemdruck im Sozial- und Bildungssektor ist mitverursacht durch den sparsameren Mitteleinsatz für Arbeitsmarkt-, Sozial- und Bildungspolitik. So stehen bei steigendem Bedarf zugleich weniger Ressourcen zur Verfügung. Man sieht sich einer doppelten Front gegenüber: knappe Budgets und größere Ansprüche seitens der Klienten. Im Schulsystem trifft die Einschränkung der finanziellen Ressourcen mit sinkenden Schülerzahlen zusammen, wodurch vor allem die Beschäftigungssituation von Lehrerinnen prekär wird. Nicht genug, daß kaum Junglehrer angestellt werden können und es damit zu einer Überalterung der Lehrkörper kommt – auch Lehrerinnen mit mehreren Dienstjahren müssen alljährlich um ihre Weiterbeschäftigung bangen. Organisationen der Krankenversorgung sehen sich einem steigenden Kostendruck ausgesetzt und müssen sich bei den Patienten auf ein sich veränderndes Krankheitspanorama sowie auf erhöhte Qualitätsansprüche einstellen. Neben der Optimierung von direkten Leistungen am Patienten gewinnt die Verknüpfung und Kooperation mit niedergelassenen Ärztinnen, anderen Gesundheitsberufen, Pflege- und Kureinrichtungen zusehends an Bedeutung.

Damit Hand in Hand geht der Druck, sich erstmals als Organisation zu verhalten – eine radikale Umorientierung bezüglich dessen, was Organisation heißt. Traditionell versteht man in den erwähnten Einrichtungen unter Organisation ein starres, nicht wirklich beeinflußbares Regelwerk, dessen Aufgabe es ist, Ressourcen und Infrastruktur für das eigentlich Wesentliche, nämlich die fachliche Arbeit, bereitzustellen und ihre Kontinuität zu garantieren. Organisation wird als einengend und unflexibel zugleich erlebt, das Verhältnis zu ihr ist ambivalent und von ablehnenden Gefühlen geprägt. Das Interesse an Organisationsfragen ist daher dementsprechend gering, man empfindet sie als lästiges Beiwerk. Eine Wurzel dieser Haltung liegt in der langen Geschichte bürokratischer Reglementierungen, die diese Organisationen geprägt haben, und dem daraus resultierenden Autonomiebedürfnis gegenüber der Organisation, das eine wesentliche Dimension des professionellen Selbstverständnisses von Lehrern, Ärztinnen und Sozialarbeitern ausmacht. Diese Einstellung – von Organisationsforschern oft als „Organisationsabwehr" etikettiert – ist in den letzten Jahren erschüttert worden, und man kann in diesen Organisationen eine schwierige, konfliktreiche Umstellung auf eine neue Sichtweise der eigenen Organisation beobachten. An die Stelle der individuellen Autonomie gegenüber der Organisation ist eine größere Autonomie der Organisation gegenüber Auftraggebern und Kunden getreten. Diese Autonomie und größere Selbständigkeit ist jedoch mit mehr Verantwortung seitens der Mitarbeiter für die eigene Organisation verbunden.

In den letzten zehn Jahren ist das Bewußtsein dafür gewachsen, daß es einen Zusammenhang zwischen Inhalt der Arbeit und Organisationsgestaltung gibt. Ergebnis und Qualität hängen nicht allein von der Fachkompetenz der Personen ab, sondern sind in hohem Ausmaß von den organisatorischen Rahmenbedingungen abhängig. Verschärft wird dieser Prozeß dadurch, daß Kriterien wie Qualität, Effizienz und Wirtschaftlichkeit Platz greifen und damit eine Befassung mit Organisation notwendig wird. Die Komplexität erhöht sich, da verschiedene Logiken – wie Ökonomie, Aufgabenerfüllung, Marktpräsenz, Subventionswürdigkeit – zu bedienen sind. Komplexität resultiert einerseits aus der Vielfalt der Aufgaben und Tätigkeiten, andererseits aus dem Grad der möglichen Routine. Erziehung, Krankenbehandlung, die Betreuung sozial benachteiligter Personen und Gruppen lassen sich nur beschränkt routinisieren, jeder „Fall" muß individuell behandelt werden, es ist immer mit Überraschungen zu rechnen. Das verlangt andere, komplexere Entscheidungs- und Kooperationsstrukturen als die Produktion eines einfachen Massen- oder auch eines anspruchsvollen Konsumartikels. Die Zunahme der Komplexität, der wachsende Legitimitätsdruck und die knappen Ressourcen erzwingen eine bewußtere Handhabung von Organisations- und Managementaufgaben. Große Vereine, z.B. die Bewährungshilfe oder Sachwalterschaft und Patientenanwaltschaft, können nicht funktionieren, wenn man sich nicht sehr bewußt mit dem Management des jeweiligen Vereins und mit seiner Organisationsstruktur auseinandersetzt.

Besonders deutlich läßt sich der gegenwärtige Trend an dem erwachten Qualitätsbewußtsein und seinen Auswirkungen auf die internen Veränderungsprozesse in den Organisationen zeigen. Qualität ist zu einem Schlüsselbegriff im Gesundheits- und Bildungssektor geworden. Sie ist eine erfolgsbestimmende Dimension, und Qualitätsmanagement ist zu einer neuen, inzwischen weitverbreiteten Steuerungskonzeption geworden. Qualität soll einerseits – und hier folgen die öffentlichen Einrichtungen den Entwicklungen in der Wirtschaft – den Ansprüchen der Kunden und Klienten genügen. Zunehmender Wettbewerb unter Krankenhäusern und Schulen bildet den Hintergrund dieser Entwicklungen. Andererseits erhofft man sich, über eine an Qualität orientierte Überprüfung von fehleranfälligen und umständlichen Abläufen zu einer Verbesserung von Leistungen und zu einer Optimierung des Ressourceneinsatzes zu kommen. Es gilt also, Qualitätssteigerung und Rationalisierung zu verbinden. Dies läßt sich in manchen Bereichen sehr gut kombinieren – z.B. bei der Verbesserung der Organisation eines Operationsbetriebs im Krankenhaus –, in anderen Fällen stehen Qualität und Rationalisierung einander als Gegensätze gegenüber, wenn z.B. in Beratungseinrichtungen Personal eingespart werden soll. Hier gilt es, die angemessene Balance zu finden und dabei das Verhältnis von Input und Output im Auge zu behalten. Man kann Kosten auch soweit reduzieren, daß die erbrachten Leistungen überhaupt keine Ausgaben mehr rechtfertigen würden. Die Auseinandersetzung mit Qualität und Effizienz ist jung; für Financiers und Professionelle gleichermaßen befriedigende Lösungen sind eine Seltenheit. Die betroffenen Organisationen sind mehr oder minder notgedrungen mit der Entwicklung von Selbstevaluationsmethoden befaßt. Supervision kann zum einen diesen Entwicklungsprozeß unterstützen und dabei helfen, daß den jeweiligen Leistungen angemessene Bewertungsmethoden gefunden werden, zum anderen kommt Supervision selbst auf den Prüfstand und muß sich als Instrument der Qualitätssicherung bewähren.

Ein weiterer Faktor ist die wachsende Konkurrenzsituation. Der Markt wird auch im sozialen Sektor – zunehmend auch unter Schulen und Krankenhäusern – kompetitiver. Neue Anbieter kommen auf den Markt, neue Einrichtungen werden gegründet, zum Teil als Ausdruck einer steigenden Professionalisierung dieses Feldes, zum Teil, weil der Run auf knappe Arbeitsplätze größer geworden ist. Dies erhöht die Konkurrenzsituation für einzelne, zwingt aber auch Organisationen, sich ein eindeutigeres Profil zu geben und sich in der Versorgungslandschaft, z.B. im sozialen oder psychosozialen Bereich, auch entsprechend zu positionieren. Die Zahl unternehmerischer Initiativen auf diesem Sektor steigt. Zuerst tun sich Leute zusammen und machen ein Projekt, und in der Folge versuchen sie, eine Einrichtung zu kreieren. Das bedeutet, daß sie ihr Produkt klar definieren, sich als Einrichtung auch selbst organisieren, ihre Ressourcen erstellen und sich auf dem Markt positionieren müssen.

Dieser Prozeß hin zu mehr Verantwortung für die Organisation in den klassischen Einsatzbereichen von Supervision ist unübersehbar. Das bedeutet die bewußte Auseinandersetzung mit Dezentralisierung, Verselbständigung, Effizienzsteigerung und bewußterer wirtschaftlicher Führung. Dies trifft für eine ganze Palette von Organisationen zu: für den Gesundheitsbereich ebenso wie für die staatlichen und staatsnahen Sozialeinrichtungen, für die Schulen – mit Einschränkungen, aber doch in wachsendem Maß – und für die zahlreichen Neugründungen im sozialen und psychosozialen Bereich; man denke etwa an psychotherapeutische Gemeinschaftspraxen und an kleine Vereine für spezielle soziale Dienstleistungen.

Daran hängt eine Reihe von Konsequenzen, die im folgenden noch näher beschrieben werden: Die Professionellen werden gezwungen, sich mit Organisationsfragen zu befassen. Es wird notwendig, Leitungsprofile zu entwickeln und Leitungskompetenzen wahrzunehmen, und es wird notwendig, sich an den Entwicklungs- und Transformationsprozessen der Gesamtorganisation zu beteiligen. Damit Hand in Hand geht ein wachsendes Bewußtsein betreffs der inhaltskonstitutiven Bedeutung von Organisation, d.h. des Zusammenhangs von Organisationsgestaltung und Qualität der jeweiligen Leistung. Supervision in Organisationen hat beim Zusammenführen dieser Dimensionen eine wesentliche Funktion und Aufgabe: den Zusammenhang zwischen der Qualität des Leistungsprozesses und der Qualität der Organisationsgestaltung.

Organisation wird deutlicher als Erfolgs- oder Mißerfolgsfaktor wahrgenommen

Organisationsabwehr als professionelle Grundhaltung verliert an Boden. Man nimmt deutlicher zur Kenntnis, daß Organisation eben nicht nur eine fördernde oder behindernde Rahmenbedingung ist, sondern für die Qualität der inhaltlichen Arbeit und des Produkts Bedeutung hat. So hängen z.B. die Leistungen für die Patienten und deren Angehörige in einem Krankenhaus in einem hohen Maß von der Qualität der Kooperationsstrukturen des Personals ab. In einem Betrieb, der 24 Stunden täglich kranke und damit auch psychisch labile Menschen medizinisch und pflegerisch zu betreuen hat, sind die Anforderungen an die Zusammenarbeit der zahlreichen Fachkräfte besonders hoch. Diesem trivial erscheinenden Faktum steht jedoch die traditionelle Trennung der Berufsgruppen und Hierarchien im Krankenhaus gegenüber. Nur wenige medizinische Organisationseinheiten verfügen über etablierte interprofessionelle Teambesprechungen. Besonders schwierig, die Arbeitsorganisation konsequent an den fachlichen Zielen und Aufgaben auszurichten, wird es, wenn die Organisation in Widerspruch zu sich selbst gerät. So ist das Verhältnis zu Tod und Sterben für die Organisation Krankenhaus von konstitutiver Bedeutung. Das medizinische Ethos lebt vom Kampf gegen den Tod, und Erfolg ist durch den Sieg über den Tod definiert. Dennoch ist das Scheitern nicht nur vorhersehbar, sondern auch zugleich Teil des Alltags im Krankenhaus. Doch werden der Tod und seine Bedeutung für die Sterbenden, ihre Angehörigen, die Mitpatienten und nicht zuletzt für die involvierten Ärzte und Pflegekräfte von der Organisation negiert, die Bewältigung wird dem persönlichen Einsatz und der persönlichen Kompetenz der einzelnen Fachkraft zugemutet (Heller 1994). Näher betrachtet ist jedoch unerfüllbar, was man sich hier auferlegt, wenn es nicht gelingt, medizinisches und pflegerisches

Handeln aufeinander abzustimmen, und wenn es nicht gelingt, simpel erscheinende Organisationsentscheidungen zu treffen: ob das Sterben sich in einem Raum vollziehen kann, wo für Angehörige die Möglichkeit besteht, sich angemessen und in Würde verabschieden zu können, ob der Sterbende in eine Kammer verräumt wird oder in einem Gangbett sterben muß.

In der Schule ist die Qualität der Wissensvermittlung und vor allem der Erziehung nicht allein das Produkt der Qualifikation der einzelnen Lehrerinnen, sondern es wird auch sehr davon bestimmt, inwiefern es dem Lehrerkollegium gelingt, seine Aufgaben gemeinsam wahrzunehmen und gemeinsame Lösungen für Probleme zu finden. Gleichzeitig behindert – vor allem in den höheren Schulen – die klassische Arbeitsorganisation mit ihrer fachlichen Zersplitterung und der fragmentierten Wissensvermittlung die Verwirklichung der eigenen Bildungsziele. Vereinzelung der Lehrerarbeit und Mangel an Kooperation in den Lehrkörpern sind Hypotheken auf der Organisationsebene, an deren Überwindung zur Zeit hart gearbeitet wird. Erschwerend dafür ist jedoch das in Schule und Krankenhaus fest verankerte Denkmuster, Qualität der Arbeit lediglich Personen zuzurechnen – die engagierte Lehrerin, der fachlich hervorragende Arzt und die aufopfernde Krankenschwester seien entscheidend –, ohne jedoch die notwendigen organisatorischen Bedingungen für die optimale fachliche Arbeit mitzudenken. Dieser Hang zur „Personalisierung" ist nach wie vor ein häufig anzutreffender Hemmschuh bei der Entwicklung der Organisation.

Um Erfolgskriterien muß gerungen werden

Eine der Folgen dieses Wandels besteht im Bemühen um standardisierbare Leistungskriterien. Supervision wird hauptsächlich in Bereichen angewandt – historisch und auch aktuell –, die sich quantifizierenden Messungen des Leistungserfolgs weitgehend entziehen. Dennoch ist der Trend unübersehbar, Outcome und Qualität stärker zu kontrollieren. In den Sozialeinrichtungen wird daran gearbeitet, Leistungsstandards zu definieren, also z.B. Fallzahlen festzulegen, wieviele Klienten einem Bewährungshelfer in einer bestimmten Zeit zumutbar sind. In den Krankenhäusern läuft eine intensive Debatte um Qualitätssicherung und Qualitätsmanagement; manche Krankenhausträger haben Projekte dieses Zuschnitts eingerichtet; den Schulen wird von der Schulbehörde ISO 9000 und Total Quality Management als Innovation offeriert. Diese Organisationen ringen gegenwärtig stark um angemessene Kriterien für die Überprüfung ihres Erfolgs.

Das Überleben von Wirtschaftsorganisationen hängt von ihrer Fähigkeit ab, sich organisatorisch anzupassen. Sie müssen im Unterschied zum öffentlichen Sektor für ihr eigenes Bestehen sorgen. Heute bestimmen sie das Tempo und die Trends in anderen Organisationen. Obwohl die Wurzel der Organisationsveränderung in den genannten Bereichen eher in der Budgetknappheit der öffentlichen Hand zu sehen ist, liegt es dennoch nahe, daß man in dem Bedürfnis nach Rationalisierung des personenbezogenen Dienstleistungssektors auch etwas gebannt auf die Entwicklungen in der Wirtschaft starrt und die dort verwendeten Instrumente übernehmen möchte. Das ist einerseits anregend und stimulierend, andererseits muß man sich aufgrund der Unterschiedlichkeit der Leistungen und Produkte stark differenzieren. Es wird jedoch nur gelingen, die Eigenständigkeit zu legitimieren, indem die betroffenen Organisationen einen eigenständigen Entwicklungsprozeß starten, denn sonst riskieren sie, daß ihnen Standards ohne Rücksicht auf die spezielle Qualität ihrer Leistungen aufgezwungen werden. Eine defensive Haltung gegenüber den Bestrebungen, Leistungen zu messen sowie Projekte und Maßnahmen zu evaluieren, ist hier nicht angebracht. Denn dieser Prozeß ist unumkehrbar – die stärkere Begründung der eigenen Leistung und die stärkere Legitimation des Ressourceneinsatzes im Leistungsprozeß werden sich durchsetzen und tun der Arbeit auch nicht schlecht. „New Public Management" zeigt einen ganz klaren Entwicklungstrend in die Richtung von Rationalisierung sozialpolitischer und gesundheitsbezogener Dienstleistungen. Entscheidend dabei ist, ob es gelingt, kostengünstig zu arbeiten und dabei die Qualität zu halten oder sogar zu verbessern.

Qualität und Leistung können in diesem Feld primär durch kommunikative Festlegung von Standards erfolgen und sind letztlich nur durch kommunikative Selbstbindung wirklich verankerbar.

Es gilt, adäquate – qualitative und quantitative – Standards zu definieren, die in der Lage sind, das Bedürfnis von Eigentümern und Financiers nach Quantifizierung einerseits und die qualitativen Kriterien der professionellen Arbeit andererseits zu verknüpfen. Etwas pointiert kann man formulieren: Rationalisierung schützt vor Rationierung. In dem Maß, in dem es gelingt, Kostenbewußtsein mit Qualitätsansprüchen zu verknüpfen, steigt die Legitimation und sinkt die Gefahr, wegrationalisiert zu werden. Supervision ist an dieser Stelle ein vorzügliches Instrument, Professionelle in der Reflexion dieser Qualitäts- und Erfolgskriterien zu unterstützen.

Das Ressourcenparadoxon: Der steigende Effizienzdruck erzwingt erhöhten Kommunikationsaufwand

Die skizzierten Organisationsveränderungen laufen darauf hinaus, daß der Bedarf an und die Notwendigkeit zur Kommunikation drastisch zunehmen. Im herkömmlichen Verständnis hat die Organisation vor allem die Aufgabe, die tägliche Arbeit von Organisationsfragen zu entlasten. Die Hierarchie als ein klassisches Modell von Organisation ist geradezu darauf ausgerichtet, den Arbeitsprozeß mit möglichst wenig Kommunikationsaufwand zu organisieren; sie kann als Lösung auf die Frage gelten: Wie kann man Arbeit so strukturieren, daß sie möglichst wenig durch Kommunikation „unterbrochen" werden muß? Kommunikation selbst ist in diesem Verständnis keine Arbeit, sondern hält von dieser ab. Die Kommunikationsbahnen sind durch die Über- und Unterordnung auf ein Minimum reduziert und fix installiert – für Routineaufgaben, die sich über längere Zeit nicht ändern, ein funktionales Modell, jedoch ungeeignet für personenbezogene Dienstleistungen, die nicht routinemäßig, sondern nur durch den Einsatz und die Kompetenz der Professionellen abgearbeitet werden können, sich täglich auf neue, jeweils individuell geprägte Situationen einzulassen; ungeeignet jedoch auch, Veränderungen in der Umwelt rasch wahrzunehmen und darauf zu reagieren. Die klassische Organisation war darauf ausgerichtet, Organisationsfragen aus dem Alltag herauszuhalten, ihn davon zu entlasten, während die Anforderungen an die Organisation von heute darin bestehen, daß Organisationsgestaltung permanentes Thema sein muß und daß dafür auch Strukturen eingerichtet werden müssen. Es handelt sich um eine *Wiedereinführung der Organisation in die Organisation.* Damit ist auch die Zeit *eines* idealtypischen Modells sowohl für Organisationen als auch für die Gesellschaft insgesamt abgelaufen. Eine Vielzahl von Modellen wird angepriesen, erprobt, eingeführt und rasch wieder durch neue ersetzt. Jede Situation – so scheint es – braucht ihr eigenes maßgeschneidertes Modell. Der Wandel wird zum Normalfall, die „permanente Revolution" ist angebrochen (Baecker 1993; Wimmer 1995). Als roter Faden läßt sich erkennen: Flachere Organisation, kleinere, autonome Einheiten, dadurch größere „Oberfläche" – d.h., mehr Personen und Einheiten beobachten die Umwelten –, Dezentralisierung von Entscheidungskompetenz, Auflösung traditioneller Grenzen von Organisationen, Neubildungen von Netzwerken, Gleichzeitigkeit von Mehrfachbeziehungen mit denselben Akteuren; so kann ein und dieselbe Organisation einmal Kooperationspartner, einmal Konkurrenz und in einem anderen Fall Kunde sein.

Diesen erhöhten Abstimmungs- und Kommunikationsanforderungen steht in den hier vorrangig behandelten Organisationen die Zunahme des Leistungsdrucks gegenüber. Es sollen mit weniger Ressourcen der quantitative Output gehalten und gleichzeitig auf der Kundenseite gestiegene Qualitätsansprüche erfüllt werden. Dies führt in eine Zwickmühle: Die Organisationen haben im Prinzip weniger Zeit und brauchen aber mehr Zeit, um in Kommunikation und Selbststeuerung zu investieren. Wie das gelöst werden kann, ist im Augenblick nicht so klar zu sehen. Zwei Ansatzpunkte lassen sich nennen: Dieser Typus von Organisation muß sein inneres Rationalisierungspotential ausschöpfen, indem Organisationseinheiten so gebaut und strukturiert werden, daß sie zu den Aufgaben passen, die sie zu bewältigen haben. Der anfallende Kommunikationsaufwand muß genau überprüft und dimensioniert werden. Wofür braucht man eine Sitzung? Was läßt sich sinnvollerweise durch Anordnung regeln? Was kann wiederum in die Eigenverantwortung der Professionellen übertragen werden? Wie können Sitzungen inhaltlich effizienter und sozial befriedigender gestaltet werden? Arbeitsprozesse müssen reibungsloser funktionieren, um die Professionellen von informeller Organisationsarbeit und damit verbundenen Belastungen zu entlasten – dies ist hier mit innerem Rationalisierungspotential gemeint. In dieser Hinsicht ist in den hier besprochenen Organisationen noch sehr viel zu holen, nicht im Sinn des Herauspressens von noch mehr Leistung, sondern im Sinn von innerer Entlastung. Beratung und Supervision sind hier in besonderer Weise dazu aufgerufen, die Professionellen in diesem Prozeß, der Überarbeitung ihrer Leistungsprozesse, auch im Sinn der Effizienzsteigerung zu unterstützen. Effizienzsteigerung meint hier nicht nur vermehrten Output gegenüber Umweltanforderungen, sondern zielt auch darauf ab, die Arbeit leichter zu machen und damit Ressourcen für die Selbststeuerung freizubekommen.

Das zweite – und wesentlich schwerer zu lösende – Problem besteht darin, die Organisationsressourcen an die richtigen Stellen zu bringen: die Ressourcen der Selbststeuerung von einer zentralen Trägerorganisation an die Krankenhäuser oder vom Stadtschulrat in die einzelne Schule zu transferieren, dorthin, wo sie eigentlich gebraucht werden. Das bedeutet jedoch einen größeren organisatorischen Umbauprozeß, dessen Management und Beratung überwiegend nicht in das Aufgabengebiet von Supervision fallen.

Organisatorischer Wandel bedeutet die reibungsvolle Gleichzeitigkeit von alt und neu. Unterschiedliche Organisationslogiken sind gleichzeitig präsent, und das schafft zusätzliche Irritation. Im Schulbereich ist z.B. zu beobachten, daß sich auf der unteren Ebene, d.h. an den einzelnen Schulstandorten, viel bewegt, daß sich aber die Rolle der Behörde nicht unbedingt im Gleichschritt dazu verändert. Prozesse der Schulautonomie werden initiiert, jedoch im Sinn von Problemdelegation nach unten, darüber hinaus besteht aber noch kein Rollenverständnis für die neue Aufgabe einer zentralen Behörde. Auch wenn letztere neue Schritte wagt und die Schulen bei der Entwicklung von Leitbildern mit Vorschlägen zu unterstützen sucht, so bleiben die Erwartungen gegenüber der Behörde oft in traditionellen Mustern befangen. Anregungen werden als bürokratische Vorgaben erlebt; dabei wird gleichzeitig ihre mangelnde legistische Präzision bemängelt und inhaltliches Interesse als Einmischung und Kontrollversuch interpretiert.

Dieser Prozeß läßt sich nicht so vereinfacht beschreiben: „Die unten ändern sich und die oben nicht", sondern beide ändern sich in Teilaspekten und in anderen eben nicht, und dieses Nebeneinander von alt und neu sorgt für Verwirrung und Konflikte. Ähnliches läßt sich über den gegenwärtigen Dezentralisierungsprozeß bei den Krankenhausträgern sagen.

Leitungskräfte haben einen neuen, noch wenig etablierten Job

Personen mit Leitungs- und Managementaufgaben geraten in besonderer Weise unter Druck, weil sie diese Widersprüche zwischen unterschiedlichen Organisationskulturen und Haltungen gegenüber der Organisation managen müssen: auf der einen Seite die organisationsbezogene Skepsis und Resistenz der ihrer Facharbeit verpflichteten Professionellen, auf der anderen Seite eine halbstaatliche Bürokratie als Eigentümer oder Subventionsgeber und im Sozialbereich als dritte Front ehrenamtliche Strukturen in Form von Vereinsvorständen und -vorsitzenden, die diese Aufgabe nicht als Managementaufgabe sehen, sondern sich für eine gute Sache zur Verfügung stellen. Aus einem kleinen, sozialpolitisch wichtigen Verein ist unter Umständen plötzlich ein raschem Veränderungsdruck unterworfener Mittelbetrieb geworden. Die Leitungskräfte agieren in diesem Dreieck, ohne auf viel Verständnis für ihre Sorgen zu stoßen. In der vorherrschenden Personalisierung werden als Wurzel des Übels die Eigenarten von Personen gesehen, vor allem von Leitungskräften. Das wiederum stellt die Beratungsinstrumente und damit auch die Supervision vor die Aufgabe, die Verknüpfung von Organisation und inhaltlicher Arbeit zu leisten und eine angemessene organisationsbezogene Reflexion des Tuns zu unterstützen.

Erschwerend kommt noch dazu, daß sie meist selbst in diesem System groß geworden und daher auch entsprechend sozialisiert sind – lebensgeschichtlich sehr eng verflochten mit ihrem Sy-

29

stem und seinen alten Denkmustern und Spielregeln. Das gewachsene Führungsverständnis hat in den für die Supervision besonders bedeutsamen Feldern mit den aktuellen Führungsaufgaben kaum mehr etwas gemein. Im wesentlichen beherrschen bei allen Unterschieden zwischen diesen Organisationen noch sehr hierarchiebetonte Vorstellungen von Leitung das Denken und Handeln. Leiten heißt vor allem, die Untergebenen zu kontrollieren und mehr Entscheidungskompetenz zu besitzen als die anderen. Die Rekrutierung von Führungskräften stützt sich vornehmlich auf fachliche oder auch politische Kriterien, Führung wird nicht als eigenständige Dienstleistung mit einem ganz spezifischen Anforderungsprofil gesehen. In entwickelteren Bestellungsverfahren werden neuerdings auch kommunikative Fähigkeiten in der „Menschenführung" verlangt, ein Kriterium, das den gegenwärtigen Anforderungen nicht genügt. Ein Blick auf die aktuellen Entwicklungen in Wirtschaftsunternehmen mag dies illustrieren:

Das Thema Führung hat in Wirtschaftsunternehmen immer schon mehr Beachtung gefunden als im Nonprofit-Sektor. Doch auch in diesem Feld herrscht gegenwärtig große Verunsicherung. Die Kluft zwischen Erfolgreichen und Nichterfolgreichen ist laut Angaben von Wirtschaftsforschern so groß wie noch nie, ohne daß man dies mit dem Verweis auf unterschiedlich erfolgreiche Branchen oder durch Standortunterschiede erklären könnte. Mit den Veränderungen gewachsener Organisationsstrukturen ändern sich auch die Steuerungsaufgaben. Unternehmen stecken heute in Veränderungsprozessen, die sich schlagwortartig mit Dezentralisierung, Konzentration auf Kernkompetenzen, Kundenorientierung, Erhöhen der Reaktionsgeschwindigkeit auf Marktveränderungen charakterisieren lassen. Durch die Dezentralisierung wird Führung auf allen Ebenen bedeutsam und die Vernetzung der verschiedenen Subeinheiten zu einer besonderen Führungsaufgabe. Führung folgt auch nicht mehr der Logik hierarchischer Steuerung, sondern bedeutet die Koordination weitgehend selbständiger und eigenverantwortlicher Bereiche. Führen heißt: Strukturen für Aushandlungsprozesse und Zielvereinbarungen schaffen. Die stärkere Beobachtung der sich laufend verändernden Umwelten verlangt von der Führung, dafür ausreichend Kapazitäten einzusetzen und nicht im operativen Alltagsgeschäft unterzugehen. Es braucht daher eine *strategische Führung*, die vorausdenkt, eine *operative Führung*, die die strategischen Vorgaben mit den weitgehend autonom operierenden dezentralen Einheiten in Beziehung setzt, und es braucht *Teamführung* (vgl. Willke 1996; Wimmer 1996). Letztere trägt der Realität Rechnung, daß strategische Entscheidungen nicht im Alleingang, sondern nur durch Ausnutzung der fachlichen Ressourcen getroffen werden können. Führen bedeutet heute in erster Linie Führen von Teams. Produktive Teamarbeit verlangt die Integration von fachlichen und prozeßbezogenen Aufgaben. Die Neukonzeption von Führung, wie sie sich gegenwärtig in größeren Wirtschaftsunternehmen abzeichnet, kann weitgehend auch für den Nonprofit-Sektor gelten. Im personenbezogenen Dienstleistungssektor liegt die Notwendigkeit von Dezentralisierung und Eigenverantwortung von Subeinheiten und Professionellen auf der Hand und entspricht in vielen Bereichen auch der organisatorischen Realiät – allein die dafür angemessene Steuerungskompetenz muß erst aufgebaut werden.

Die Arbeit in Organisationen bedeutet, die Identität als Supervisorin neu zu bestimmen

Supervision – wie wir sie verstehen – muß sich auf diesen organisatorischen Wandel beziehen. Supervision als ein Instrument, das die Scheuklappen der Professionellen gegenüber diesen Zumutungen eher stützt, indem sie ein Setting kreiert, in dem zwar über die „eigentlich wichtige", die inhaltliche Arbeit nachgedacht wird und man Organisationsfragen draußen halten kann, ist nicht das Mittel der Stunde. Gleichzeitig geht es aber um die Balance in der Aufmerksamkeit zwischen den Aufgaben der Organisationsgestaltung und der fachlichen Arbeit. Einerseits müssen sich die Professionellen seitens ihrer Klienten mit sehr anspruchsvollen und parallel zur gesellschaftlichen Entwicklung auch immer schwierigeren Fällen befassen und brauchen so etwas wie einen geschützten Rahmen, in dem sie sich mit der Reflexion dieser fachlichen Aufgaben befassen können. Supervision kann dafür sehr wohl ein Setting sein, das diesen Raum und ihm angemessene Bedingungen auch herstellt. Aber Supervision führt andererseits in eine Sackgasse, wenn diese Reflexion nicht die skizzierten organisatorischen Fragen einbezieht, weil sie die Widersprüche, in denen sich die Supervisanden befinden, eher festigt. In den Interventionen wird vom Supervisor selbst eine hohe Selektion und Fokussierung gefordert: nämlich zu dosieren, in welchem Ausmaß sich die Professionellen mit ihren ökonomischen und organisatorischen Fragen auseinandersetzen müssen, um die inhaltliche Arbeit und ihre Positionen in der jeweiligen Organisation entsprechend zu entwickeln, und wieviel davon draußen gehalten werden kann, um eine Reflexion der fachlichen Arbeit zu ermöglichen und die Komplexität zu reduzieren.

Dies bedeutet auf der Supervisionsseite eine starke Redefinition der Identität, weil das Supervisionsgeschehen bisher historisch sehr von einer Übereinstimmung in der Identität von Klient und Supervisor geprägt war, und zwar darin, sich nur dem Fachlichen verpflichtet zu fühlen. Der Vorzug von Supervision war sozusagen, daß die Supervisorin ganz bei der Sache blieb. Dies darf auch nicht abgewertet werden, aber unter den veränderten Arbeitsbedingungen der Professionellen ist es keine ausreichende Hilfestellung, denn das, was Sache ist, hat sich geändert: Das Gegenüber von inhaltlicher Arbeit und Gestaltung von Rahmenbedingungen ist obsolet geworden. Es besteht die Gefahr, daß die Supervisoren in den unbewältigten Widersprüchen der Klienten selbst steckenbleiben, ohne es zu bemerken.

Zwischen Wissen und Nichtwissen pendeln und ersteres an der passenden Stelle einbringen

Wenn der Supervisor an sein Geschäft mit inhaltlichen Vorgaben und Vorstellungen herangeht, wohin die Reise führen muß, dann ist die Supervision schon am Ende. Eine konsequent beraterische Haltung im Sinn der Hilfe zur Selbsthilfe ist in der Supervision eine notwendige Grundhaltung. Es braucht jedoch eine Vorstellung davon, wohin sich diese Organisation entwickelt, um im Supervisionsprozeß angemessene Themenschwerpunkte zu for-

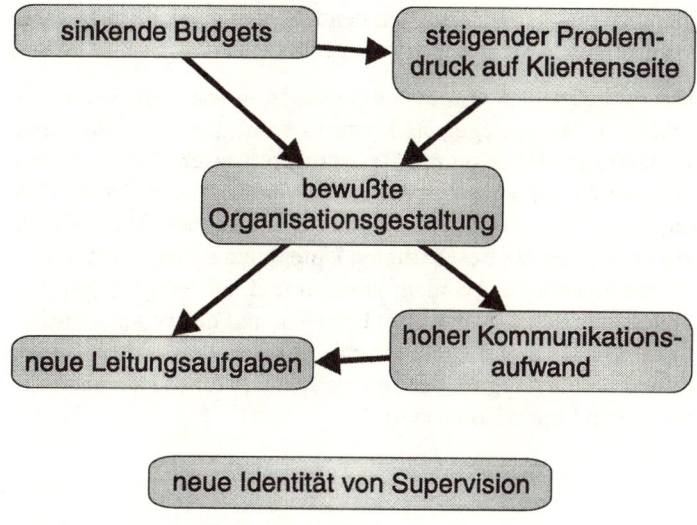

Abbildung 1: Aktuelle Trends in Organisationen

mulieren und durch Fragen zu fokussieren. Gleichzeitig ist von der Arbeitshaltung her eine streng neutrale, absichtsarme Haltung am geeignetsten, um die Klienten in der Erarbeitung ihrer eigenen Sichtweisen und Strategien zu unterstützen. Diese Doppelanforderung wird stärker. Die in allen Feldern zu beobachtenden Strukturveränderungen verlangen von Supervisoren nicht nur basale Feldkenntnis, sondern auch ein Wissen um diese Veränderungsprozesse. Supervisorinnen sind immer öfter damit konfrontiert, daß bei ihren Klienten neben der Supervision auch Projekte zur Organisations- oder Personalentwicklung oder zur Qualitätssicherung stattfinden. Hier erwartet der Klient, daß die Supervisorin Bescheid weiß und die Auswirkungen auf das Personal soweit im Auge hat, daß sie ihre Arbeit auch darauf einstellen kann. Man kann sich als Supervisor daher nicht nur auf das konzentrieren, was im Prozeß von den Klienten gebracht wird, sondern muß eigene Fokussierungen setzen, die aus dem Bild und Verständnis stammen, wohin diese Organisation geht, und gleichzeitig aber alles tun, um den Klienten bei der Erarbeitung seiner eigenen Sichtweisen zu unterstützen.

Das traditionelle Konzept von Supervision war stark davon geprägt, die Personen *gegenüber* der Organisation zu stärken und zu schützen, damit sie mit Belastungen, Einschränkungen und anderen Zumutungen besser zurechtkommen. Heute haben sich die Ansprüche an Supervision in Organisationen dahingehend erweitert, daß die Beschäftigten Unterstützung darin brauchen, ihr professionelles Handeln sinnvoll und befriedigend auf den organisatorischen Kontext zu beziehen und diesen auch mitzugestalten. Diese Entwicklung macht einen drastischen Unterschied für die Aufgabe der Supervision und für das Kompetenzprofil von Supervisoren aus.

2. Landkarten von Organisationen

RALPH GROSSMANN, KLAUS SCALA

Worauf muß man achten, wenn man sich relevante Informationen über eine Organisation verschaffen möchte? Für Supervisoren ist es wichtig, eine Landkarte des Systems anzulegen, das man supervidiert. Organisatorische Rahmenbedingungen haben auf Verhalten und Arbeitsbeziehungen der Beschäftigten großen Einfluß, der jedoch nicht unmittelbar sichtbar ist, sondern erst erschlossen werden muß (vgl. Buchinger 1996, S. 16ff.). Ohne Wissen um diese Rahmenbedingungen, ihre Logik und ihre Auswirkungen auf die Akteure läuft der Supervisor unvermeidlich Gefahr, seine Wahrnehmung der Klienten, ihre Problemsicht, ihren Umgang miteinander, das Beziehungsangebot ihm gegenüber etc. den Personen und ihrer Eigenart bzw. der Gruppendynamik der Klientengruppe zuzuschreiben. Daraus abgeleitete Interventionen und Hilfestellungen der Supervision gehen am Ziel vorbei, wenn der Zusammenhang von Organisation und Problembeschreibung nicht gesehen und bearbeitet wird.

Zwei Fragen muß man im Auge behalten und klären: Welches Wissen braucht man über ein Klientensystem, und wie verschafft man sich dieses Wissen? Zum Teil wird diese Landkarte daher schon auf der Basis von Kenntnissen über Organisationen entstehen, teils wird relevantes Wissen im Supervisionsprozeß selbst erhoben werden müssen. Damit wird man zwar noch nicht über die spezifische Problematik im Klientensystem Bescheid wissen; das Vorwissen kann jedoch helfen, die relevanten Fragen für die notwendige Recherche zu finden. Ein durch Theorie fundiertes Verständnis von Organisationen steht daher der Aufgabe, sich durch Befragen über das Klientensystem kundig zu machen, nicht im Weg; es kann diese Befragung auch nicht ersetzen, sondern ist dafür eine unerläßliche Grundlage.

Hier soll es darum gehen, die Kernelemente einer solchen Landkarte darzustellen, wobei wir über eine bloße Aufzählung von Punkten hinaus einen Gedankengang entwickeln wollen, wie man sich systematisch einem System annähert und sich eine Landkarte schrittweise aufbauen kann. Wir vertreten die These, daß Organisationen in hohem Maß durch ihren Inhalt und ihre Aufgabe bestimmt sind. Eine für die Praxis brauchbare Organisationstheorie muß sich explizit und gründlich mit der spezifischen Charakteristik einzelner Felder (Wirtschaft, Gesundheit, Soziales, Bildung, Verwaltung etc.) auseinandersetzen. Mit einem allgemeinen, auf alle Felder anwendbaren Organisationsbegriff kommt man nicht weit, soll die Theorie dabei helfen, zu verstehen, was in einer bestimmten Organisation Sache ist. Dieses Statement läßt sich auch umkehren: Produkt und Leistung sind in ihrer Qualität von der Organisation abhängig, d.h. von der Art und Weise, wie Arbeitsprozesse und Kommunikationen strukturiert sind. Organisationen haben einen inhaltskonstitutiven Charakter. Die Art der Organisation bestimmt die Möglichkeiten und Grenzen inhaltlicher Arbeit; umgekehrt ist der Inhalt bzw. die Aufgabe einer Organisation der zentrale Orientierungspunkt für die Gestaltung der Organisation.

Zum Verständnis von Organisationen und ihren Entwicklungsmöglichkeiten erscheinen uns folgende Perspektiven für die Supervisionspraxis besonders aufschlußreich:

1. der Blick auf die Einbindung der Organisation in den übergeordneten gesellschaftlichen Kontext und damit die gesellschaftliche Funktion;

2. der Blick auf das Produkt bzw. die Aufgabe und die Leistung und auf die daraus resultierende typische Arbeitslogik;

3. der Blick auf die „relevanten Umwelten" der Organisation oder einer Subeinheit (z.B. Klienten, übergeordnete Hierarchieebenen, Subventionsgeber) als Erwartungsträger;

4. der Blick auf die innere Differenzierung, d.h. die Art und Weise, wie Subeinheiten und Stellen verknüpft sind und inwiefern die etablierten Kommunikationsstrukturen der Bewältigung der Aufgaben und Anforderungen von außen angemessen sind. Von besonderem Interesse sind Formen der Selbstbeobachtung.

5. Der Blick auf Entscheidungen und den Umgang mit Entscheidungen: Wird zu viel oder zu wenig entschieden, welche Entscheidungsstrukturen und -verfahren sind etabliert und wie wirken sie sich aus?

6. Der Blick auf die Art und Weise, wie Führung und Leitung organisiert sind und wie diese Funktion wahrgenommen wird bzw. in welcher Weise die Führung auf die Organisationskultur Einfluß nimmt.

7. Zusammenfassend der Blick darauf, wie das Zusammenspiel von Kommunikationsstrukturen (s. 4.), Entscheidungsverfahren (s. 5.) und Führung (s. 6.) auf die Komplexität der Aufgaben (s. 2.) und der Umweltanforderungen (s. 3.) abgestimmt ist.

Die einzelnen Perspektiven bilden ein Ganzes mit Relationen und Widersprüchen in und zwischen den Ebenen. Die ersten drei Aspekte beschreiben und differenzieren die Anforderungen, die an die Organisation gestellt werden, die letzten drei lenken die Aufmerksamkeit auf die Art und Weise, wie die Organisation auf diese Anforderungen antwortet. Bei der Diagnose von Organisationen geht es im Grund immer um die Frage, wie es einer Organisation gelingt, den an sie gestellten Anforderungen zu entsprechen und die Komplexität der Außenwelt durch angemessen komplexe interne Strukturen zu verarbeiten.

Organisationen gehören einem spezifischen gesellschaftlichen Subsystem an

Die erste Frage zielt auf die gesellschaftliche Funktion einer Organisation. Welchem gesellschaftlichen Subsystem gehört sie an? Handelt es sich um eine Organisation aus dem Gesundheits- bzw. Krankenbehandlungssystem, aus dem Bildungswesen, aus dem Sozialbereich, aus der Wirtschaft, aus der Wissenschaft? Dahinter steht die vor allem auf der Systemtheorie basierende Beobachtung, daß die Differenzen zwischen diesen einzelnen Funktionen und Funktionssystemen in der heutigen Gesellschaft eine sehr dominante Rolle spielen und andere, ältere Strukturierungen der Gesellschaft durch Hierarchien, durch Über- und Unterordnung überlagern. Diese einzelnen gesellschaftlichen Subsysteme haben jeweils ihre eigene Denkart und Logik und sind in dieser Weise autonom.

Man kann z.B. der Wirtschaft von außen bestimmte rechtliche Regelungen in bezug auf Ökologie oder Arbeitnehmerschutz vorschreiben, aber man kann ihr nicht sagen, wie sie wirtschaftlich operieren soll. Die Logik der Ökonomie ist völlig unabhängig davon, welche Vorgaben von außen gemacht werden. Wirtschaftlich zu arbeiten, Gewinne zu machen, im Konkurrenzkampf zu überleben, alles das ist unabhängig von anderen Systemreferenzen wie etwa der Ökologie oder auch der Sozialpolitik. Dasselbe gilt für das Gesundheitssystem, das sich um die Bearbeitung des Problems „gesund/krank" organisiert. Dieses System erfüllt für die Gesellschaft – das heißt konkret: für die anderen Funktionssysteme – eine bestimmte Aufgabe. Wie es das jeweils am besten tut, ist Sache des Systems selbst und kann nicht von außen beeinflußt und gesteuert werden. Dasselbe gilt für die Wissenschaft. Was wissenschaftlich anerkannt oder nicht anerkannt ist, kann nur innerhalb der Wissenschaft entschieden werden. Politik oder Wirtschaft können zwar bestimmte Forschungsprojekte finanziell fördern und andere nicht, aber man kann nicht von außen vorgeben, welche wissenschaftlichen Theorien anerkannt und welche verworfen werden sollen. Dies entscheidet sich innerhalb des wissenschaftlichen Diskurses.

Es geht also darum zu verstehen, wie diese Systemlogik im einzelnen aussieht. Worum geht es in einer Wissenschaftsorganisation, worum in einer Sozialeinrichtung oder in einem Krankenhaus? Was hat jeweils Priorität? Jedes gesellschaftliche Subsystem fokussiert eine bestimmte Differenz und übernimmt die Bearbeitung dieser Differenz für die Gesellschaft. Die Unterscheidungen von gesund/krank, Recht/Unrecht, wahr/falsch, zahlungsfähig/zahlungsunfähig beschreiben jeweils die Leitdifferenzen für Gesundheitswesen, Rechtssystem, Wissenschaft und Wirtschaft. Das Wissen um die Leitdifferenz eines Systems gehört somit zu den zentralen Informationen über das System.

Eine Organisation ist zwar in ihrem Kern einem ganz bestimmten gesellschaftlichen Subsystem zuzuordnen, jedoch sind auch Logiken von anderen Subsystemen in der Organisation präsent. Auch eine Sozialeinrichtung muß rechnen und ökonomisch arbeiten, auch Universitäten müssen Budgetentscheidungen treffen. Die Berücksichtigung der Ökonomie gewinnt gerade in den letzten Jahren in Nonprofit-Organisationen an Bedeutung. Kranken-

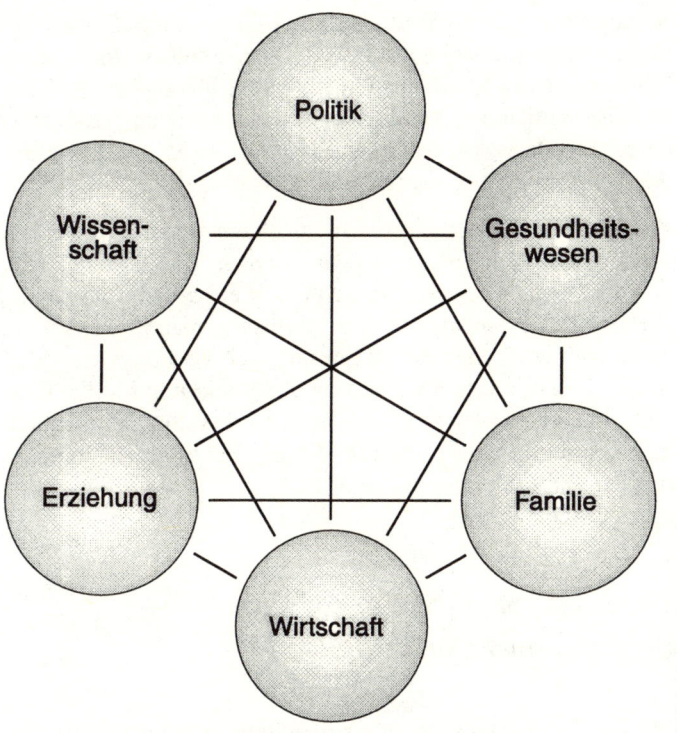

aus Grossmann/Scala 1994, S.36

Abbildung 2: Funktionale Systeme sind gleichzeitig autonom und hochgradig voneinander abhängig; jedes System folgt seiner Logik und ist mit allen anderen durch enge, aber sehr sensible Anschlußpunkte verknüpft.

häuser kümmern sich primär um die Krankenbehandlung, stehen aber heute mehr denn je unter dem Druck, Entscheidungen auch unter Kostengesichtspunkten zu treffen. Darüber hinaus ist das Krankenhaus eine wichtige Ausbildungsinstitution für Ärzte und Pflegeberufe, und auch medizinische Forschung ist ohne Krankenhaus nicht denkbar. Krankenbehandlung, Ausbildung, Forschung, Wirtschaftlichkeit – sie alle sind wichtige „Säulen" der Organisation Krankenhaus. Beispielsweise stellen Universitätskliniken und ihre konfliktanfällige Stellung innerhalb eines Krankenhauses mit einem kommunalen oder regionalen Träger einen deutlichen Beleg auf der Organisationsebene für die Doppelbindung an Krankenbehandlung und Wissenschaft dar.

Eine Organisation ist somit nicht nur einem System zuzuordnen, sondern muß daneben meist andere Logiken mitberücksichtigen. Wie dies einer Organisation gelingt, wie die damit notwendig verbundenen Probleme und Widersprüche gemanagt werden, wie die einzelnen Funktionen organisatorisch verankert sind, d.h., wo sie jeweils angesiedelt und welche Strukturen für ihre Bearbeitung eingerichtet sind – all das liefert wichtiges Informationsmaterial für das Verständnis der in einer Supervision vorgebrachten Probleme.

Organisationen bilden sich um die Erfüllung von Aufgaben

Mit der Zugehörigkeit zu einem Funktionssystem ist das Aufgabengebiet der Organisation schon grob umrissen. Doch sind Differenzen innerhalb eines Funktionssystems stark ausgeprägt. Wirtschaftsunternehmen unterscheiden sich sehr nach ihrem Produkt, eine Volksschule hat andere Aufgaben und eine andere Arbeitslogik als eine berufsbildende höhere Schule, innerhalb eines Krankenhauses kann man eine chirurgische Abteilung nicht mit einer psychiatrischen vergleichen, und eine Gebärklinik ist etwas ganz anderes als eine Dialysestation. Das Produkt, das Aufgabengebiet, die spezifischen Tätigkeiten und die Erfolgskriterien, die für die jeweilige Aufgabenerfüllung etabliert sind, bilden den zentralen Bezugspunkt des gesamten Geschehens in der Organisation. Dies gilt sowohl für die Gesamtorganisation als auch speziell für die zu supervidierenden Einheiten. So sind die persönlichen Beziehungen eines Teams nicht losgelöst von den Zielen und Aufgaben zu sehen, die es zu erfüllen hat, und von der Qualität der Arbeitsorganisation, mit der diese Aufgaben bewältigt werden. Eine Supervision, die sich lediglich für

Beziehungsprobleme zuständig fühlt und diese auf psychologischer Ebene zu lösen versucht, läuft Gefahr, sich immer tiefer im Dickicht von Rivalitäten, Koalitionen und Konflikten zu verstrikken. Hingegen lassen sich aus der Aufgabenperspektive Hypothesen auf die Organisationskultur und auf die Werte dieses Systems erstellen, da die Aufgaben Werthaltungen prägen. Z.B. ist das Thema Sicherheit in der Polizei ein heißes Thema, weil die Polizei als Auftrag die Herstellung der inneren Sicherheit hat. Als Supervisor kann man das plastisch erleben, wenn man beim Weg zu einem Vorgespräch schon vom Portier abgefangen und genau perlustriert wird. Oft spiegelt sich in der internen Kommunikation das Beziehungsmuster gegenüber den Klienten wider. So hat die Polizei mit Abstand den höchsten Prozentsatz an Disziplinarstrafen unter den Beamten; im Krankenhaus hingegen ist man rasch dazu geneigt, Konfliktpartner zu diagnostizieren.

Je schwieriger Erfolgskriterien zu definieren sind, desto wichtiger sind sie

Ein wichtiger Gesichtspunkt in der Aufgabenperspektive ist der Blick auf die Erfolgskriterien, die ja von Organisation zu Organisation sehr unterschiedlich sein können, weil die jeweiligen Leistungen, die diese Organisation erbringt, entweder leicht meßbar oder kaum bis sehr schwer meßbar sind. Man wird als Supervisor also nachfragen, welche Mechanismen es in der Organisation gibt, die ihre Erfolge bestätigen oder auch Mängel in der Leistungserbringung aufzeigen – welche Kontrollen existieren und ob die Kontrollmechanismen das erfassen, was tatsächlich geleistet wird. Die Problematik dieser Frage wird noch verdeutlicht, wenn man berücksichtigt, mit welchen Mitteln, mit welcher „Technologie" gearbeitet wird.

Supervision wird besonders von Berufen in Anspruch genommen, die für ihre Arbeit keine Technologie im klassischen Sinn besitzen. Dies gilt auch für die Klientenorganisationen. Sozialeinrichtungen, Schulen, Krankenhäuser und Beratungsinstitutionen stützen sich bei der Leistungserbringung in hohem Maß auf die persönliche Motivation und Kompetenz der dort arbeitenden Personen und Experten; man nennt diese Organisationen daher sinnvollerweise auch Expertenorganisationen, weil die Leistungen sehr an die Kompetenz und den Einsatz der Mitarbeiterinnen gebunden sind. Die spezifische Leistung liegt im professionell gestalteten Umgang mit Menschen und Menschengruppen und impliziert die grundsätzliche Unsicherheit über die Wirkung der eigenen Handlungen.

Besonders schwierig ist die Formulierung von Erfolgskriterien bei Tätigkeiten, bei denen, wie das Beispiel Beratung zeigt, der Output nicht quantitativ gemessen werden kann und es nicht genügt, Statistiken und Bilanzen vorzulegen. Der Erfolg ist schwer ablesbar, und auch die „Technologie", mit der das Ziel erreicht werden kann, ist kein rein technisch instrumentierbarer Vorgang, sondern ein komplexes zwischenmenschliches Geschehen.

Die Arbeit eines Zugführers bei der Eisenbahn ist eine überaus verantwortungsvolle, jedoch sind die geforderten Tätigkeiten sehr gut beschreibbar, und es läßt sich klar formulieren, was in einer bestimmten Situation richtig und was falsch ist und welche Handlungen welche Wirkungen haben. Anders bei einer Lehrerin: Um im Schüler Lernprozesse hervorzurufen, dafür gibt es keine eindeutig beschreibbare Technologie. Der Erfolg hängt nicht allein von der Lehrerin ab, sondern wird vom Schüler wesentlich mitbestimmt. Es ist daher auch schwieriger, zwischen guten und schlechten Lehrern bzw. zwischen richtigen und falschen Verhaltensweisen als Lehrer zu unterscheiden, als das im Fall eines Zugführers für alle Situationen, mit denen er zu tun hat, benennbar ist. Dasselbe gilt für viele andere Tätigkeiten, in denen unmittelbarer Umgang mit Menschen zum professionellen Geschäft gehört. Bei einer Krankenschwester kann man, wenn es um die Verabreichung von Medikamenten geht, meist feststellen, ob sie richtig oder falsch behandelt hat; man kann aber die Fähigkeit, auf Patienten einzugehen, nicht in dieser simplen, technologischen Weise überprüfen. Hier sind Kompetenzen gefragt, die nicht rezeptartig beschrieben werden können, da Erfolg und Mißerfolg nicht einfach herstellbar sind.

In diesen Organisationen ist die Erfolgskontrolle von besonderer Brisanz. Wie kann eine Schule die Qualität der Lehrer wirklich messen? Die Noten oder die Leistungen, die die Schüler in Form von Zeugnissen nachweisen, reichen wohl nicht aus, denn sie sind vielfältig interpretierbar. Ein guter Notendurchschnitt kann ein hohes Leistungsniveau ausdrücken oder auch eine „billige" Notengebung des Lehrers bedeuten. Hier kommt man mit Zahlen allein nicht mehr weiter.

Es gilt herauszufinden, woher die Mitarbeiter Sicherheit darüber gewinnen, daß sie gute Arbeit leisten, woher sie Feedback über positive Leistungen, aber auch kritisches Feedback bekommen, wie sehr überhaupt ihre Leistung beobachtet und gewertet wird. Dies hat für die Orientierung, die Sicherheit und die Möglichkeiten zur Weiterentwicklung der Mitarbeiter große Bedeutung. Das Fehlen von solchen Feedbackmechanismen bedeutet implizit eine Abwertung der eigenen Leistung und hat dementsprechend negative Auswirkungen auf die Motivation. Im Rahmen einer Supervision stößt die Frage nach den Erfolgskriterien nicht selten auf sehr diffuse und unpräzise Antworten. Oft fehlen Erfolgskriterien, oder man behilft sich mit Kontrollmechanismen, die die eigentliche Leistung gar nicht erfassen. Die Festlegung von Erfolgskriterien ist jedoch umso wichtiger, je schwieriger sie ist, d.h., je weniger man sie rein quantitativ messen kann. Formen der Erfolgskontrolle und die Einführung von Feedbackmechanismen sind in diesen Organisationen eine speziell anspruchsvolle Aufgabe. Eine lediglich auf quantitativ erfaßbare Daten gestützte Bewertung von außen genügt nicht. Hier müssen Strukturen eingeführt werden, in denen Teams sich solche Kriterien selbst erarbeiten und Feedbackzirkel einrichten.

Für einen Supervisor stellt eine klare Vorstellung von der Aufgabe der jeweiligen Einrichtung, die er supervidiert, eine wichtige Arbeitsgrundlage dar. Entweder er hat dieses Wissen schon vorweg, weil er diese Organisation gut genug kennt, oder er muß dies erst im Supervisionsverfahren erheben.

Was ist mit Aufgabe gemeint? Eine Schule hat die Aufgabe, Schülern Wissen zu vermitteln, ihre Persönlichkeitsentwicklung, ihr Sozialverhalten, ihre Integration in die Gesellschaft zu fördern. Eine Intensivstation eines Krankenhauses hat die Aufgabe, die medizinisch notwendige Lebenserhaltung und Patientenversorgung zu betreiben. Eine Beratungseinrichtung hat die Aufgabe, die Klienten, die um Beratung anfragen, so zu beraten, daß sie sich auch beraten fühlen.

Dies scheinen Trivialitäten zu sein, doch macht man als Supervisor nicht selten die Erfahrung, daß diese Ziele und vor allem auch die dazugehörigen Erfolgskriterien im täglichen Arbeitsprozeß und in der Organisation gar nicht so präsent gehalten werden. Das läßt sich sehr gut am Beispiel einer Beratungseinrichtung dokumentieren, denn was ist nun tatsächlich das Ziel dieser Beratung? Wie kann eine Beratungseinrichtung, z.B. eine Aidshilfe, nachweisen, daß sie ihr Leistungsziel erreicht hat? Für den Subventionsgeber ist oft lediglich die Zahl der Beratungsstunden wichtig und notwendig; als Information nach innen und für die Förderung der Mitarbeiterinnen wird diese rein quantitative Festlegung nicht genügen. Für eine befriedigende Innensicht braucht es Gelegenheit, Fragen folgender Art zu stellen und zu beantworten:

- Was bewirken wir eigentlich mit unserer Beratung?

- Könnten wir das auch anders und besser machen?

- Wie können wir überhaupt sichergehen, daß diese Beratung, die wir machen, einen Sinn ergibt?

- Woran können wir das ablesen?

Supervision als explizite Veranstaltung zur Selbstreflexion und Selbstbeobachtung wird an diesen Themen nicht vorbeigehen.

Spezifische Belastungen sind wichtige Sozialisationsfaktoren

Im Zusammenhang mit den Aufgaben verdient die Frage nach den Belastungen und nach den unangenehmen Seiten der Arbeit besondere Aufmerksamkeit. In der psychoanalytischen Tradition der Tavistock-Klinik in London wird als erste Frage bei Beratungs- und Supervisionsaufträgen gefragt:

- „What is the pain in the work?" Was sind die unangenehmen Seiten an der Arbeit?

- Wie wird mit diesem „pain in the work" kommunikativ umgegangen?

- Welche Bewältigungsstrategien oder Schutzmechanismen haben sich herausgebildet?

- Wie beeinflussen sie Verhaltensweisen und Wertvorstellungen?

- Welche Vor- und Nachteile haben sie?

- Welche Formen der Entlastung gelten als legitim, was wird tabuisiert?

Der Blick auf die jeweilige Kerntätigkeit vermittelt auch ein Verständnis für die speziellen Fähigkeiten, die dadurch gefordert und gefördert werden, aber ebenso für die mit dieser Tätigkeit verbundenen Beschränkungen und professionellen Deformationsgefahren.

In der System/Umwelt-Beziehung wird über Erfolg und Überleben der Organisation entschieden

Von entscheidender Bedeutung für jede Organisation ist ihre Umwelt, genauer gesagt: ihre verschiedenen Umwelten. Funktion und Aufgaben werden in den Erwartungen der Außenwelt an die Organisation konkret. Über Erfolg oder Mißerfolg einer Organisation wird in der Beziehung zu den relevanten Umwelten entschieden. Eine fundierte Einschätzung einer Organisation oder einer Organisationseinheit ergibt sich aus der Gegenüberstellung von Anforderungen aus der Umwelt und der „Responsiveness" der Organisation, d.h. der Fähigkeit, diesen Anforderungen inhaltlich und zeitgerecht zu begegnen. Damit ist nicht eine platte Anpassung an alle Erwartungen von außen gemeint, denn Organisationen können auch Einfluß auf ihre Umwelten nehmen. Um zeitgerecht zu handeln, muß man rasch auf Umweltveränderungen reagieren, zugleich aus einem reinen Reaktionsmechanismus aussteigen sowie in der strategischen Planung eine noch unbekannte Zukunft vorwegnehmen. Man wartet also nicht erst auf Veränderungen in den Umwelten, um dann in der Anpassung ewig hinten nachzulaufen, sondern setzt selbst strategische Schritte und läßt die Umwelt darauf reagieren. Beides ist notwendig: Reaktionsgeschwindigkeit und Anpassungsfähigkeit einerseits, strategische Planung und aktive Auseinandersetzung mit den relevanten Umwelten andererseits.

Eine Organisation nimmt die Umwelt nur sehr selektiv wahr und hat nur zu bestimmten anderen sozialen, gesellschaftlichen Realitäten eine Beziehung bzw. beobachtet diese. In der Supervision hat man meist kleinere Organisationseinheiten zu betreuen, und man unterscheidet daher sinnvollerweise zwischen inneren und äußeren Umwelten. Eine Krankenhausstation hat als innere Umwelt die Abteilungsleitung, also Abteilungsvorstand und Oberschwester, ferner die anderen Stationen auf der Abteilung. Als äußere Umwelt sind an erster Stelle die Patienten zu nennen, die Angehörigen sowie extramurale Einrichtungen, z.B. niedergelassene Ärztinnen, die zuweisen, und andere Einrichtungen, mit denen die Station kooperiert. Aber auch Konkurrenzunternehmen und Kooperationspartner mit demselben Aufgabenprofil an anderen Standorten oder Partner in Netzwerken zählen zu den äußeren Umwelten.

Die Veränderungen in diesen verschiedenen Umwelten und die Erwartungen, die an die Organisation herangetragen werden, sind in hohem Maß ausschlaggebend und bestimmend für die Organisation. In der Wirtschaft etwa spricht man vom Markt, also von den Kunden, die einem verlorengehen können. Und es ist besonders wichtig, auch in der Beratung und Supervision darauf zu achten, welche Beobachtungskapazitäten das jeweilige System dafür hat, wahrzunehmen, was sich in den Umwelten tut, was sich verändert, und auch intern darauf zu reagieren.

Erwartungen, die von verschiedenen relevanten Umwelten an die Organisation herangetragen werden, bergen meist auch ein Bündel von Widersprüchen in sich, die organisationsintern verarbeitet werden müssen.

Wie setzt sich die Organisation oder Organisationseinheit zu den jeweiligen Umwelten in Beziehung und definiert so ihre Identität? Organisationen oder kleinere Einheiten von Organisationen sind permanent damit beschäftigt, die Grenze zwischen sich und ihrer Umwelt – oder besser: ihren Umwelten – zu ziehen und sich mit den Erwartungen auseinanderzusetzen, die von außen kommen. Die Differenz System/Umwelt hilft zu sehen,

- welche Probleme und Ansprüche von verschiedenen Umwelten an das System herangetragen werden; welche Widersprüche in diesen unterschiedlichen Erwartungen eingebaut, welche dieser Probleme bearbeitbar sind und welche im System nur bedingt oder gar nicht gelöst werden können;

- welche Probleme gewissermaßen hausgemacht sind und sich aus der spezifischen Logik der Organisation ergeben und

- welche Probleme im engeren Sinn auf der Organisationsebene angesiedelt sind, also Probleme, die alle Organisationen gemeinsam haben und die sich aus dem Systemtypus Organisation ergeben (vgl. Pelikan 1993).

Die Verknüpfung von Subeinheiten und Stellen bestimmt die Leistungsfähigkeit der Organisation

Im Unterschied zu Gruppen, in denen jedes Mitglied mit jedem kommuniziert, sind in Organisationen die einzelnen Subeinheiten und Funktionen nur sehr selektiv miteinander verknüpft.

Die einfachste, aber selektivste Form der Verknüpfung ist die Hierarchie. Sie ist eine Lösung für das Problem, möglichst viele Personen, Stellen und Einheiten mit einem Minimum an Kommunikationsaufwand zu verknüpfen und so einen fast grenzenlos erweiterbaren Kooperationszusammenhang herzustellen. Diese Organisationsform ist daher sehr transparent, übersichtlich und gut kontrollierbar. Sie funktioniert gut für Aufgaben mit großer Kontinuität, die keine neuen Situationen mit sich bringen und weitgehend technisch steuerbar sind, also mit hohem Technologieeinsatz und viel Routinearbeit, ohne daß mit Veränderungen in den Aufgaben und in den Erwartungen der Umwelt zu rechnen ist. Sie eignet sich jedoch wenig für die schon erwähnten Expertenorganisationen und ist vor allem für Aufgaben, bei denen interdisziplinäre Kooperation und Teamarbeit gefragt sind, nicht funktional. Daher wird man sie als alleinige Organisationsform kaum mehr vorfinden; die Wirklichkeit ist komplexer geworden. Damit werden neben den Unterschieden durch Über- und Unterordnung auch andere Unterscheidungen relevant: Unterschiede in der Profession, in der Zugehörigkeit zu Subeinheiten, in der spezifischen Rolle.

Welche Unterschiede haben in einem System welche Bedeutung? Was sind die wichtigsten Unterschiede, und wie wird mit ihnen umgegangen?

Antworten auf diese Fragen liefern wichtige Informationen über das soziale System. Die Bedeutung von Differenzschemata ist von Organisation zu Organisation verschieden. Hierarchische Unterschiede können unbedeutender sein als die Differenzierung in Berufsgruppen, Subeinheiten können sehr aufeinander angewiesen oder auch sehr autonom sein, beides kann in einem strukturellen Widerspruch stehen. Im Krankenhaus z.B. sind die Subeinheiten, d.h. die einzelnen Abteilungen, sehr autonom, der Erfolg hängt aber auch wesentlich von der Kooperation mit den anderen Abteilungen ab. Gleichzeitig haben traditionell die Berufsgruppenstruktur und die Hierarchie einen hohen Stellenwert.

Unterschiede bedeuten einerseits Ressourcen und Potentiale, andererseits benennen sie auch neuralgische Punkte und Konfliktstellen. Damit Unterschiede genutzt werden können, müssen sie kommunikativ adäquat verknüpft sein. Nicht immer paßt die Realität der Differenzierungen zur aktuellen Aufgabenbewältigung. Hierarchien und spezielle Formen, Berufsgruppenunterschiede zu leben, können sich auch sehr kontraproduktiv auswirken, und gleichzeitig kann eine Organisation für die Arbeit wichtige Ausdifferenzierungen unterlassen. So tendieren Expertenorganisationen dazu, Leitungsaufgaben gegenüber der fachlichen Arbeit zu wenig abzugrenzen und auszugestalten.

Die interne Differenzierung nach Subeinheiten, hierarchischen Ebenen und Professionen sowie die Verknüpfungslinien zwischen den verschiedenen Organisationsteilen machen das Grundgerüst einer Organisation aus. Ein Organigramm kann hier erste Auskunft über die Struktur der Organisation geben. Doch ist die real gelebte und für den Arbeitsprozeß relevante Struktur meist viel komplexer und weicht vom formal-abstrakten Organigramm ab. Hier gilt es, ein realistisches Bild von der Architektur der Subeinheiten und ihrer Verbindungsmechanismen zu gewinnen.

Kerneinheiten

Hilfreich für die Einschätzung der Organisationsstrukturen ist der Blick auf die sozialen Kerneinheiten, in denen die für die Organisation besonders charakteristischen Leistungen erbracht werden. Diese Kerneinheiten sind die Zellen, die kleinsten Bausteine der Gesamtorganisation, und sie sind auch je nach Qualität und Art der Aufgabe unterschiedlich autonom oder von anderen Organisationseinheiten abhängig. Im Krankenhaus sind die Kerneinheiten die Stationen, in Beratungseinrichtungen das jeweilige Beratungssetting. Am Beispiel Schule läßt sich zeigen, daß der Unterricht als Kerneinheit im wesentlichen von einer – oder im Fall von Teamteaching von zwei – Personen mit den Schülern gemeinsam geleistet wird. In den mittleren und höheren Schulen kann man diese Kerneinheit Unterricht insofern erweitern, als der Unterricht eines Gegenstands in einer bestimmten Klasse auch von der Unterrichtsart in anderen Gegenständen beeinflußt ist, sodaß sich eine Zusammenarbeit der Klassenlehrer als eine sinnvolle Erweiterung der Kooperationsstrukturen erweist, die allerdings de facto in den Schulen wenig genützt wird. Was in den Kerneinheiten im einzelnen passiert und wie mehr oder weniger erfolgreich gearbeitet wird, kann von außen nicht eingesehen werden, da die einzelnen Klassen völlig unabhängig voneinander sind. Was die 7b lernt, hat keine Auswirkungen auf das disziplinäre Verhalten der 3a. Es gibt daher aus der Sicht der Kerneinheiten in der täglichen Arbeit einen sehr geringen inhaltlichen Kooperationsbedarf untereinander, die Abstimmung untereinander kann sich weitgehend auf administrative Belange (Stundenplan, Supplierungen, Sonderveranstaltungen etc.) beschränken.

Zunächst ist darauf zu achten, welche Kooperationsaufgaben in den einzelnen Kerneinheiten anfallen.

- Welche Stellen sind miteinander verknüpft?

- Von welchen Professionen sind sie besetzt?

- Welche Rollenbeschreibungen gibt es? Inwiefern sind die einzelnen Rollen in sich schon mit einem widersprüchlichen Auftrag behaftet, etwa bei Sozialarbeitern oder bei Mitarbeiterinnen aus dem Arbeitsmarktservice, die gegenüber ihren

Klienten gleichzeitig eine Kontroll- und eine Beratungsfunktion haben?

- Welches Maß an Klarheit bzw. Unklarheit in den Rollendefinitionen, welcher Mix an Ordnung und Unordnung ist für diese Aufgabenbewältigung angemessen?

Kerneinheiten sind unterschiedlich mit anderen Teilen der Organisation verknüpft. Man wird also auch untersuchen, welche Kooperationsnotwendigkeiten mit anderen Organisationseinheiten gegeben sind. Im Operationssaal eines Krankenhauses ist der Kooperationsbedarf extrem hoch, sowohl in der Planung als auch im Ablauf von Operationen. Das OP-Personal, die Abstimmung mit den zuliefernden Stationen, die gesamte Infrastruktur bzw. auch das benötigte Material müssen koordiniert werden (vgl. Grossmann/Prammer 1995). Ein kontrastierendes Beispiel: Einzelberatung in einem Beratungszentrum – hier sitzen Beraterin und Klient einander gegenüber, die Leistung wird in dieser Zweierkonstellation erbracht. Am Beispiel der Schule haben wir schon erwähnt, daß diese ein sehr lose gekoppeltes System von Kerneinheiten (Schulklassen) darstellt. Daraus läßt sich z.B. ableiten, daß diese Kerneinheiten auch formell mehr Bedeutung erhalten, d.h., daß mehr Strukturen und Anreize zur Selbststeuerung und Selbstentwicklung eingebaut werden könnten.

Die Ansprüche speziell an Expertenorganisationen erfordern eine hohe Komplexität an Kooperation und Kommunikation. Das Maß an Komplexität zu überprüfen und laufend den veränderten Umwelterwartungen anzupassen, ist eine schwierige und zugleich unverzichtbare Aufgabe moderner Organisationen. Ein Zuviel an Komplexität ist ebenso überfordend, wie ein Zuwenig riskant sein kann. Kein Zweifel, daß an diesem Punkt oft Beratungsbedarf entsteht. Wichtig ist zu untersuchen:

- Wie sind diese Verknüpfungen und Kooperationen geregelt?

- Welche Kommunikationsstrukturen leisten die Verknüpfung zwischen unterschiedlichen Kerneinheiten?

- Wodurch wird die Verbindung zur Gesamtorganisation hergestellt?

- Wie gut funktionieren die Verknüpfungsmechanismen?

Besprechungskultur – Orte der Selbstbeobachtung und Selbstreflexion

Besprechungen sind ein zentraler Bestandteil der Organisationsstruktur. Organisationen weisen darin große Unterschiede auf. In der Schule etwa sind traditionell die verschiedenen Konferenzen als formelle Struktur etabliert. Daneben mag es noch Gespräche mit dem Direktor geben, die dieser fallweise einberuft. Ansonsten ist die formelle Besprechungskultur in der Schule sehr wenig ausgeprägt. Das kann in Krankenhäusern ganz anders sein. Hier muß enorm viel in Kommunikation und in die Verknüpfung unterschiedlicher Einheiten investiert werden. Tag- und Nachtdienste müssen einander auf dem laufenden halten, zwischen Medizin und Pflege muß es permanenten Austausch geben, Ergebnisse von Visiten und Besprechungen müssen entsprechend weitergeleitet werden. Supervision ist selbst eine Form der Besprechung und muß daher, wenn sie auf fruchtbaren Boden fallen soll, wissen, in welcher Beziehung sie zu anderen Besprechungsformen steht. Besonders wichtig für eine Organisation ist es, eine Einrichtung zu haben, in der sie selbst Gegenstand ist, d.h. einen Ort, an dem die eigene Struktur, die eigene Arbeit, die Beziehungen zu den Klienten und anderen relevanten Umwelten beobachtet und bewertet werden.

Das Verhältnis von formeller und informeller Kommunikation

Der Blick auf die formelle Arbeitsorganisation und ihre Relation zur gestellten Aufgabe dieser Organisationseinheit sind wichtige Fundamente, um sich zu orientieren, doch decken sie die Wirklichkeit in Organisationen nur zum Teil ab. Vieles geschieht auf informellem Weg, sowohl auf der Beziehungsebene als auch an Arbeitsleistungen. In vielen Organisationen würde der Betrieb zusammenbrechen, wenn sich die Mitarbeiter darauf verlegten, „Dienst nach Vorschrift" zu machen. Das Verhältnis zwischen informeller und formeller Organisationsstruktur ist eine sehr aussagefähige Quelle, auch über möglichen Supervisions- und Beratungsbedarf.

Um erforschen zu können, was im informellen Bereich jeweils Wichtiges geschieht, ist es notwendig, darauf zu achten, ob in der formellen Arbeitsorganisation alle für die Aufgabenerfüllung wichtigen Tätigkeiten ablaufen. Ist das nicht der Fall, muß es irgendwo informell passieren. Ein Beispiel aus der Schule: Ein Schüler macht einem Lehrer Schwierigkeiten. Das wird in den Pausen im Konferenzzimmer diskutiert. Auch der Klassenvorstand wird in der Pause darüber informiert. Es wird kurz darüber diskutiert, wie man mit dem Schüler verfahren könnte, und dann geschieht auch irgend etwas, das aber nicht wirklich formell kommuniziert wird. Konferenzzimmergespräche in Lehrkörpern sind Bestandteile der informellen Kultur. Wozu dienen sie? Zur Erholung, zum Frustabladen, möglicherweise werden dort geheime Dinge ausgeheckt, die auch auf die offizielle Arbeitskultur ihren Einfluß haben.

Zum Verhältnis von formell und informell in Organisationen lassen sich folgende Thesen formulieren:

1. Es gibt immer beide Ebenen in Organisationen, und beide sind wichtig. Es kann nie gelingen, alles das, was informell passiert, in die formelle Organisation zu überführen, und es ergäbe auch keinen Sinn.

2. Führungskräfte, Beraterinnen und Supervisoren müssen beide Wirklichkeiten sowie ihr Verhältnis zueinander im Auge behalten. Sie müssen nicht nur einen Blick dafür haben, was de facto im Augenblick von der formellen Organisation bzw. auf der informellen Ebene bearbeitet, gelöst, geregelt oder auch nicht gelöst wird, sondern Ideen dafür, wo diese Differenz sich negativ oder hemmend auswirken kann.

3. In Wirtschaftsorganisationen ist die Diskrepanz von formell und informell im Vergleich zu Nonprofit-Organisationen meist geringer, weil diese Organisationen am besten in der Lage sind, ihre formelle Struktur den Veränderungen in der Umwelt (Markt) entsprechend anzupassen und so eine allzu große Diskrepanz zwischen formell und informell zu überwinden. In öffentlichen, bürokratieähnlichen Organisationen kann man beobachten, daß die formellen Strukturen oft auf z.T. sehr detaillierte rechtliche Bestimmungen und Regelungen reduziert sind, die in der Organisation selbst gar nicht verändert wer-

den können – etwa Schulgesetze, die vom Parlament beschlossen, und Bestimmungen, die vom Ministerium erlassen werden und einerseits den Schulbetrieb teilweise bis ins Detail regeln, auf der anderen Seite aber viele Probleme nicht berühren, die dem Informellen überlassen bleiben. Möglichkeiten und Kompetenz der Organisation, am Schulstandort selbst verbindliche, formelle Strukturen einzurichten, etwa Klassenkonferenzen oder Projektteams, sind oft sehr schlecht ausgeprägt. Teilweise wird diese Eigenkompetenz auch durch die rechtlichen Bestimmungen selbst behindert. Zur neuen Mittelstufe der 10- bis 14jährigen wird ein Schulversuch eingeführt, an dem Gymnasial- und Hauptschullehrer kooperativ zusammenarbeiten. Die Bezahlung beider ist aber durch ein differenziertes Besoldungsrecht geregelt, d.h., daß die Lehrer dieselbe Arbeit machen, aber je nach Zugehörigkeit unterschiedlich bezahlt werden. Die Einzelschule selbst kann hier keine tatsächlichen Veränderungen schaffen, sondern muß die vorprogrammierten Spannungen „ausbaden".

4. In Organisationen mit sehr starren bürokratischen Strukturen hat das Informelle einen überaus hohen Stellenwert. Sie sind gleichzeitig sehr veränderungsresistent, wobei beide Seiten – die formelle und die informelle – ihren Beitrag leisten: Einerseits sind die Entscheidungsträger auf der formellen Seite so weit weg von den Problemen der Organisation, daß sie selbst keinen Handlungsbedarf verspüren bzw. ihre Kontrollwünsche durch die bestehenden Regelungen bestens erfüllt sehen. Und auf der anderen Seite sind die konkret in den Organisationen Arbeitenden bereit, sehr viel an informeller Organisation zu übernehmen und damit die Nichtveränderung dieses Verhältnisses zu stabilisieren – aus Aversion gegen alles, was „Organisation" und „formell" heißt. Formell steht für Einschränkung und Zwang und informell für Freiheitsspielraum – in diesem Denkmuster bleiben die formellen Strukturen eine Bedrohung, und sie werden daher auch nicht weiterentwickelt.

Für die Supervision ist besonders wichtig zu beachten, inwiefern formelle und informelle Kommunikation im Hinblick auf die Aufgabenerfüllung zusammenpassen.

Eine Organisation ist so gut
wie ihre Entscheidungen

„Noch nie war so viel entscheidbar wie in der modernen Gesellschaft. Und es wird fast ausschließlich in Organisationen entschieden – in Kirchen, Parteien, Ämtern, Unternehmen und Universitäten – und vom Rest der Welt ertragen" (Baecker 1993, S. 13; vgl. Luhmann 1995, S. 16). Entscheidungen in Organisationen sind quasi die Drehscheibe der Weltgeschichte geworden. Dies läßt auch den gewaltigen Wandel erkennen, den die Rolle von Organisationen in den letzten Jahrzehnten durchgemacht hat. Das Wort Organisation ist von dem griechischen Wort für Werkzeug – organon (ὄργανον) – abgeleitet. Mit Organisation ist also traditionell die Vorstellung verbunden, daß man sie als Werkzeug, als Instrument zur Erreichung eines bestimmten Zweckes benützt. In diesem Verständnis liegt die Steuerung von Organisationen ganz außerhalb, beim „Benützer", sie sind als triviale Maschinen gedacht, die sich gut einsetzen und kontrollieren lassen. Heute hat sich die Steuerung in die Organisationen selbst verlagert, und man kann sie von außen nicht in linearer Weise lenken und kontrollieren.

Die Steuerungsleistung von Organisationen läuft über Entscheidungen. Diese erfordern einen Aufwand, und so ist es verständlich, daß Organisationen Entscheidungen auf ein Minimum zu reduzieren versuchen. Man versucht in der Organisation alle Abläufe und Situationen möglichst detailliert zu regeln. Das schränkt zwar Freiräume ein, entlastet aber auch von Verantwortung und der Notwendigkeit, zu entscheiden: Organisationen als eingefrorene Entscheidungen. In Zeiten, die von den Organisationen eine stärkere Beobachtungsfähigkeit von sich selbst und der Umwelt verlangen, dreht sich der Spieß um: Es geht nicht mehr allein darum, Entscheidungen einzusparen – diese Funktion von Organisationen bleibt weiterhin aufrecht –, sondern auch das Gegenteil zu tun, d.h., Platz für Entscheidungen in die Organisation einzubauen, und zwar sowohl für Entscheidungen im Alltagsgeschäft als auch Entscheidungen über die Organisation selbst: über Weiterbestand, Umstrukturierung, Veränderungen im Personalstand.

Nur Unentscheidbares muß entschieden werden (Foerster 1985). Entscheidungen braucht man nur für Probleme, die *nicht* errechnet, gemessen oder einer eindeutigen, wissenschaftlich begründbaren Lösung zugeführt werden können. Damit impliziert jede Entscheidung Unsicherheit, Risiko und Konflikt. Man hätte auch anders entscheiden können, und möglicherweise stellt sich im nachhinein heraus, daß man besser anders entschieden hätte. Entscheidungen sind nicht als rationale Wahlhandlungen verstehbar, wie dies die klassische Entscheidungstheorie nahelegt. Der Anspruch an die Rationalität von Entscheidungen meint die Berücksichtigung aller für das zu entscheidende Problem relevanten Daten und Informationen. Er scheitert in der Realität nicht allein an Interessen, an mehr oder weniger bewußten Emotionen oder an Systemzwängen, er scheitert vor allem am Selbstwiderspruch der Rationalität selbst: Es ist in einer wissensbasierten Gesellschaft mit ihrem unendlichen Angebot an Information nicht rational, alle Daten für den Entscheidungsprozeß besorgen zu wollen. Empirische Untersuchungen über das Entscheidungsverhalten des Führungspersonals oder bei der Vorbereitung von Policy-Entscheidungen bestätigen, daß die zur Verfügung stehenden Informationen nur sehr begrenzt genutzt werden. „Selbst vorhandene Informationen, Statistiken, Geschäftsberichte werden kaum herangezogen" (Luhmann 1996, S. 5).

Bewußte Lern- und Veränderungsprozesse in Organisationen laufen über Entscheidungen. Diese sind das Sprachrohr, durch das ein Team, ein Vereinsvorstand oder ein Geschäftsführer deutlich machen können – für sich selbst und für die anderen –, was man will. Eine Organisation ist in der Regel zu groß und zu komplex, als daß alle mit allen über alles kommunizieren könnten. Hier stellen Entscheidungen von Teilen der Organisation eine sehr transparente Form von Kommunikation dar. An die Entscheidungen der einen können andere anknüpfen, dazu Stellung nehmen und sich ihrerseits entscheiden. Entscheidungen lösen Entscheidungen aus, d.h., sie stimulieren und motivieren und treiben damit einen Prozeß voran. Über Entscheidungen entwickelt sich eine Organisation. Durch Entscheidungen wird die Vergangenheit interpretiert, und für die Zukunft werden bestimmte Möglichkeiten ausgewählt und angestrebt. Es werden verbindliche Orientierungen geschaffen und Sicherheiten garantiert. Entscheidungen treffen eine Wahl und interpretieren die Wirklichkeit, wobei Organisationsforscher letzterem die größere Bedeutung zusprechen (vgl. Luhmann 1996, S. 7; Weick 1995, S. 185).

Der Prozeß der Entscheidungsfindung bestimmt sehr stark die Leistungsfähigkeit einer Organisation. „Der Erfolg einer Organisation ist abhängig von der Komplexitätsdifferenz zwischen Organisation und relevanter Umwelt" (Heitger/Jarmai 1994, S. 18). Je geringer diese Differenz, umso erfolgreicher die Organisation. Dies bedeutet den Aufbau interner Beobachtungsstrukturen und Entscheidungsmechanismen, die der Komplexität der relevanten Umwelten gerecht werden. Das kann als Richtschnur bei der Beobachtung und Bewertung der Entscheidungen einer Organisation dienen. Folgende Fragestellungen lassen sich für eine Organisationsdiagnose daraus ableiten:

- Wie wird mit Entscheidungen umgegangen?

- Welche Logiken und Perspektiven werden berücksichtigt, bestimmen den Entscheidungsprozeß? Welche Rolle spielt die Stabilisierung der sozialen Struktur, d.h. die Bestätigung bestehender Positionen und Einflußsphären?

- Welchen Stellenwert hat Wissen und Fachkompetenz, welchen Partizipation, Mitarbeiterzufriedenheit, Wirtschaftlichkeit oder Kundenorientierung?

- Welche Aufgaben und Probleme werden mit welchem Aufwand entschieden?

- Welche Variationen an Entscheidungsverfahren gibt es?

- Wer ist bei welchen Entscheidungen eingebunden?

- Wie wird der Widerspruch zwischen größtmöglicher Partizipation und sparsamem Personaleinsatz gemanagt?

- Wie paßt der Aufwand zur Bedeutung und zur Komplexität des Problems?

- Wird zu wenig entschieden, werden Angelegenheiten eher verschleppt, oder wird zu viel bzw. zu oft entschieden?

- Wie ist das Verhältnis von Entscheidung und Umsetzung? Welche Beschlüsse werden immer wieder vergessen? Warum?

Es gehört daher zu den wichtigen und anspruchsvollen Aufgaben der Leitung, für einen Entscheidungsprozeß ein angemessenes Verfahren zu entwickeln und zu organisieren. Die Effizienz von Entscheidungen hängt von zwei Faktoren ab: von der Qualität und der Akzeptanz. Die Qualität ergibt sich aus dem Ausmaß, in dem fachliches Know-how in den Entscheidungsprozeß einfließt und wie genau Argumente recherchiert und abgewogen werden. Aber sachlich gute Entscheidungen müssen von den Betroffenen nicht notwendigerweise akzeptiert werden. In diesem Fall werden sie die Entscheidung nicht oder nur sehr halbherzig umsetzen. Die beste Entscheidung ist wertlos, wenn sie nicht umgesetzt wird. Man muß daher auch für Akzeptanz sorgen.

Effizienz = Qualität x Akzeptanz

In vielen Organisationen werden Entscheidungen und Entscheidungskompetenz gerne mit Macht und Mitbestimmung assoziiert. Man ist daher auf die Einhaltung formaldemokratischer Spielregeln bedacht. Die Mitbestimmung der Betroffenen ist eine sehr wichtige Dimension bei Entscheidungen. Doch genügen formaldemokratische Prozeduren demokratischen Ansprüchen nicht wirklich. Bloße Abstimmungen z.B. in einem Lehrkörper oder unter den Beschäftigten einer Abteilung erfüllen weder das Kriterium der Akzeptanz noch das der Qualität. Abstimmungen brauchen eine Vorbereitung, einen Rahmen, der es ermöglicht, alle relevanten Informationen und Argumente für eine Entscheidung zu sammeln und in einer für alle nachvollziehbaren Weise zu bewerten. Einzelne Entscheidungen stehen selbst wiederum im Kontext von Entscheidungsketten. Strategische Entscheidungen definieren die Spielräume von operativen Entscheidungen im Arbeitsalltag.

In Zeiten der Hierarchiekrise sind Führungskräfte besonders gefordert

Eine besondere Dimension in der Frage der Arbeitsorganisation sind die Leitungsstrukturen: Welche gibt es, welche Funktionen übernehmen sie, und inwiefern sind sie als eigenständige Rolle etabliert?

Tradierte Führungskonzepte passen nicht zu den Erfordernissen der Aufgabenerfüllung

Aufbauend auf den Ausführungen über die Kerneinheiten kann die Frage nach den Funktionen von Leitung präzisiert werden: Was Führung in einer Organisation bedeuten kann, welche spezifischen Aufgaben ihr zukommen, ist auch von daher abzuleiten, in welchen Kerneinheiten die eigentliche Leistung erbracht wird und welche Arbeitsabläufe dabei zum Tragen kommen. Am Beispiel der Schule etwa ist deutlich geworden, daß die Kerneinheiten (Schulklassen) sehr autonome Systeme sind und sich der inhaltliche Zusammenhang auf die formale Einhaltung von Lehrplänen beschränkt, während ansonsten die Abhängigkeit untereinander nur administrative Aspekte tangiert. Schulleiter sind daher über ihre eigenen Führungsaufgaben in diesem Punkt oft im unklaren. Sie reduzieren sich entweder auf Administrierer oder bessere Hauswarte oder spielen den Angstmacher oder lassen einfach alles laufen. Eine Funktion der Schulleitung könnte jedoch sein, die Kerneinheiten in ihrer autonomen Entwicklung sowie die Leitungsstrukturen innerhalb der Kerneinheiten zu stärken. Das bedeutete Investitionen in die Teamentwicklung von Klassenlehrerteams sowie Kompetenz- und Aufgabenzuwachs für die Klassenvorstände als Leiter dieser Teams. Um diese Aufgaben anzupacken, bräuchten sie ihrerseits mehr Entscheidungskompetenz. Das Beispiel der Schule zeigt deutlich, daß die traditionell etablierte Leitung sich am Modell bürokratischer Hierarchie orientiert, die noch stark von der Illusion inhaltlicher Kontrollmöglichkeiten geprägt ist. Entscheidungskompetenzen sind jeweils höher angesiedelt, als es die genuine Arbeitslogik erfordert. Schulleiterinnen haben nur sehr beschränkte Möglichkeiten, die Qualität ihrer Lehrer zu beeinflussen, sowohl bei der Auswahl als auch mit Methoden direkter Steuerung und Kontrolle. Diese Differenz zwischen tradierten Leitungsstrukturen und Denkmustern und den aus der Arbeitslogik resultierenden Anforderungen an Führungskräfte ist in vielen Organisationen anzutreffen und sorgt für Spannungen und Turbulenzen. Nicht selten taucht bei dieser Problemlage der Ruf nach Supervision auf.

Führungskräfte prägen in hohem Maß Denkmuster und Werthaltungen

In jedem sozialen System gibt es Spielregeln und Werthaltungen, die teils offiziell gelten, teils aber auch kaum oder gar nicht bewußt das Handeln bestimmen. Für Organisationsdiagnostiker ist es interessant, sich wie Ethnologen daranzumachen, bestimmte Grundüberzeugungen und Werthaltungen aufzuspüren. „Wir müssen expandieren", kann es in einem Unternehmen lauten; „Schüler lernen nur unter Druck", kann eine allgemeingültige Regel an einer Schule heißen; „Konflikte entstehen durch Fehlverhalten", so kann in vielen Organisationen ein verbreiteter Grundsatz lauten. Solche Grundannahmen stammen oft aus Erfahrungen vergangener Tage, sind jedoch in der aktuellen Situation nicht unbedingt erfolgversprechend und realistisch. Führungskräfte haben starken Einfluß auf diese Werthaltungen; sie können bestehende leichter hinterfragen und verändern und eigene einbringen. Als externer Supervisor ist man in ganz besonderer Weise aufgefordert, diese Grundannahmen wahrzunehmen und gegebenenfalls zur Überprüfung an das System zurückzuspielen.

Das Personalmanagement als Führungsaufgabe gibt Auskunft über die Funktion von Supervision

Supervision wird oft geholt, um Defizite, Mängel in der Betreuung des Personals, der Mitarbeiter zu beheben bzw. für Entlastung in beruflich sehr belastenden Situationen zu sorgen. Supervision steht also immer schon im Kontext der Betreuung des Personals. Dies ist jedoch zugleich eine genuine Führungsaufgabe. Es ist daher zu fragen, welche Form des Personalmanagements und der Personalentwicklung in der Organisation etabliert ist. Dazu gehören Fragen der Auswahl von Personal, Möglichkeiten von Karrieren und Entscheidungen darüber, Fragen der Bezahlung, Anreizsysteme, unterschiedliche Entlohnungssysteme und vor allem unterschiedliche Formen der Personalentwicklung. Im Schulbereich etwa ist die Frage der Weiterbildung, um an den letzten Punkt anzuschließen, eine Sache, die traditionellerweise auf zentraler Ebene von den Pädagogischen Instituten angeboten wird und sich direkt an die einzelnen Lehrer wendet.

D.h., die Weiterbildungsmöglichkeiten sind zwar Serviceleistungen für die Einzelperson, haben aber keinen beobachtbaren und explizit wahrgenommenen Stellenwert in der eigenen Organisation, also dem Schulstandort. Erst in letzter Zeit werden selbstinitiierte Fortbildungsaktivitäten an den einzelnen Schulen gefördert.

Personalentwicklung bedeutet, daß die Leitung bzw. die Organisation selbst untersucht, welcher Bedarf an Weiterbildung, an Personalentwicklung insgesamt besteht. Eine spezielle Rolle kommt der Führung beim Personalmanagement zu: Fragen wie „Gibt es so etwas wie ein Mitarbeitergespräch, gibt es über Karrieren, über Anerkennung oder Kritik an der Arbeit einzelner Mitarbeiter organisierte Formen der Rückmeldung?" stehen hier im Zentrum. Diese Schiene ist in Expertenorganisationen von besonderer Bedeutung.

Es fällt auf, daß Organisationen, die extrem stark von der Motivation, Expertise, Leistungsbereitschaft und Leistungsfähigkeit des Personals abhängig sind, vergleichsweise wenig für ihr Personal tun. Wirtschaftsunternehmen, die generell einen ausgeprägten Sinn für Ökonomie haben, investieren in der Regel meist mehr in die Betreuung und Schulung ihres Personals als Organisationen wie Krankenhäuser, Sozialversicherungen, Schulen oder ähnliche Institutionen.

Abschließend soll betont werden, daß alle diese Fragen auch in einer Entwicklungsgeschichte gesehen werden müssen. Ich werde als Supervisor zu einem bestimmten Zeitpunkt geholt, und der augenblickliche Zustand, den ich erhebe, wird oft zum Verständnis der Organisation nicht ausreichen. Man wird auch danach fragen, wie sich die Organisation in bezug auf diese genannten Dimensionen in der letzten Zeit entwickelt und welche Zukunftsperspektiven sie in ihrer Entwicklung hat. Dazu ist aber noch Genaueres in den Kapiteln über Contracting und Aufbau des Settings nachzulesen.

Strukturen, Entscheidungen und Führung bestimmen gemeinsam die Beweglichkeit der Organisation

Mit der Brille des oben erwähnten Erfolgskriteriums einer möglichst geringen Komplexitätsdifferenz zwischen System und Umwelt lassen sich die beschriebenen Ebenen von kommunikativen Strukturen und Verknüpfungen, von Entscheidungs- und von Führungsstrukturen gut zusammenfassen und auch graphisch veranschaulichen (vgl. Heitger/Jarmai 1994, S. 21ff.; Luhmann 1988, S. 165ff.).

Das Leistungsspektrum von Organisationen ist einerseits durch die Vielfalt, die Varietät von Produkten, Dienstleistungen, Entscheidungsmöglichkeiten etc. bestimmt, andererseits durch das Ausmaß an Vorhersagbarkeit bzw. Unvorhersagbarkeit der eigenen Operationen. Industrielle Produktion läßt sich leichter planen und vorhersagen als die Arbeit in einer Unfallstation. Wir haben also zwei Schienen zur Unterscheidung: geringe oder große Vielfalt und geringe oder hohe Vorhersagbarkeit. Das Ausmaß an Komplexität kann als ein Resultat beider Kategorien verstanden werden. Ein Fahrkartenverkauf ist in dieser Perspektive eine Organisation mit geringer Vielfalt – in den Produkten und den notwendigen Operationen – und mit hoher Vorhersagbarkeit: Man weiß, was am Schalter täglich abläuft, lediglich die Zahl der Kunden birgt ein gewisses Überraschungsmoment. Eine große Aktienbörse stellt das andere Extrem dar: eine Vielfalt an Produkten und Optionen und zugleich ein hoher Grad an Unvorhersagbarkeit.

Ein Beispiel für eine Organisation mit geringer Vielfalt und geringer Vorhersagbarkeit ist der Gemüsehändler am Markt, der nur verkauft, wenn er Geld braucht. Verwaltungseinrichtungen hingegen sind Beispiele für Organisationen mit großer Vielfalt bei gleichzeitiger großer Vorhersagbarkeit, d.h., Akten werden routinemäßig nach vorgegebenen Regeln bearbeitet.

Die Komplexität, die von einer Organisation zu bewältigen ist, läßt sich somit präzisieren. Angemessene Kommunikationsstruk-

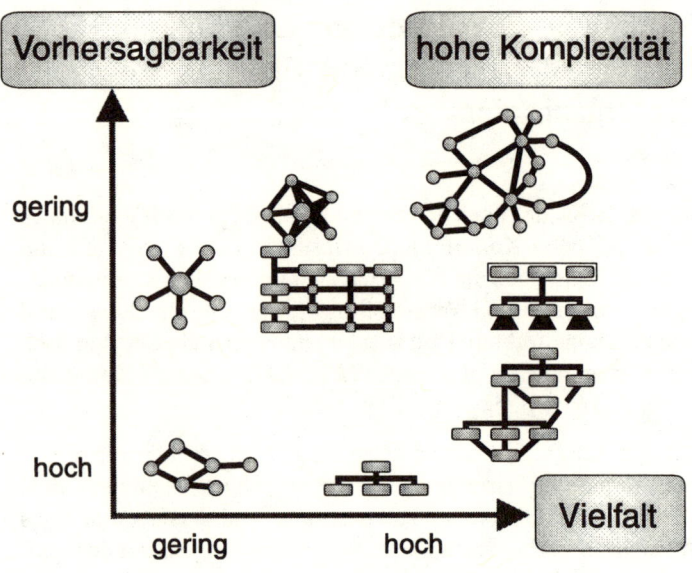

Abbildung 3: Landkarte 1 – Gestaltung der Kommunikations-
wege (vgl. Heitger/Jarmai 1994, S. 24ff.)

turen, Entscheidungsverfahren und Führungskonzepte sehen je
nach Komplexität sehr unterschiedlich aus.

Wir sehen, wie sehr Inhalt und Organisationsform aufeinander
angewiesen sind. Es geht nicht um *ein* Idealmodell von Kommunikationsstrukturen, nicht um *ein* ideales Modell der Entschei-
dungfindung und nicht um *die* ideale Führungspersönlichkeit,
sondern um ein Verständnis dafür, welche organisatorischen
Antworten auf welche Anforderungen passen. In den Klientenorganisationen von Supervision haben wir es meist mit einem
niedrigen Grad an Vorhersagbarkeit zu tun, unter den Professionellen spielt die Fähigkeit, überraschende soziale Situationen zu
meistern, eine überaus wichtige Rolle. Die Identität und die Aufgabe der Organisationen sind sehr eng mit Sinnorientierungen
verknüpft. Werte wie Gesundheit, Bildung, soziale Zugehörig-

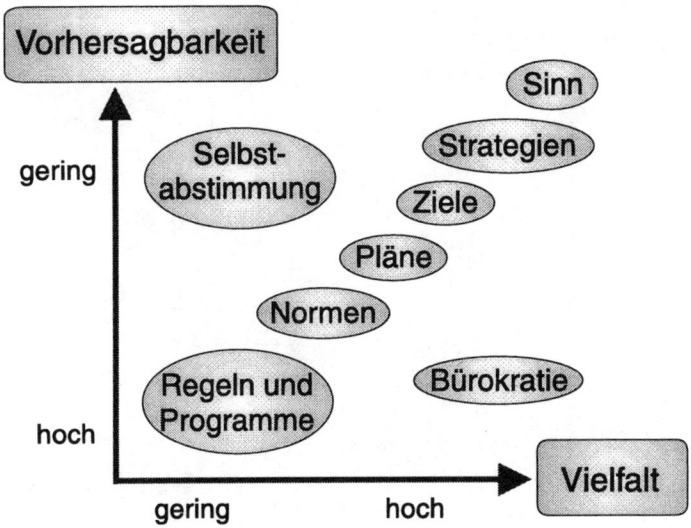

Abbildung 4: Landkarte 2
– Ausrichtung von Entscheidungsprogrammen

keit und Glauben spielen bei Entscheidungen eine tragende Rolle und müssen mit anderen Logiken konkurrieren, etwa mit Rechtsvorschriften und Wirtschaftlichkeit. Leitungsaufgaben sind wenig vordefiniert und verlangen die Kombination von fachlicher Expertise und sozialer Kreativität.

Für die Supervisorin ist ein Verständnis für den Zusammenhang von Organisation und Inhalt sowie ein differenziertes Verständnis für Organisationsvarianten sehr hilfreich, um eine eigenständige Sichtweise auf die Organisationsproblematik des Klientensystems zu gewinnen. Diese differenzierte Sichtweise kann jedoch beim Klienten nicht vorausgesetzt werden. Im Krankenhaus z.B. herrscht meist noch die Vorstellung eines Maschinenmodells von Organisation vor, das bei auftretenden Schwierigkeiten mit einem Ruck zu reparieren sei. In Sozialeinrichtungen

63

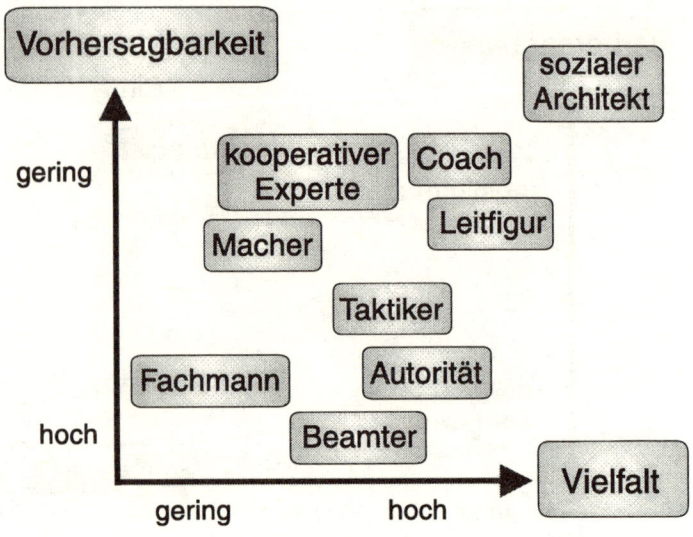

Abbildung 5: Landkarte 3 – Manager-Typologien

wird in erster Linie darauf geachtet, Hierarchie zu vermeiden; Lehrer wiederum beurteilen ihre Direktorinnen vor allem nach ihren Charaktereigenschaften und beobachten weniger die Kompetenz im Herstellen vernetzter Kommunikationsstrukturen. Die Brillen, mit denen Klienten ihre eigene Organisation betrachten, sind jedoch ein konstitutiver Faktor für die Organisation.

3. Brillen für den Supervisionsprozeß

KLAUS SCALA

Wahrnehmen, Beobachten und Diagnostizieren gehören zur Kernkompetenz von Supervisoren und Beraterinnen. Und nicht nur von diesen. „Alles, was Laien von Experten unterscheidet, ist die Kunst der genauen Beobachtung" (Willke 1994, S. 12). Expertise ist also generell mit der Qualifizierung von Beobachtung verknüpft, die Professionalität der meisten Berufe beruht zu einem guten Teil auf fokussierter und geschulter Beobachtung. In der Geschwindigkeit und in der Präzision der Wahrnehmung unterscheiden sich Expertinnen von Laien, Erfahrene von Neulingen. Erfahrene Lehrer, Therapeutinnen, Manager, Ärztinnen, Dirigenten erkennen sehr rasch, worauf es ankommt. Der Blick auf die Wirklichkeit wird auf jeweils berufsspezifische Aufgaben eingestellt.

Zum Unterschied von naturwissenschaftlich-technischen Disziplinen kann in der Supervision keine Technologie zur Beobachtung und Messung eingesetzt werden, und auch sozialwissenschaftliche Methoden wie etwa Fragebögen spielen als Instrument der Informationsgewinnung im Supervisionsprozeß kaum eine Rolle. Es kommt auf die Fähigkeit an, rasch und direkt das für Interventionen relevante Wissen aus dem Interaktionsgeschehen zu „beschaffen".

Die Kunst des Beobachtens ermöglicht das Spiel mit unterschiedlichen Wirklichkeiten

Daraus können wir bereits eine Schlußfolgerung ziehen. Wir folgen dabei Überlegungen, wie sie in der Systemtheorie formuliert werden. Die Art und Weise, wie der Beobachter beobachtet, entscheidet darüber, wie er die Wirklichkeit jeweils konstruiert. Beobachten ist also nicht allein ein Aufnehmen von Eindrücken, sondern jeder Beobachtung liegen bereits Entscheidungen des Beobachters zugrunde, wie er beobachtet.

Dies wirft die Frage auf, wie das Beobachten im Detail funktioniert. Was tut der Beobachter, wenn er beobachtet? Aus unserer täglichen Erfahrung wissen wir, daß unterschiedliche Personen in derselben Situation Unterschiedliches wahrnehmen. Dies ist abhängig von der Lebensgeschichte, der Erfahrung, den augenblicklichen Interessen, d.h., es gibt mehr oder minder bewußte Vorentscheidungen darüber, worauf man besonders aufmerksam ist und was man unbemerkt an sich vorüberziehen läßt. Ein Experte zeichnet sich dadurch aus, daß er mit einer für seine Tätigkeit bestimmten „Brille" an seine Aufgaben herangeht. Diese Brille ist eine Metapher für eine Unterscheidung, sodaß wir sagen können: *Der Beobachter beobachtet durch die Anwendung einer Unterscheidung.* Wenn eine Ärztin einen Patienten untersucht, so hat sie ein klares Bild von dem Unterschied zwischen gesund und krank im Kopf, und genau auf diesen Unterschied hin richtet sie ihre Aufmerksamkeit. Die Ärztin ist Spezialistin für den Unterschied zwischen gesund und krank, und sie wendet diese Unterscheidung bei der Untersuchung gegenüber dem Patienten an.

Umgekehrt kann man aus Beschreibungen erschließen, welche Brillen, d.h. Unterscheidungen der Beobachter verwendet. Befragt man Lehrer über eine bestimmte Schulklasse, so kann man hören, daß diese Klasse besonders kritisch, aber auch leistungsstark ist und vor allem die „Vorlauten" das Sagen haben. Diese Beschreibung liefert Informationen über eine Schulklasse, und gleichzeitig erfährt man, mit welcher Brille die Lehrerinnen auf die Schüler schauen: Eher angepaßt oder kritisch, stark oder schwach in der Leistung, zurückhaltend oder vorlaut – mit diesen und ähnlichen anderen Unterscheidungen wie lebhaft/ruhig, fleißig/faul, intelligent/unintelligent beobachten Lehrer ihre Schülerinnen und machen sich so ein Bild von ihnen. Sicherlich verwenden Lehrer sehr unterschiedliche Brillen, und die Auseinandersetzung darüber, worauf es ankommt, welche Unterscheidungen nun die relevanten sind, ist ein wichtiger Part in der Professionalisierung von Lehrern. Fordert man hingegen die Schülerinnen auf, ihre Klasse zu beschreiben, so treten ganz andere Unterscheidungen in den Vordergrund: Burschen/Mädchen, reich/arm an Einfluß und Prestige, Unterschiede in den Hobbies und Freizeitaktivitäten. Man erfährt also aus den Beschreibungen sehr viel über die Art und Weise, wie der Beschreiber seine Wirklichkeit konstruiert und welche Unterschiede für ihn einen Unterschied machen.[1]

„Sage mir, welche Unterscheidungen du verwendest, und ich sage dir, was für ein Mensch du bist" – so könnte man das Motto dieses systemischen Zugangs zu Beobachtung und Wirklichkeitskonstruktion nennen. Indem man beobachtet, wie jemand beobachtet, betreibt man eine besondere Art der Beobachtung, und man spricht daher in diesem Fall von einer „Beobachtung zweiter Ordnung". Supervision ist zu einem guten Teil Beobachtung zweiter Ordnung. Erstens konzentriert die Supervisorin ihre Aufmerksamkeit stark auf die Wahrnehmungs- und Denkmuster der Klienten und betreibt damit Beobachtung zweiter Ordnung, und zweitens gehört es zur supervisorischen Reflexion, das Klientensystem selbst aufzufordern, seine eigene Sichtweise und seine eigenen Brillen zu reflektieren und ins Bewußtsein zu heben. Dadurch gelingt es leichter, neue Brillen auszuprobieren und aus stagnierenden Problemkonstellationen auszusteigen, indem sich die Wirklichkeit durch die Brille verändert und plötzlich neue Lösungen für ein altes Problem entdeckt werden können.

Im Alltagsverständnis ist Beobachten eine Tätigkeit von Einzelpersonen. Aber auch soziale Systeme beobachten. Gruppen und Organisationen konstruieren ihre Wirklichkeit, die als Grundlage für Entscheidungen dient. Die Brille, mit der eine Organisation beobachtet, ist primär von ihrer Funktion und ihrem Aufgabengebiet bestimmt. Das Wahrnehmungsspektrum einer Organisation kann man daran ablesen, welche Themen in relevanten Kommunikationen und Entscheidungen behandelt werden. Welche Beschreibungen der internen und externen Wirklichkeit liegen den Entscheidungen einer Organisation zugrunde? Was wird dabei berücksichtigt, was bleibt ausgespart? Eine Organisation nimmt in erster Linie jene Probleme wahr, für die sie zuständig ist, für andere Wirklichkeitsaspekte ist sie blind. So nimmt z.B. ein Krankenhaus sehr genau das Krankheitsbild bzw. den Gesundheitszustand seiner Patienten wahr und richtet seine Handlungen darauf

---

1 vgl. Bateson 1985, S. 582: „Was wir tatsächlich mit Information meinen, ist ein *Unterschied, der einen Unterschied ausmacht.*"

ein; die Gesundheit der Beschäftigten hingegen wird weder systematisch beobachtet, noch gibt es andere relevante Anzeichen dafür, daß die Organisation Krankenhaus für die Gesundheit der Mitarbeiterinnen im Zusammenhang mit belastenden Arbeitssituationen Verantwortung übernimmt: Die Gesundheit der Mitarbeiter gehört nicht zur organisationsspezifischen Wirklichkeit.

Die Brille einer Organisation ist darüber hinaus auch durch deren Geschichte geprägt. So werden in Zeiten des Erfolgs die Wahrnehmungs-, Denk- und Handlungsmuster bestätigt und verfestigen sich zu stabilen Grundüberzeugungen, die meist auch dann noch beibehalten werden, wenn sie aufgrund von Umweltveränderungen nicht mehr zu positiven Rückmeldungen führen. Auch für soziale Systeme gilt: Die Unterscheidungen, mit denen das System operiert, liefern wichtige Informationen darüber, was für dieses System von Bedeutung ist und was nicht.

Was ist nun die genuin systemische Brille? Oder impliziert der Begriff „systemisch" lediglich die Methode, seine eigenen Brillen und die der anderen im Sinn der Beobachtung zweiter Ordnung genau zu beobachten? Diese Form der Selbstreflexion ist nicht so neu – in der Philosophie ist sie seit Platons Dialogen Standardthema; neu ist, daß sie den engen Rahmen der philosophischen Diskussion verlassen hat und nun als professionelle Fertigkeit von Supervisorinnen, Beratern, Therapeutinnen, Verhandlern und Managerinnen gilt.

Systemisch zu arbeiten heißt zunächst, für die eigene Beobachtung die Unterscheidung von *System* und *Umwelt* zu benützen, d.h., die Welt in System und Umwelt aufzuteilen. „Die neuere Systemtheorie lädt dazu ein, daraufzukommen und zu entdekken, was man alles zu sehen bekommt, wenn man die Welt mit Hilfe dieser Unterscheidung von System und Umwelt beobachtet" (Wimmer 1992, S. 63). Damit ist zunächst nur ein Verfahren angegeben, das auffordert, sich zu entscheiden, etwas als System zu definieren und dazu die Umwelt in Relation zu setzen. Ein Supervisor schaut beispielsweise auf ein Team oder auf eine ganze Organisation oder auf bestimmte Personen in der Organisation, und je nachdem, was er als System definiert, bekommt er andere Perspektiven und eine andere Realität in den Blick. Die Entscheidung für eine bestimmte Systemreferenz bedingt auch die Grenze, hinter der alles Umwelt ist, wobei man aus dem Blickwinkel des Systems nochmals zwischen relevanten und nichtrelevanten sowie zwischen inneren und äußeren Umwelten differenzieren kann (vgl. Kap. 2).

Kernthesen zur Beobachtung

1. *Beobachten gehört zum Kerngeschäft von Supervisorinnen.*

2. *Die Beobachtung konstruiert die Wirklichkeit.*

3. *Der Beobachter beobachtet durch die Anwendung einer Unterscheidung.*

4. *Der systemische Beobachter verwendet die Unterscheidung System/Umwelt.*

6. *Mit der Bestimmung von System und Umwelt und der Grenze zwischen beiden wird die entscheidende Festlegung darüber vorgenommen, was gesehen wird und was nicht. Es ist die Entscheidung für jeweils eine bestimmte „Brille".*

7. *Durch das Auswechseln von Brillen werden neue Perspektiven eröffnet und neue Wirklichkeiten erschlossen.*

8. *Der Blick darauf, was unterschiedliche Brillen sichtbar machen und was sie verdecken, d.h. die Beobachtung des Beobachters, ist eine Beobachtung zweiter Ordnung.*

9. *Die Supervisorin operiert mit der Beobachtung zweiter Ordnung, d.h., sie beobachtet, wie das Klientensystem beobachtet, welche Brillen es verwendet.*

10. *In der Supervision wird das Klientensystem selbst zur Beobachtung zweiter Ordnung stimuliert, d.h. zu reflektieren, wie es sich seine Wirklichkeit konstruiert.*

11. *Beobachter können Personen oder auch soziale Systeme sein.*

12. *Organisationen beobachten z.B. mit einer Brille, die stark von ihrer Funktion bestimmt ist, d.h,. sie nehmen primär nur das wahr, wofür sie zuständig sind.*

Drei Brillen gehören zur Grundausstattung des Supervisors

Der Systembegriff ist in der Systemtheorie präzise definiert und hat in der kurzen Geschichte dieser Disziplin schon eine beachtliche Entwicklung durchgemacht. Nicht jede Art von Verbindung konstituiert ein System. Die Unterscheidung von System und Umwelt deutet auf eine unterschiedliche Art der Verknüpfung zwischen den Teilen eines Systems einerseits sowie zwischen System und Umwelt andererseits hin. Darauf kann hier nicht breiter eingegangen werden (vgl. Willke 1994; Luhmann 1984). Wir können jedoch die generelle Unterscheidung in unterschiedliche Systemtypen benützen, zumal sie an geläufige Differenzschemata aus der Supervisions- und Beraterpraxis anschließt. Die Systemtheorie unterscheidet zwischen Maschinen, Organismen, psychischen Systemen und sozialen Systemen, wobei letztere in drei Subtypen unterteilt sind: Interaktionen, Organisationen und Gesellschaften (Luhmann 1984, S. 16). Für uns interessant sind die *psychischen Systeme* (Personen, Individuen), die *Interaktionen* (direkte Kommunikation, Gruppen) und *Organisationen.*

Die Supervisorin kann vorgebrachte Probleme durch diese drei Brillen ansehen und entdecken, welche unterschiedlichen Wirklichkeiten, Problembeschreibungen und Lösungsmöglichkeiten jeweils sichtbar werden.

Durch die erste Brille blickt man auf die Person des Supervisanden und geht davon aus, daß das Problem mit seiner *Persönlichkeitsstruktur* zu tun hat. In diesem Fall wird es sich darum handeln, eventuelle Bezüge zu wichtigen Aspekten in Lebensgeschichte und biographischer Entwicklung herzustellen, persönliche Muster im Umgang mit sozialen Kontexten herauszufinden und verstehbar zu machen und auch Möglichkeiten zur Weiterentwicklung dieser Muster zu suchen. Supervision mit dieser Brille ähnelt dem psychotherapeutischen Zugang, auch wenn der Fokus auf die Berufsrealität gerichtet bleibt. Therapeuten bringen sowohl einen geschulten diagnostischen Blick im Erkennen von Persönlichkeitsstrukturen als auch ein gewisses methodisches Know-how mit, um verfestigte Einstellungen zu irritieren und anzuregen, neue Verhaltensweisen und Muster auszuprobieren.

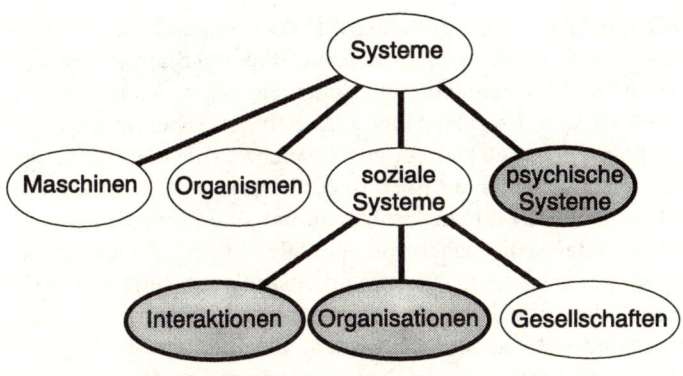

Abbildung 6: Systeme (vgl. Luhmann 1984, S. 16)

Eine zweite Brille schaut auf die Beziehungen und die Gruppendynamik unter den in den Fall verwickelten Akteuren. Es gilt die
Annahme, daß das vorgebrachte Problem in den *persönlichen
Beziehungen* der Betroffenen liegt. Man sucht hier nach Konkurrenz, Eifersucht, Neid, Machtkämpfen, offenen und verdeck-
ten Koalitionen, um so das Problem fassen und entsprechende
Lösungsschritte auf dieser Ebene erarbeiten zu können. Für diese Ebene sind eine gruppendynamische Expertise sowie Erfahrungen mit sozialen Prozessen in Gruppen, Großgruppen und
zwischen Gruppen sehr hilfreich.

Die dritte Brille blickt auf die *Organisation*. Man geht davon
aus, daß das vorgebrachte Problem mit formellen Strukturen und
Rollen zu tun hat, möglicherweise mit Widersprüchen, die in diesen Strukturen oder Rollen schon angelegt sind, oder mit einer
unzureichenden Wahrnehmung von Rollen, d.h., daß bestimmte
Funktionsträger – z.B. Schuldirektorinnen, Eltern, Lehrer – ihre
institutionell zugedachte Rolle nicht gut genug wahrnehmen bzw.
auch kein ausreichendes oder ein widersprüchliches Verständnis
für die Aufgaben ihrer Rolle haben. Oder man entdeckt, daß es
in der Organisation keine Strukturen gibt, die den Aufgaben angemessen sind.

Wichtig dabei ist, die grundlegende Berechtigung und Wichtigkeit aller drei Brillen anzuerkennen. Alle drei Sichtweisen sind „wahr" und können in diesem Sinn nicht gegeneinander ausgespielt werden. Es gehört zum Geschäft der Supervision, in jedem einzelnen Fall zu beurteilen, welche Brille mehr an Handlungsmöglichkeiten eröffnet. In der Diagnose ist es notwendig, alle drei Brillen durchzuprobieren, um zu entscheiden, wo im Dienst einer realistischen und optimalen Lösung Prioritäten gesetzt werden müssen. Das Wahrheitskriterium hilft hier nicht weiter, denn alle drei Sichtweisen haben prinzipiell recht. In der Regel braucht man alle drei Brillen, und die Kunst der Supervision besteht darin, sie alle drei zu nutzen und an den passenden Stellen zwischen diesen Ebenen zu pendeln.

Tendenziell läßt sich jedoch für die Supervision in den klassischen Klientenorganisationen – Sozialeinrichtungen, Schulen, Krankenhäusern – sagen, daß speziell die Organisationsbrille weniger genützt wird. Bereits in der Schilderung von Fällen werden die jeweilige Sichtweise sowie einzelne Deutungen mitgeliefert, und dabei erweisen sich Lehrerinnen oder Sozialarbeiter als recht erfahren und geübt im Blick auf die Personen- und Gruppenebene. Oft werden Probleme einzelnen Personen zugeschrieben – „der Direktor ist unfähig", „der Schüler ist verhaltensgestört" – oder auf Konflikte und Rangeleien auf der Beziehungsebene zurückgeführt: „Der Lehrer X fühlt sich beim Stundenplan benachteiligt, weil er nicht zur Gruppe der Pausenkaffeetrinker gehört." Dabei wird oft übersehen, wie sehr individuelle Verhaltensmuster aus den institutionellen Rahmenbedingungen her verstehbar werden und so als Ausdruck erwartungsgerechten Verhaltens bzw. als Resultat einer langen beruflichen Sozialisation interpretiert werden können und sollen. Die Supervision hat in solchen Fällen die Aufgabe, diese mitgebrachten Deutungen aufzubrechen und zu erweitern, denn würden sie ausreichen, hätte der Fallbringer das Problem schon ohne Supervision lösen können.

Dieser wenig ausgebildete Blick auf die Organisation hat sicher damit zu tun, daß die Tätigkeit von Lehrern, Sozialarbeiterinnen, Ärzten, Krankenschwestern und Therapeuten ein sehr personen- und gruppenbezogenes Geschäft ist. Z.B. muß eine Lehrerin einzelne Schüler mit ihren Stärken und Lernschwächen im Auge haben, sie muß mit dem sozialen Geschehen in der Klasse

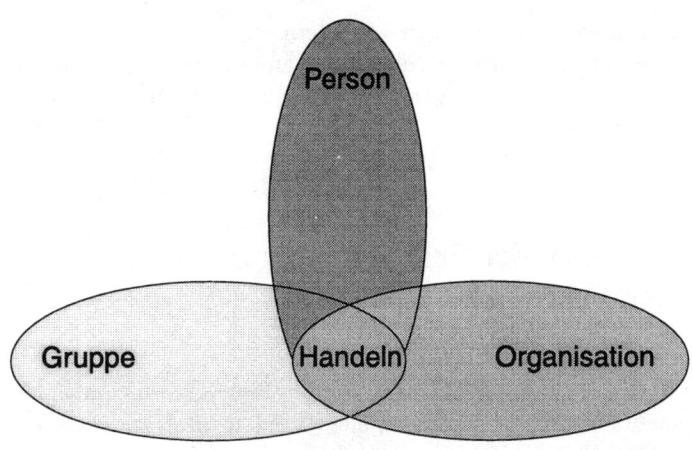

Abbildung 7: Brillen zur Beobachtung und ihre Kombination

zurechtkommen und es lernförderlich zu steuern versuchen. Darüber hinaus haben die über lange Zeit sehr starren und bürokratischen Strukturen in diesen Organisationen unter den Professionellen eine Aversion gegen alles, was mit Organisation zu tun hat, gefördert. Diese abwehrende Einstellung unterstützt nicht gerade die Fähigkeit, die Bedeutung der Organisationsebene zu sehen und auch in das eigene Handeln umzusetzen. Daher ist es wichtig, diese Dimension zu einem neuen Blickwinkel systematisch in die Supervision einzubringen.

Dazu kommt, daß auch die Qualifikation von Supervisoren in den meisten Ausbildungen stärker auf die erste und zweite Brille – also auf den (therapeutischen) Blick auf Personen und auf die Wahrnehmung von Gruppenprozessen – ausgerichtet ist, während in Fragen der Organisationskompetenz die Qualifikation von Supervisorinnen bis dato vernachlässigt wurde. Supervisoren und ihre Klientel tendieren also zu einem gemeinsamen blinden Fleck. Das macht es notwendig, auf die Organisationsdimension nicht bloß hinzuweisen – denn mit dem Hinweis allein können Supervisorinnen nichts anfangen –, sondern genauer zu erklären, was gemeint ist und inwiefern die Organisationsebene sinnvoll in die Supervisionsarbeit integriert werden kann. Dazu ein Fallbeispiel aus der Schule:

Das Ritual der Beschwichtigung
– ein Fallbeispiel

Ein Hauptschullehrer, nennen wir ihn Hans, Klassenvorstand in einem Polytechnischen Lehrgang (9. Schulstufe), berichtet folgenden Vorfall: Vier Burschen aus seiner Klasse (15jährige) brachten die Mathematiklehrerin dazu, die Klasse fluchtartig und unter Tränen zu verlassen. Hans wird im Konferenzzimmer mit der weinenden Kollegin konfrontiert. Es hat sich um sie schon eine Gruppe von tröstenden Kollegen gebildet, die ihn vehement auffordern, doch etwas gegen die vier Schüler zu unternehmen. Hans fühlt sich überfallen und lehnt das Anliegen spontan ab. Später jedoch holt er sich die vier Burschen und macht mit ihnen ein Rollenspiel zur besagten Szene, um den Hergang genauer nachvollziehen zu können. Der Direktor bestellt die Eltern des Rädelsführers der vier zu sich in die Schule, ohne jedoch dies mit Hans vorher abzusprechen. Hans wird also plötzlich in die Direktionskanzlei gerufen, wo bereits der Direktor, der Rädelsführer und dessen Mutter warten. Der Direktor richtet mahnende Worte an den Burschen und läßt es dabei bewenden.

Der Fallbringer trägt den Fall sehr ausführlich und mit deutlich spürbarem emotionalen Druck vor. Sein Anliegen an die Supervision bleibt zunächst offen, doch zeigt sich, daß er mit seinem Part in dieser Geschichte sehr unzufrieden ist. Auf Nachfragen macht er deutlich, daß er von der Wirksamkeit der direktorialen Maßnahme nichts hält, d.h. sich überhaupt keine Wirkung erwartet, aber auch mit seinem eher passiven und halbherzigen Vorgehen unzufrieden ist.

In der weiteren Bearbeitung des Falles wurden von der Gruppe Hypothesen zu allen drei Ebenen vorgebracht – hier kurz zusammengefaßt:

1. Personenebene

Hans hat ein passiv reaktives Verhaltensmuster und eine ablehnende Einstellung gegenüber Autoritätsrollen, er sympathisiert eher mit den Schülern als mit den Kollegen, ist zurückhaltend in der Aggression, bringt sie indirekt und verzögert zum Ausdruck: Er grenzt sich gegenüber den Kolleginnen ab, macht es ihnen aber zum Schein doch recht, indem er mit den Schülern über den Vorfall spricht, was jedoch durch das Rollenspiel einen verblödelnden Charakter bekommt, indem er sich wie die vier Schüler über das „Theater" und die Lehrerin amüsiert. Auch im Konferenzzimmergespräch nimmt er gegenüber den Kollegen nicht klar Stellung, d.h., er äußert seinen – vorhandenen – Ärger über die Kollegin und seine Kritik an ihrer pädagogischen Inkompetenz nicht. Das reaktive Muster zeigt sich auch darin, daß er den Direktor handeln und sich von ihm in eine gefügige Statistenrolle drängen läßt. Obwohl er den Maßnahmen des Direktors nichts abgewinnen kann, läßt er sich in dessen Vorgangsweise einbinden.

An dieser Stelle kann man Hypothesenbildung und Recherchen auch dadurch fortsetzen, daß man lebensgeschichtliche Bezüge zu den angeführten Beobachtungen herzustellen versucht, d.h. in den Beziehungskonstellationen der Herkunftsfamilie und anderer bedeutsamer Systeme (Schule, Heim etc.) aus der Kinderzeit des Fallbringers die Ursprünge für die Verhaltensweisen aufspürt. Dies bedeutet jedoch eine Verlagerung des Fokus auf ein anderes soziales System als das, das es in der Supervision zu bearbeiten gilt. Inwiefern dies daher einer gründlichen Therapie vorbehalten sein sollte oder auch in der Supervision angebracht sein kann, ist umstritten; sicherlich kann von einer aufdeckenden Klärung über derlei lebensgeschichtliche Zusammenhänge nicht automatisch auf eine Veränderung und einen relevanten Lernprozeß geschlossen werden. Doch braucht uns diese auch in der Psychotherapie kontrovers diskutierte Thematik (vgl. „lösungsorientiert" versus „problemorientiert") hier nicht weiter beschäftigen, denn man kann in der Supervision auch ohne Vergangenheitsbezug auf dieser Ebene den Fallbringer dabei unterstützen, neue, für ihn befriedigendere Beziehungsmuster gegenüber seinen Kollegen, der Mathematiklehrerin im besonderen, aber auch zum Direktor und zu den Schülern zu entwickeln und etwa in einem Rollenspiel auszuprobieren.

2. Gruppenebene

Die zentralen Hypothesen, die vor allem die Emotionalität des Fallbringers verstehbar machen, sind an der Schnittstelle zwischen der ersten und der zweiten Ebene angesiedelt: Zur Biographie gehört seine lange Beziehung zum Direktor; letzterer ist erst seit zwei Jahren in dieser Position und war vorher Kollege. Auch Hans hat damals überlegt, sich um den Direktorenposten zu bewerben, aber dann zurückgezogen, um nicht mit seinem alten Freund und Kollegen zu konkurrieren, in dessen Händen er die Schulleitung ohnehin bestens aufgehoben wähnte. Seine zurückhaltende und gegenüber Autoritätsrollen aversive Einstellung hat damals wie jetzt dazu geführt, daß er von seinem Gegenüber deklassiert und an die zweite Stelle gewiesen wurde. Der Zorn darüber ließ Hans das Problem in die Supervision bringen.

Zur Interaktionsebene gehört die problematische Beziehung zum Direktor; sehr interessant sind jedoch auch die Reaktionsmuster innerhalb des Lehrerkollegiums: Es reagiert wie eine Gruppe, die sich durch einen Angriff auf ein Gruppenmitglied bedroht fühlt und zurückschlagen möchte. Man macht Front gegen die Schüler und kann damit auch Solidarität und Zusammenhalt demonstrieren. Gleichzeitig wird die reale Bedrohung verleugnet, nämlich die Schwierigkeit, disziplinär und fachlich wirklich zurechtzukommen. Mit dem Ruf „Es muß sofort etwas geschehen" schützt sich die Gruppe vor einer Konfrontation mit der Realität. Wichtig für die Gruppe sind darüber hinaus zwei weitere Aspekte: die Wahrung von Tabus und die Stabilisierung von Rangordnungen. So wird die Frage nach der pädagogischen Qualifikation oder Insuffizienz der Mathematiklehrerin völlig ausgeklammert, Kompetenzunterschiede bleiben in der offiziellen Kommunikation tabu. Dennoch wird durch die spontane Reaktion der „Helfer" der Unterschied zwischen „Starken" und „Schwachen" im Lehrkörper eingeführt bzw. bekräftigt, die Helferrolle macht stark und läßt eigene Schwierigkeiten mit Schülern vergessen. Die Mathematiklehrerin wird auch dadurch noch geschwächt, daß ihr der Fall ganz aus der Hand genommen wird – ein Rezept, das auch der Direktor befolgt und auf den Klassenvorstand ausdehnt. Eine vertiefte Recherche würde wahrscheinlich auch handfeste Symptome für die Festschreibung von geschlechtsspezifischen Rollenmustern zutage fördern.

Insgesamt kann der gesamte Ablauf dieses Fallbeispiels am besten als gruppendynamischer Prozeß interpretiert werden – als handelte es sich beim Lehrkörper um eine Gruppe, wobei die Ausklammerung der professionellen Ebene, d.h. des Bemühens um ein pädagogisch wirksames Handeln, besonders auffällt: Die vom Direktor gewählte Lösung dient ausschließlich dem Ziel, ein bestimmtes Beziehungsgefüge zu festigen: Der Leitwolf verteidigt demonstrativ sein Rudel, wenn ein Mitglied von einem Außenfeind angegriffen wird, der Feind wird – symbolisch – gedemütigt, Beruhigung tritt ein. In der Logik der Gruppe zählt als Verteidigung die Inszenierung – Vorladung eines Schülers mit Elternteil –, die Frage nach der Wirksamkeit dieser Maßnahme bleibt ausgeblendet. Damit kann auch das Tabu möglicher pädagogischer Schwächen bei der Mathematiklehrerin und anderen Lehrern gewahrt werden. Dazu darf sich zwar jeder seinen Teil denken, aber ein offizielles Thema an der Schule darf es nicht werden. Auch das Gefälle in der Beziehung zwischen dem Direktor und Hans wird bekräftigt.

Was dabei fehlt, ist der Bezug zur Aufgabe, eine im pädagogischen Sinn sachliche und erfolgversprechende Bearbeitung des Problems, was in einem solchen Fall zu tun wäre und welche vorbeugenden Maßnahmen getroffen werden müßten. Das Agieren auf der Gruppenebene steht in diesem Fall sogar im Widerspruch zu einer angemessenen Lösungsstrategie, denn fachlich betrachtet bedeutet diese Lösungsstrategie eine Problemverschärfung – die Mathematiklehrerin wird es in Zukunft sicher nicht leichter haben, denn der Direktor bestätigt durch sein Eingreifen die mangelnde Autorität der Lehrerin und des Klassenvorstands und hebt seine eigene Autorität besonders hervor. Dies führt bereits zur nächsten Ebene:

3. Organisationsebene

Auf der Organisationsebene lassen sich folgende Hypothesen aufstellen:

Es gibt in der Schule keine Struktur, die geeignet wäre, auf solche Krisenfälle adäquat zu reagieren. Es ist unklar, was die Rolle des Klassenvorstands in einer solchen Situation ist und was in der Verantwortung der einzelnen Lehrerin liegt. Welche Funktion hätte hier das Klassenlehrerteam, welche der Direktor? Wer sollte sinnvollerweise was mit wem tun? Dieser Mangel ist der Nährboden für eine latent vorhandene Unsicherheit, die bei einer akuten Krise – weinende Lehrerin – in Panik umschlägt. Das herrschende Organisationsmuster lautet daher: „Es muß sofort etwas geschehen, egal was und egal, ob es sinnvoll ist oder nicht." Beruhigung muß eintreten, damit man sich mit dem Problem nicht auseinandersetzen muß. Am besten findet man rasch einen Schuldigen: die Schüler, den Klassenvorstand, die Eltern. Es fehlt jede Reflexion der eigenen Reaktionsweise. Nirgends in der Organisation wird die Frage erörtert, ob die getroffenen Maßnahmen auch wirklich zielführend sind oder nicht, und auch im nachhinein ist keine Erfolgskontrolle vorgesehen. Auch Hans war – wir haben es schon erwähnt – von der Ineffektivität dieser Maßnahme überzeugt.

Die Organisation hält in ihren Kommunikationsstrukturen und ihren Arbeitsverfahren nichts bereit, was auf solche in der Organisation auftauchenden Probleme und Schwierigkeiten eine organisatorische Antwort geben könnte.

In der Behandlung dieses Falles lag das Interesse der Teilnehmerinnen an der Supervision stärker auf den ersten beiden Ebenen: Es ist sehr aufwühlend zu erleben, wie eine alte Rivalität und Freundschaft wieder auflebt, oder den Interaktionen im Konferenzzimmer nachzuspüren, wenn es darum geht, eine hilflose Kollegin zu stützen.

Supervision heißt Pendeln zwischen den Ebenen

Soll Supervision Lösungsperspektiven eröffnen, so sind die ersten beiden Ebenen in vielen Fällen nicht ausreichend. Es ist nicht wahrscheinlich, daß sich die Persönlichkeitsstruktur eines Supervisanden oder gruppendynamische Prozesse durch eine einmalige Sitzung verändern; hier ist sicher die dritte Ebene der dankbarere Ansatzpunkt. Im vorliegenden Fall ging die Empfehlung in die Richtung, daß der Fallbringer seine Rolle als Klassenvorstand im Rahmen seiner persönlichen Möglichkeiten stärker wahrnimmt, indem er nicht erst in Krisenfällen in Aktion tritt, sondern aktiv die Klassenlehrer dieser Klasse einberuft, um einerseits die Verantwortung der einzelnen Lehrer bzw. die spezielle des Klassenvorstands zu klären und wechselseitige Erwartungen auszuhandeln sowie andererseits für den Umgang mit schwierigen Schülern und Schülergruppen eine gemeinsame Strategie zu erarbeiten, von der Lehrer das sichere Gefühl haben, damit auch etwas zu bewirken. Dies scheint umso berechtigter, als der Einfluß einer koordiniert handelnden Lehrergruppe ungleich größer ist als die Aktionen einzelner Lehrerinnen oder der Direktion. Solche Klassenlehrertreffen sollten prophylaktisch stattfinden und nicht erst in einer akuten Situation. Der Schritt von Hans aus der Reaktion in die Aktion wäre, solche Sitzungen einzuberufen, vorzubereiten und zu moderieren, ohne allein Lösungen zu finden oder vorzugeben. So wird eine Struktur eingerichtet, die Krisen unwahrscheinlicher macht und die, wenn es zu Krisen kommt, schon ein Verfahren festgelegt hat, in welchem Rahmen eine sinnvolle und wirkungsvolle Lösung gefunden werden kann. Damit wird auch dem vorgebeugt, daß aus dem Stand heraus panikartig alle mehr oder weniger Betroffenen irgend etwas machen, von dessen Wirksamkeit niemand wirklich überzeugt ist. Sicherlich darf dabei nicht unerwähnt bleiben, daß solche Teamsitzungen, um produktiv zu sein, eine gruppenerfahrene Moderation brauchen. Hier gibt es sicherlich einen Qualifikationsbedarf auf seiten der Lehrerinnen und in verstärktem Ausmaß noch bei den Schulleitern.

Sicherlich kann man einwenden, daß sich in der Diagnose der Persönlichkeit das Wahrnehmen von Autoritätsrollen wie z.B. auch die Funktion des Klassenvorstands als eines der Problemfelder herausgestellt hat, die der Fallbringer als Person mitbringt. In diesem Fall gilt es, in der Supervision genau auszuloten, welche Möglichkeiten – Stärken und Schwächen – der Fallbringer in der Ausübung seiner Funktion mitbringt und wo seine Grenzen liegen, sodaß man vermeidet, Lösungen zu phantasieren, von denen schon vorweg klar ist, daß sie nie umgesetzt werden. Der Supervisor muß also mit dem Fallbringer genau erarbeiten, wie aktiv er sich selbst in der Rolle des Klassenvorstands vorstellen kann und was für ihn zu viel und unpassend wäre. Dieser Teil der Supervision ist Arbeit an der Persönlichkeit und ihren Handlungsoptionen, liegt also auf der ersten Ebene und bedient sich auch der Methoden, die für diese Ebene angebracht sind. Auch wenn, wie schon erwähnt, der Anspruch einer Veränderung der Persönlichkeitsstruktur in der Supervision wenig sinnvoll ist, weil er unerreichbar erscheint, so braucht es doch einen klaren Blick und ein sensibles Eingehen auf die persönlichkeitsbedingten Muster des Fallbringers, um die Möglichkeiten und Grenzen des Machbaren auszuloten. Die Stärke der Supervision liegt also in der Kombination der verschiedenen Brillen und Ebenen. Das adäquate Pendeln zwischen diesen Ebenen ist eine anspruchsvolle Aufgabe und eine in ihrer Bedeutung weit unterschätzte Kompetenz.

4. Das Setting: das wirkungsvollste Instrument der Supervisorin

RALPH GROSSMANN, KLAUS SCALA

Auswahl und Gestaltung des Settings ist die wirkungsvollste Intervention der Supervisorin. Sie geht über das hinaus, was an inhaltlicher Intervention im Supervisionsprozeß selbst geleistet werden kann, weil der Zuschnitt des Settings in hohem Maß darüber entscheidet, was in der Supervision bearbeitbar wird und was nicht. *Setting meint eine soziale Einheit, die sich besonders für eine arbeitsbezogene Selbstreflexion eignet.* Ein wesentliches Kriterium dafür ist die Chance, Resultate von Reflexionen aus der Supervision im Arbeitskontext umzusetzen. Einzel-, Gruppen- und Teamsupervision sind die in der Tradition von Supervision etablierten Settings; sie sind in dieser Form jedoch zu allgemein formuliert und entsprechen nicht notwendigerweise dem genannten Kriterium. Die soziale Zusammensetzung des Settings – wer an der Supervision teilnimmt und wer nicht, wer in das Supervisionssystem einbezogen wird, inwieweit die Organisation als Einheit ihren Fragen und Konflikten nachgehen kann – entscheidet darüber, welche Handlungsrelevanz Supervision für die zukünftige Arbeit hat.

Die Frage, ob in einer Supervision im Krankenhaus medizinisch-pflegerische und andere Professionen sich als gemeinsames Team verstehen und daher gemeinsam in die Supervision gehen, um dort auch Fragen der Kooperation bearbeiten zu können, oder ob sie das nicht tun und auf einer getrennten Supervision bestehen, hat Konsequenzen für das, was in der Supervision geleistet werden kann. Es entscheidet darüber, ob Kooperationsprobleme nur reflektorisch oder aber durch die Arbeit an der Kooperationsbeziehung selbst bearbeitet werden können.

Auch der zeitliche und organisatorische Zuschnitt des Settings – in welchem Abstand und wie lange jeweils gearbeitet wird – hat hohen Einfluß auf das, was in der Supervision thematisiert und bearbeitet werden kann.

In der Entwicklung der Supervision haben sich klassische Settings herausgebildet, die für Anbieter wie für Klienten in hohem

Maß vertraut geworden sind. Supervision findet traditionell als Einzel-, Gruppen- oder Teamsupervision statt. Daran hat man sich gewöhnt, und so wurden diese Settings gleichsam fixe Produkte. Für die Arbeit in Organisationen ist diese Differenzierung jedoch nicht zielführend, weil sie zu starr ist und gleichzeitig über die spezifische Eigenheit unterschiedlicher Beratungstypen wenig Auskunft gibt.

Supervision kann ausschließlich die *Beratung von Personen* fokussieren. In diesem Fall geht es darum, Personen dabei zu beraten, wie sie ihren Arbeitskontext besser reflektieren und zu emotionell belastenden Situationen Distanz gewinnen können. Der Supervisand soll dabei unterstützt werden, seine berufliche Rolle in ihren Grenzen und Möglichkeiten deutlicher zu sehen und sie eigenen persönlichen Möglichkeiten entsprechend auszugestalten. Diese Form der Supervision kann als Einzelsupervision bzw. Coaching oder in Gruppen stattfinden, deren Teilnehmer außerhalb der Supervision in keinem Arbeitszusammenhang stehen, also als Gruppensupervision.

Supervision kann jedoch über die Beratung von Personen hinaus auch eine *Intervention in soziale Systeme* sein. Dies setzt einen entscheidenden Unterschied. Üblicherweise findet diese Form als Teamsupervision im Arbeitskontext selbst statt: Ein Team, das real zusammenarbeitet, reflektiert in Supervisionssitzungen seine Arbeitsbeziehungen, Vereinbarungen, Entscheidungen und verändert sie gegebenenfalls. Alles, was in der Supervision bearbeitet wird, bewirkt sogleich eine direkte Veränderung und Weiterentwicklung des Teams als soziales System. Die dafür nötige Reflexionsarbeit, die ja ein wichtiges Moment von Veränderung ist, wird in der Supervision geleistet.

Man kann diesen Unterschied auch dadurch deutlich machen, daß im ersten Fall – bei der Beratung von Personen – die Beratungssituation vom beruflichen Kontext abgehoben ist und quasi „außerhalb" der Arbeitssituation stattfindet. Es wird an sozialen Situationen gearbeitet, die in der Beratungssituation nicht präsent sind und durch die Supervision auch nicht direkt verändert werden; lediglich die Sichtweise des Supervisanden verändert sich. Welche neuen Handlungsweisen auch immer in der Supervision erarbeitet werden – es bleibt dem Supervisanden anheimgestellt, was er davon in seiner beruflichen Situation umsetzt oder nicht. In dem Fall, daß die Supervision auch eine Intervention in soziale Systeme darstellt, kann die Trennung von Beratung und Umsetzung nicht in dieser Weise getroffen werden. Die Probleme, die hier bearbeitet werden, betreffen denselben sozialen Kontext, der in der Supervision anwesend ist. Entscheidungen, die z.B. ein Lehrerteam im Rahmen einer Supervision trifft, sind eben getroffen, das Team selbst hat damit reale Schritte im Rahmen seiner Aufgaben gesetzt.

Sicher ist auch für ein Team eine Supervisionssitzung eine besondere Form der Zusammenarbeit, in der viel reflektiert, überlegt, geplant oder auch entschieden wird. Supervision muß diese Besonderheit bewahren und sich von anderen Formen der Teambesprechung und Problembearbeitung abgrenzen, soll sie nicht Gefahr laufen, mangelnde Kommunikations- und Entscheidungsstrukturen zu kompensieren. Damit würde sie Mängel zudecken, anstatt zur deren Behebung beizutragen. Man wird daher als Supervisor darauf achten, daß nicht nur Entscheidungen getroffen und anstehende Probleme gelöst werden, sondern daß mit dem Klientensystem auch darüber reflektiert wird, welche Entscheidungsmechanismen und Problembearbeitungsmuster etabliert und wie effizient sie sind.

Den Interventionscharakter in ein soziales System behält eine Supervision auch dann, wenn die Mitglieder eines Teams die konkrete Klientenbetreuung einzeln oder in Subgruppen betreiben, wie dies in psychosozialen Institutionen häufig der Fall ist. Die einzelnen Mitarbeiterinnen betreuen jeweils eigene Klienten und treffen sich zur Supervision, um im Team an den Problemen zu arbeiten, die in der Arbeit mit den Klienten auftreten. Der in der Supervision behandelte soziale Kontext – die Beziehung des einzelnen Betreuers zu seinen Klienten – ist nicht identisch mit der Supervisionsgruppe. Wenn auch bei diesen Sitzungen die Beziehung zwischen Betreuer und Klient im Vordergrund steht, so treten immer Fragen auf, die das Team oder auch die Organisation als ganze betreffen und nur gemeinsam gelöst werden können: Regelungen für die Betreuung, Regeln der Kooperation mit anderen Einrichtungen, Umgang mit Regelverstößen seitens der Klienten, die genaue Rollen- und Auftragsdefinition der einzelnen Betreuer, Fragen des jeweilig verwendeten Konzeptes und wie es sich in der alltäglichen Arbeit auswirkt.

Der Auftrag begrenzt die Möglichkeiten der Veränderung sozialer Strukturen

Supervision ist vom Auftrag her in erster Linie eine Beratungsform für Personen, doch in Organisationen immer auch eine Intervention in soziale Systeme. Und dafür genügt es nicht, auf ein etabliertes Setting zurückzugreifen. Supervision muß daher wesentlich mehr in die Errichtung des entsprechenden Settings investieren, als dies bislang üblich war. Eine besondere Schwierigkeit liegt in dem Umstand, daß Supervision von Auftraggeber und Klient als Stützmaßnahme für das Personal und nicht zur Veränderung von Organisationsverhältnissen gesehen und eingesetzt wird. Systemveränderungen brauchen einen anderen Auftrag. Es kommt auch nicht selten vor, daß anstehende Organisationsprobleme im Klientensystem nicht als solche gesehen und explizit bearbeitet werden und daß man von der Supervision erwartet, die Probleme zu lösen, ohne jedoch die Führungskräfte und die gesamte Organisationseinheit mit der Notwendigkeit von Strukturveränderungen zu konfrontieren. Organisationsprobleme werden in ein Supervisionssetting exportiert. In solchen Fällen ist der Supervisor gut beraten, wenn er die im Auftrag angelegten Möglichkeiten und ihre Problemlösungskapazität realistisch einschätzt und dann entscheidet, ob er den Auftrag annimmt oder dem Klientensystem zu einer Organisationsberatung rät. Doch kann sich Supervision in Organisationen nicht auf die Position zurückziehen, bloße Beratung von Personen zu sein; alle Formen der Teamsupervision sind immer auch Interventionen in ein soziales System und können die damit verbundenen Möglichkeiten auch nützen. Teamsupervision ist, organisationstheoretisch betrachtet, Organisationsberatung. Es macht pragmatisch Sinn, zwischen unterschiedlichen Aufträgen der organisationsbezogenen Reflexions- und Entwicklungsarbeit zu unterscheiden. Dazu ist die differenzierte Gestaltung des Settings ein wichtiger Baustein.

Die Errichtung des Settings ist zentraler Bestandteil der Supervision

Der Supervisor kann das, was ihm das Klientensystem als mögliches Supervisionssetting anbietet, nicht ohne weiteres akzeptieren. Ebenso hat das Klientensystem einen Anspruch darauf, von der Supervisorin in der Gestaltung des Settings beraten zu werden. Dies ist deshalb so wichtig, weil es, gemessen an den oben (vgl. Kap.1 und 2) beschriebenen Organisationsproblemen, eine wachsende Diskrepanz zwischen den etablierten Supervisionssettings und dem gibt, was zur sinnvollen Bearbeitung notwendig ist. Supervisoren müssen wesentlich flexibler in ihren Vorstellungen betreffend die Gestaltung von Settings werden. Die Supervisorin steht vor der Aufgabe, die Suche und Einrichtung eines angemessenen Settings als Teil ihrer Beratung dem Klientensystem zu vermitteln. Dies ist nicht immer leicht, weil es auch festgefügte Erwartungshaltungen und zum Teil in der Arbeitstradition einer Organisation verankerte Regelungen bis hin zu Festlegungen in Kollektivverträgen und Betriebsvereinbarungen geben kann. Doch dürfte der Verhandlungsspielraum des Supervisors, der sich eigene Vorstellungen über ein passendes Setting macht, in der Regel größer sein, als er derzeit ausgeschöpft wird.

Das setzt voraus, daß Supervisoren es als eine primäre Aufgabe ansehen, ihre Problemdiagnose in Relation zu angemessenen Lösungsstrukturen zu setzen und damit den Prozeß der Errichtung des Settings im Rahmen der Kontraktverhandlung stärker als einen selbständigen und wichtigen Teil des Beratungsprozesses zu verstehen und in dieser Frage die Auseinandersetzung mit dem Klienten zu führen. Man kann voraussagen, daß Supervisoren in der gegenwärtigen Organisationslandschaft dann längerfristig erfolgreich sein werden, wenn es ihnen gelingt, die Klienten in dieser Frage auch entsprechend zu beraten. In der momentanen Situation kann eine solche Verhaltensweise des Supervisors allerdings auch dazu beitragen, daß er keinen Auftrag erhält. Er muß sich in dieser Frage in den Erstkontakten als kompetenter Berater ausweisen und dem Klienten das Gefühl geben, daß es sich lohnt, sich mit dem Supervisor auf diese Frage einzulassen und sich nicht vorschnell auf ein bekanntes Modell festzulegen.

Das bedeutet ferner, daß die sogenannte Vorbereitungsphase, in der das Setting bestimmt wird, zu einer entscheidenden Phase wird. Das hat Konsequenzen für den Contracting-Prozeß: Akquisition und Vertragserrichtung gelten derzeit weitgehend noch als unbezahlte Tätigkeiten. Solange sie dies bleiben, ist dieser Anspruch nicht einlösbar. Dazu braucht es zuviel an Zeit und Energie vom Supervisor, und es braucht die Ernsthaftigkeit und Verbindlichkeit des Auftraggebers. Dem Klientensystem ist zu vermitteln, daß es sein Geld gut investiert, wenn es für die Beratungsleistung in der Errichtung des Settings bezahlt, d.h. die sogenannten Vorgespräche nicht als „Vor"-Gespräche, sondern als bezahlte Dienstleistung ansieht. Dies erfordert auch vom Auftraggeber, Zeit zu investieren und aktive Beiträge in der Aushandlung des Settings zu liefern.

Es gibt zwei Möglichkeiten des Scheiterns in diesem Anliegen: Im Erstgespräch wird zu wenig recherchiert, und es kommt damit nicht zu einer gründlichen Exploration der aktuellen Situation und des vorliegenden Problems, die es der Supervisorin und dem Klienten ermöglicht, eine gemeinsame Sichtweise eines angemessenen Settings zu entwickeln. Das Scheitern kann auch dadurch zustande kommen, daß im Erstgespräch zur Klärung der Settingsfrage maßgebliche Leute fehlen und man sich dennoch auf ein Setting festlegt, ohne zuvor die relevanten Personen einzubeziehen. Auch für die Entscheidung über ein Supervisionssetting braucht es ein geeignetes Setting. Die zweite Strategie des Scheiterns zielt in eine ganz andere Richtung: Man beginnt in der ersten Sitzung drauflozuarbeiten, in der guten Absicht, dem Klienten zu zeigen, wie man arbeitet, um über diese Demonstration zu einer positiven Entscheidung für ein Arbeitsbündnis zu gelangen. Dies führt jedoch dazu, daß viele Fragen in bezug auf die Settingsgestaltung nicht gestellt werden, sondern daß beispielhafte Fallarbeit vorexerziert wird.

Dieses Herangehen an die Settingsgestaltung unterscheidet traditionellerweise sehr stark Supervision von Organisationsberatung. Für die Organisationsberatung ist es selbstverständlich, wenn auch nicht immer leicht gestaltbar, daß es Teil der Beratungsleistung ist, ein angemessenes Setting für einen Organisationsentwicklungsprozeß zu kreieren. Für die Supervision gilt das üblicherweise nicht, sondern sie fügt sich in die vorgestanzten

Formen, die immer obsoleter werden. Wir haben es hier mit der Notwendigkeit einer Redefinition der adäquaten Supervisionssettings zu tun. Dies ist ein schwieriger Prozeß, denn einerseits sind Regeln und Ansprüche auf Supervision in den Organisationen als Erfolgsgeschichte zu sehen – die Tatsache, daß große Sozialeinrichtungen oder Krankenhausträger einen Rechtsanspruch auf Supervision verankern, ist als Fortschritt zu begreifen –, jedoch sind andererseits die dort festgelegten Formen zu öffnen, um zu problemadäquaten und der aktuellen Situation angemessenen Supervisionssettings zu kommen.

In der Settingsgestaltung stellen sich zwei Hauptforderungen: einerseits, so weit mit der Ausgangssituation und den geäußerten Bedürfnissen des Klientensystems mitzugehen, wie es notwendig ist, um anschlußfähig zu werden. Es geht weiters darum, den Klienten nicht mit Vorschlägen zu konfrontieren, die ihm absurd erscheinen und ihn überfordern. Auf der anderen Seite sollen jedoch Optionen für die Gestaltung des Settings eröffnet und ins Spiel gebracht werden, die für das Klientensystem a priori nicht im Blick waren, um ihm von daher auch zu ermöglichen, sich auf neue Formen einzustellen. Die Konstruktion überraschender Vernetzung im Klientensystem ist eines der wirkungsvollsten Interventionsinstrumente des Beraters.

Eine besondere Schwierigkeit tritt dann auf, wenn die Settings, die vereinbart werden könnten, nicht in der unmittelbaren Verfügungsgewalt der Klienten sind, weil es bestimmte in der Organisation vordefinierte Formen gibt, in denen Supervision gewährt wird. Als Supervisorin bekommt man dann möglicherweise in der Kontraktverhandlung die Vertreter des Auftraggebers zu Gegnern oder evoziert auch Konflikte zwischen Team und Auftraggeber. Es entsteht eine schwierige Situation, denn entweder müssen die vom Supervisor beratenen Klienten mit ihrer Organisation ein anderes Setting verhandeln, oder der Supervisor muß selbst zusätzlich mit dem Auftraggeber verhandeln, was ihn in die merkwürdige Position bringt, mit den Klienten deren Arbeitsbedingungen zu verhandeln. In größeren Organisationen lohnt es, unabhängig von konkreten Supervisionsaufträgen den Kontakt zum Auftraggeber herzustellen und ihm mit guten Gründen eine flexiblere Handhabung der Settings vorzuschlagen. Generell ist es sicher angebracht, den Trend zu flexibleren Settings einzuleiten und voranzutreiben. Dies erfordert jedoch vom Supervisor, daß er die Investition in die Verhandlung des Settings als genuines supervisorisches Geschäft ansieht, sich dafür kompetent und verantwortlich fühlt und dies dem Klientensystem auch zu vermitteln weiß – ein neuer und anspruchsvoller Aspekt der Supervisorenrolle.

Die vier Pfeiler, an denen sich die Entscheidungen für ein bestimmtes Setting orientieren

In der Entscheidung für ein bestimmtes Setting sind vier Faktoren ausschlaggebend. Sie bezeichnen wichtige Aspekte, über die sich der Supervisor schon im Erstkontakt informieren sollte und die in der Anfangsphase mit dem Klienten zu klären und zu entscheiden sind.

Anlaß und Inhalt des Supervisionsauftrags

Zunächst geht es um eine Problemexploration: Was ist der Anlaß für die Supervision, auf welche Problemstellungen im System soll sie eine Antwort geben? Was sind die aktuellen Fragen, mit denen die Beschäftigten in ihrer Organisation befaßt sind, sodaß sie Supervision in Anspruch nehmen wollen? Wenn die Anfrage darauf beruht, daß in dieser Organisation Supervision generell angeboten wird, dann müßte man tiefer suchen: Was ist der aktuelle Anlaß? Welche aktuellen Konflikte gibt es? Welche Entwicklungsbedürfnisse werden artikuliert?

Supervision als angemessene Lösung

Zweitens gilt es, eine Beratung darüber in Gang zu setzen, ob Supervision überhaupt die angemessene Antwort auf die Problematik darstellt, die das Klientensystem bearbeitet und gelöst haben möchte. Wie schon oben angedeutet, kann vom Klienten nicht erwartet werden, genau zu wissen, wofür Supervision die Methode der Wahl ist und wofür sie sich nicht eignet. In manchen

Organisationen gilt sie als Troubleshooter schlechthin. Doch können Maßnahmen zur Organisationsentwicklung, eine Qualifikation der Führungskräfte oder andere Formen der Personalentwicklung erfolgversprechender sein.

Struktur der Organisation als Grundlage für die personelle Zusammensetzung

Drittens braucht es genügend Informationen über die Struktur des Systems, die Rollen und die betroffenen Akteure, sodaß eine Einschätzung des Supervisors über die Zusammensetzung des Settings möglich wird und mit dem Klienten verhandelt werden kann. Wenn für die identifizierte Problemlage nicht die entsprechende Zusammensetzung der Supervisionsgruppe möglich und die Diskrepanz zwischen den Teilnehmern und den am Problem Beteiligten zu groß ist, empfiehlt es sich in den meisten Fällen, den Auftrag nicht oder nur mit der Vereinbarung anzunehmen, das Setting nach einigen Sitzungen zu überprüfen und gegebenenfalls zu verändern.

Der Supervisor, wie jeder Berater, hat nur Einfluß auf die Gestaltung der eigenen Arbeitsbedingungen; ein anderes „Sanktionspotential" gibt es nicht. Er kann nur seine Position klarstellen – „Ich mache es" oder „Ich mache es nicht" – und versuchen, diese seine Arbeitsbedingungen dem Klientensystem plausibel zu machen. Sicherlich ist im Rahmen von Supervision in Organisationen die adäquate Zusammensetzung ein besonders heikles Thema. Dennoch wird diese Möglichkeit der Einflußnahme von seiten der Supervisoren tendenziell unterschätzt; die Klarstellung und Begründung der eigenen Bedingungen ist ein wirksames Interventionsinstrument, mit dem man das Klientensystem anregen kann, seine eigenen Vorstellungen über ein bestimmtes Setting zu überdenken. An diesem Punkt liegen wichtige Weichenstellungen für Erfolg und Gelingen der Supervision.

Es braucht sehr viel an Flexibilität und Phantasie seitens der Supervisorin, um einerseits den eigenen Bedingungen für ein erfolgreiches Arbeiten zu genügen und andererseits dem Klientensystem entgegenzukommen. Ein Beispiel aus dem Sozialbereich: In der Arbeit mit Teams, die im engeren Sinn keine Teams sind, sondern gewissermaßen Pools, die alle zu einer Organisation gehören, aber im Arbeitsprozeß nicht miteinander verknüpft sind, macht es überhaupt keinen Sinn, auf Vollständigkeit in der Anwesenheit zu drängen. Es gibt hier kein Team, bei dem Vollständigkeit einen Sinn ergäbe. Im Krankenhaus ist dieser Anspruch schon aufgrund des 24-Stunden-Betriebs unrealistisch. Andererseits aber ist es in hohem Maß störend und vereitelt ein befriedigendes Arbeitsergebnis, wenn in jeder Sitzung andere Personen anwesend sind. Kontinuität als Prinzip der Arbeitsfähigkeit und Flexibilität mit Rücksicht auf die Arbeitsorganisation des Klientensystems zu verbinden, ist eine anspruchsvolle Aufgabe, die situationsbedingt ausgehandelt werden muß.

Ein klassisches Settingsproblem ist die Frage nach der Teilnahme der Leitungskräfte und der hierarchieübergreifenden Zusammensetzung der Supervisionsgruppe. Auch hier gibt es keine einfachen Antworten, sondern die Entscheidung hängt davon ab, wie insgesamt die Supervisionsgruppe den Arbeitskontext repräsentiert und welche Funktion die Leitung in diesem Kontext hat. Wenn es sich z.B. um eine Supervision mit einem Stationsteam im Krankenhaus handelt und die entscheidende Leitungskraft der Abteilungsleiter ist, der jedoch mehrere Stationen zu leiten hat, so ist er zwar eine Leitungskraft jeder Station, aber nicht Teil dieses Teams. Seine Anwesenheit macht im Rahmen einer Teamsupervision als durchgängiges Erfolgskriterium oder als Bedingung für die Zusammenarbeit keinen Sinn, sehr wohl aber seine Einbeziehung als fachlicher Auftraggeber. So soll er nicht nur darüber informiert sein, daß die Supervision stattfindet, sondern auch Gelegenheit haben und dazu gebracht werden, eigene Erfolgskriterien zu überlegen und einzubringen, sodaß er an die Supervision angekoppelt ist, ohne jedoch an den Sitzungen teilzunehmen. Handelt es sich um eine Leitungskraft, die unmittelbar und kontinuierlich am Leistungsprozeß beteiligt und damit selbst Teil des Teams ist, dann wird es sehr viel naheliegender sein, daß sie dabei ist.

Das Dreieck zwischen Leitung, Team und Supervisor beinhaltet einige Tücken. Voraussetzungen für den Erfolg sind erstens die klare aufgabenbezogene Abgrenzung eines Teams, in der Schule etwa die Lehrer einer Klasse, zweitens klare Vereinbarungen über die Zielsetzungen und den Informationsfluß zwischen Supervisorin und Team sowie dem Leiter der Einrichtung, der das Team angehört. Da z.B. in der Schule die Unterschiede in den Aufgaben von Direktorin und Supervisor nicht von vornherein im Detail feststehen, ist eine Verständigung unter den Beteiligten über eine präzise Rollendifferenzierung notwendig. Wird darauf zu wenig geachtet, so entwickelt sich leicht eine verhängnisvolle Dreiecksbeziehung zwischen Direktor, Supervisorin und Team mit unterschiedlichen Rivalitäten und Koalitionen. Diese Problematik verdient auch deshalb eine besondere Aufmerksamkeit, weil Supervision sehr oft bei Problemen zwischen Leitenden und Team geholt wird. Im Vergleich zu Wirtschaftsunternehmen wird in Schulen, Krankenhäusern, aber auch Sozialeinrichtungen wenig in die Auswahl und Qualifizierung von Leitungskräften investiert. In letzter Zeit verstärken sich zwar die Bemühungen, diesem Umstand abzuhelfen, doch vom Ziel ist man noch weit entfernt. Dieser charakteristische Unterschied im Verständnis von Leitung spiegelt sich auch in der Tatsache wider, daß in Unternehmen Supervision und Coaching fast ausschließlich für Führungskräfte eingesetzt werden, während in den klassischen Kundenorganisationen von Supervision diese in erster Linie auf der Mitarbeiterebene stattfindet. Dies läßt sich zugespitzt so interpretieren, daß in Schulen, Krankenhäusern und Sozialeinrichtungen von Supervisoren Funktionen übernommen werden, die aus der Perspektive von Unternehmen Führungsfunktionen sind (vgl. Fürstenau 1996).

Ein Direktor kann einerseits froh sein, die Lehrergruppe vom Hals zu haben und sich nicht mehr um alles kümmern zu müssen, andererseits kann er aber auch mißtrauisch werden, weil er – wohl zu Recht! – vermutet, daß in der Teamsupervision auch über ihn gesprochen wird, ohne daß er zuhören kann. In beiden Fällen führt dies dazu, die Supervision nicht allzu ernst zu nehmen. Ebenso kann das Team dazu tendieren, die unterschiedlichen Funktionen von Supervisorin und Direktor unklar zu lassen und lediglich zwischen einem „guten" und einem „bösen" Chef zu unterscheiden. Der eine hat Zeit, hört zu, läßt Raum für Gefühle und geht auf die Bedürfnisse eines jeden einzelnen ein; der andere stellt Forderungen, nimmt die Leistungen des Teams zu wenig wahr und engt den Handlungsspielraum durch den Hinweis auf gesetzliche Bestimmungen oder durch eigene Vorgaben

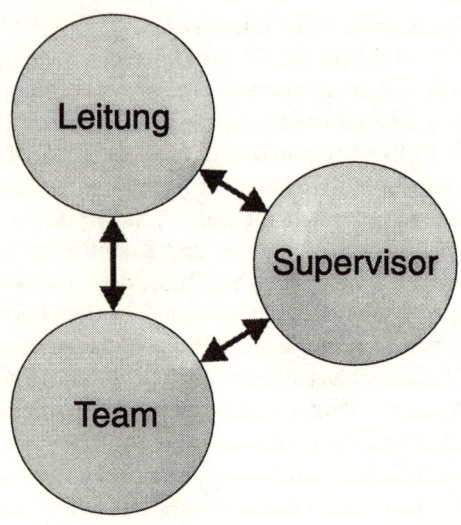

Abbildung 8: Die Gestaltung der Beziehungen im Dreieck von Leitung, Team und Supervisor ist ein wichtiger Teil der Supervision.

ein. So kann es auch passieren, daß das Team sich in der Supervision über den Direktor beklagt und die Supervisorin in die Rolle einer Betriebsrätin bzw. Personalvertreterin zu drängen versucht. Verbünden sich andererseits Direktorin und Supervisor – oder glaubt das Team, eine solche Koalition wahrzunehmen –, fühlt es sich kontrolliert und wird die Supervision nicht für sich nutzen können.

Darüber hinaus muß drittens auf die Beziehung zwischen dem Team und den übrigen Lehrerinnen an der Schule geachtet werden. Es braucht einen organisierten Kommunikationsaustausch, der den Interessen beider Seiten gerecht wird. Die Konstituierung eines Supervisionsteams innerhalb einer Schule verändert die Kommunikationsstruktur des gesamten Lehrkörpers. Um den unvermeidlichen Irritationen gegenzusteuern, ist es notwendig, daß Auftrag und Zielsetzungen des Teams transparent sind und der Lehrkörper auch in bestimmten Zeitabständen darüber informiert wird, wie das Team in bezug auf seine Ziele vorankommt. Andernfalls riskiert man ein Aufblühen der Phantasie im Hinblick auf die Vorgänge in den Supervisionssitzungen, was sich wiederum destruktiv auf das Arbeitsklima im Konferenzzimmer und damit auch auf die Teamsupervision auswirkt. Die Transparenz nach außen muß jedoch in Einklang gebracht werden mit dem berechtigten Wunsch der Teammitglieder, gemeinsam auf der Basis von Konsens darüber zu entscheiden, welche Informationen nach außen weitergeleitet werden und welche nicht. Teaminterne Probleme, etwa Konflikte unter Mitgliedern, sind kein sinnvolles Thema für die Schulöffentlichkeit.

Supervision ist ihrem Wesen nach nur erfolgreich, wenn es ein Commitment der Beteiligten gibt. Daher ist es ein wichtiger Punkt in der Settingsgestaltung und Kontraktverhandlung, dieses Commitment herzustellen und zu überprüfen. Wenn das nicht gelingt, dann ist das ein Kriterium, die Supervision nicht zu machen und einzusehen, daß sie nicht das adäquate Instrument ist, das der Klient annehmen und nutzen kann. Dem Klientensystem kann eine Möglichkeit eröffnet werden, sich in einem anderen Setting das zu holen, was es sich holen will. Wenn es Teams, die im Arbeitsalltag eng kooperieren, nicht gelingt, das ganze Team dafür zu gewinnen, dann scheint es sinnvoller, in einem größeren Kontext, z.B. im Krankenhaus, eine Gruppensupervision anzubieten. Dort können einzelne Professionelle aus unterschiedlichen Einheiten eine durchaus sinnvolle berufsbezogene Reflexion betreiben und sich für ihre individuelle Verarbeitung der Berufssituation Stärkung holen. Auch eine Leitungskraft kann sinnvollerweise die Mitarbeiter nicht mit Zwang zur Supervision vergattern. Eine Arbeit mit halben Teams oder demotivierten Teilen von Teams ist wenig erfolgversprechend.

Bei der Errichtung des Settings ist es sehr wichtig, auf die anderen alltäglichen Besprechungsformen des Klientensystems Bezug zu nehmen. So ist z.B. die Frage zu klären, was Teambesprechung, was Supervision ist und wie diese beiden zueinander in Beziehung gesetzt werden, um Zweifel zu vermeiden, daß anstelle von Teambesprechungen Supervision gemacht wird oder daß nichts anderes passiert, als daß die Teamprobleme und Teamthemen in die Supervision verlängert werden. Supervision, die

nicht über die unmittelbare Fallbearbeitung im Sinn eines All-
tagskonflikts hinausgeht und der es nicht gelingt, darüber hinaus
auch die alltäglichen Bearbeitungsformen von Problemen zu
entwickeln, läuft sich tot. Das muß nicht bedeuten, daß sie nicht
weitergeführt wird. Es kann sehr systemstabilisierend sein, diesen Zustand auf Dauer zu stellen, aber meistens wird dann nach
einiger Zeit der Supervisor ausgewechselt.

Zeit, Frequenz und Dauer der Supervision

Der vierte Punkt betrifft Zeitstruktur und Dauer. Es soll einerseits ein stabiles Arbeiten mit dem Klienten möglich sein, die
Länge und die Frequenz der Sitzungen sollen der Aufgabe angemessen sein und sich nicht nur aus der Supervisionstradition her
begründen. So hat sich gezeigt, daß für eine organisationsbezogene Supervision in Sozialeinrichtungen die üblichen Sitzungen
– 1½ oder 2 Stunden in einem gewissen Abstand voneinander –
meist unpassend sind und sich längere Zeiteinheiten als sinnvoller erweisen. Gleichzeitig soll auch Flexibilität eingebaut und
eine Veränderung des Settings möglich sein. Man vereinbart z.B.
fünf Sitzungen in einem bestimmten Setting, überprüft in der
fünften Sitzung, ob Zeitstruktur und Zusammensetzung der Problemlösung adäquat sind, und ermöglicht damit gegebenenfalls
einen Wechsel.

5. Interventionsinstrumente der Supervision in Organisationen

KLAUS SCALA

Ehe wir konkrete Interventionsinstrumente in der Supervision diskutieren, wollen wir den Begriff Intervention unter die Lupe nehmen: Was bezeichnet Intervention im Zusammenhang mit Beratung, Therapie oder Supervision? Welche Vorstellungen von der Wirkungsweise eines Systems auf ein anderes stecken hinter diesem Wort?

Interventionen zu setzen bedeutet das paradoxe Unterfangen, autonome Systeme gezielt zu beeinflussen

Interventionen sind gezielte Versuche, Einfluß auf ein anderes System zu nehmen. Bekannt ist der Begriff Intervention vor allem aus der Medizin sowie aus der Militärsprache, wo er einen zielgerichteten Eingriff mit einer relativ hoch eingeschätzten Vorhersagbarkeit der Wirkung bedeutet, wobei die Geschichte lehrt, wie häufig auch hier todsichere Interventionen tödlich ausgingen. Man geht jedoch davon aus, die Folgen einer Intervention berechnen zu können, ohne aber den Anspruch zu erheben, eine absolut verläßliche Prognose abgeben zu können.

Im Sinn der Präzisierung kann man als Adressaten von Interventionen triviale und nicht-triviale Systeme unterscheiden. Mit ersteren meint man im Gefolge von Heinz von Foerster (1985) vor allem Maschinen, die auf einen bestimmten Input immer mit demselben Output reagieren: Wenn man bei einem Auto die Bremse betätigt, verlangsamt sich die Geschwindigkeit. Nicht-triviale Systeme hingegen reagieren auf Interventionen von außen in einer Weise, die von der internen Struktur und den jeweiligen Zuständen des Systems determiniert ist. Zustände hängen von der Vergangenheit ab und ändern sich mit jeder Operation des Systems. Ob Interventionen überhaupt wahrgenommen werden und wie das System darauf reagiert, kann von außen weder bestimmt noch prognostiziert werden. Man spricht daher in der neueren Systemtheorie auch von *autonomen Systemen,* ohne dabei die Abhängigkeit von der Umwelt zu leugnen. Zu diesem Systemtypus gehören Organismen *(lebende Systeme),* Personen *(psychische Systeme)* und *soziale Systeme*[2], sei es, daß es sich um eine Gruppe, eine Organisation, eine Regierung, eine Nation oder andere komplexe Subsysteme der Gesellschaft handelt (vgl. Kap. 3). Autonom in diesem Sinn bezeichnet die Art und Weise, wie Interventionen von außen aufgenommen und verarbeitet werden.

Eine nach wie vor – nicht zuletzt unter Klienten von Supervision – weitverbreitete Ansicht sieht Organisationen als triviale Systeme. Zumindest emotional ist diese Vorstellung stark verankert – auch wider besseres Wissen. Eine Organisation ist in diesem Verständnis einer komplizierten Maschine vergleichbar, deren einzelne Teile in genau geplanter Weise ineinandergreifen. Es gibt einen linearen und eindeutigen Zusammenhang von Input und Output. Ein bestimmter Input führt immer zu demselben Output, die Organisation funktioniert nach Plan, und ihre Ergebnisse sind genau vorhersagbar. Diese Sichtweise hat eine lange Tradition, stand doch Organisation schlechthin für ein rationales Konstrukt, das von der Spitze aus vollständig kontrolliert werden kann. Dieses Bild von Organisation ist nicht nur obsolet, es sind auch die Ansprüche an Organisationen in einer Weise gestiegen, wie sie von einem trivialen System gar nicht bewältigt werden können. Die traditionsreiche Hierarchie ist nach dem Modell einer trivialen Maschine konzipiert, und man fand auch lange Zeit damit das Auslangen. Doch heute können streng hierarchisch strukturierte Organisationen nicht bestehen, auch wenn man Dysfunktionalitäten manchmal gerne als Panne oder als Versagen einzelner Personen sehen möchte, um den Glauben an die Hierarchie aufrechtzuerhalten. Die typischen Klientenorganisationen von Supervision können ganz besonders als nicht-triviale Systeme gelten. Wir sehen daher sinnvollerweise Organi-

---

2 Systeme bezeichnen also nicht bestimmte Wesenheiten. Der Mensch z.B. „ist" zugleich ein lebendes System sowie ein psychisches System und partizipiert an sozialen Systemen.

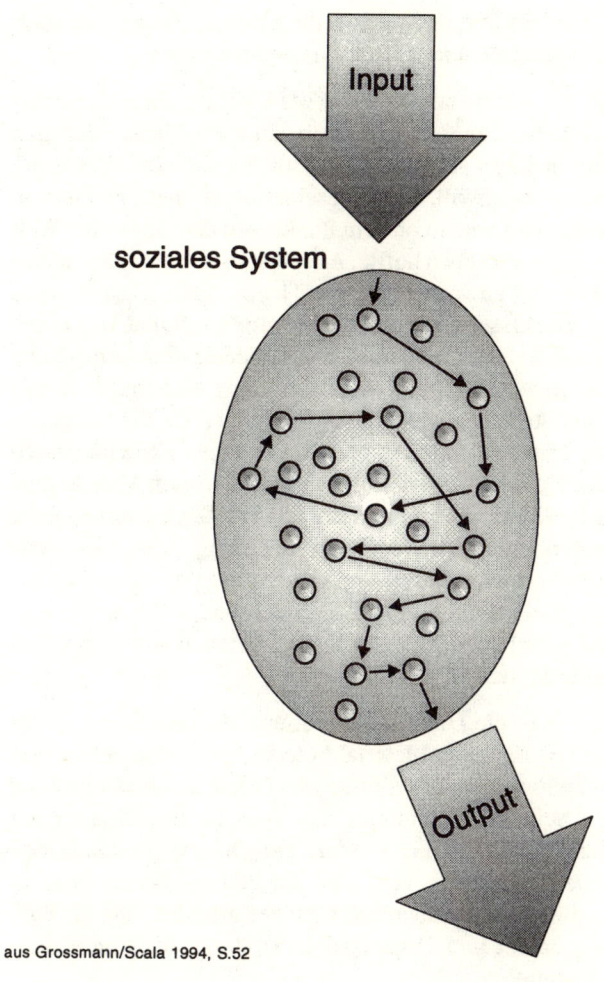

Abbildung 9: Die Wirkung einer Intervention von außen ist nicht vorhersagbar; sie hängt von den komplexen internen Kommunikationsmustern ab, die sich in einem permanenten Veränderungsprozeß befinden.

sationen als nicht-triviale Systeme, die auf Inputs von außen nach eigenen Spielregeln und je nach Zustand reagieren.

Die Kunst der Intervention als gezielte Einflußnahme auf nicht-triviale Systeme fasziniert, wird doch damit angedeutet, daß man als Meister in dieser Kunst auch Einfluß hat und bewirken kann, was man bewirken will. Diese Faszination ist nicht neu; schon Archimedes schwärmte von dem Punkt, von dem aus er die Welt aus den Angeln zu heben hoffte. Aber erst in diesem Jahrhundert ist es notwendig geworden, diesem Thema Aufmerksamkeit zu schenken: Die klassische Form der linearen Einflußnahme durch Weisung und Befehl, die Hierarchie als Organisationsprinzip und Gesellschaftsmodell haben ihre Dominanz eingebüßt. Weder Markt noch Staat sind Modelle, die Lösungen für die Aufgaben von heute bringen, und gleichzeitig verlangen aktuelle gesellschaftliche Entwicklungen nach Steuerung. In dem Maß, in dem traditionelle Konzeptionen von Lenkung und Beeinflussung nicht mehr greifen, steigt der Bedarf an Steuerung. Also sucht man nach neuen Formen: Intervention in komplexe, nicht-triviale Systeme klingt als Begriff brauchbar, doch wie soll man sie wirkungsvoll gestalten, d.h., welches über Versuch und Irrtum hinausgehende Modell kann gefunden werden?

Akzeptiert man die Definition nicht-trivialer Systeme – wofür die Erfahrung reichlich Material liefert –, so muß ein elaboriertes Interventionsverständnis folgendes Dilemma bewältigen: auf der einen Seite die Autonomie des Systems respektieren und andererseits nicht beliebig werden. Dies hat tiefgreifende Folgen für die Supervision, aber auch für Pädagogik und Psychotherapie, die mit Individuen und Gruppen arbeiten, und für Politik, Management und Organisationsberatung, die komplexere soziale Systeme steuern.

Erfolgreiche Einflußnahme setzt voraus, daß man die Eigenlogik des Systems akzeptiert und berücksichtigt

Diese Einsicht hat alteuropäische Wurzeln und im listenreichen Odysseus ihren prominenten Helden. In seinen Abenteuern werden reichlich Beispiele für die Fähigkeit geliefert, sich auf die Spielregeln des Gegenübers einzulassen und dennoch die eigenen Ziele konsequent zu verfolgen. Doch so faszinierend das Konzept der List als Interventionsstrategie auch sein mag – mit Überlistung ist heute kein Staat mehr zu machen. Wir haben es nicht mehr mit einer bedrohlichen natürlichen Umwelt zu tun, sondern es geht um die Steuerung von Organisationen, Institutionen, Entwicklungen und Prozessen, die von Menschen selbst geschaffen und initiiert wurden. Die Bedrohungen von heute sind die Lösungen von gestern.

Intervention in diesem Sinn ist „eine zielgerichtete Kommunikation zwischen psychischen und/oder sozialen Systemen ..., welche die Autonomie des intervenierten Systems respektiert. Zielgerichtet ist eine Kommunikation dann, wenn eine bestimmte Wirkung beim Kommunikationspartner in das Kalkül der Kommunikation einbezogen ist" (Willke 1987, S. 333). Die Frage bleibt: Wie kann es gelingen, den Respekt vor der Autonomie des Systems zu wahren und dennoch nicht darauf zu verzichten, mit einer Intervention bestimmte Wirkungen zu erzielen? Dieser Respekt empfiehlt sich – dies sei betont – nicht allein aus ethischen Motiven, sondern läßt sich aus der Erfahrung hinreichend begründen: Ohne Respekt vor der Autonomie und Eigenheit eines Systems hat man überhaupt keinen Einfluß – außer den zur Destruktion. Damit ist auch schon die Antwort auf die gestellte Frage angedeutet: Eine Intervention muß sich darum bemühen, als solche vom System wahrgenommen zu werden, d.h., es ist notwendig, sich damit auseinanderzusetzen, was für ein System „relevante Kommunikation" darstellt, was abgewehrt und was als bloßes Rauschen wahrgenommen wird. Das System gibt selbst „die Kriterien vor, unter denen es bereit ist, sich beeindrucken zu lassen" (Willke 1987, S. 334).

Eine gute Grundlage für erfolgreiche Interventionen bilden daher theorie- und erfahrungsgestützte Annahmen über die spezielle Struktur, Logik und Arbeitsweise eines Systems, über die Leistung und das Produkt und welche Auswirkungen dies auf Kommunikationsmuster und Werthaltungen hat. In einem Wirtschaftsunternehmen „zählt" etwas anderes als in einem Krankenhaus, in einer Schule wieder etwas anderes als in einer Sozialeinrichtung; so hat z.B. im Krankenhaus die professionelle Fachkompetenz einen weit höheren Stellenwert als in der Schule. Daraus können auch Schlüsse über die Kriterien gezogen werden, unter denen sich das System beeindrucken läßt. Dazu geben die Ausführungen über spezielle Organisationstypen in den folgenden Kapiteln wichtige Hinweise.

In der Arbeit mit und in Organisationen kann man Interventionsinstrumente aus der Therapie gut nutzen, aber man muß wissen, wann und wie

Für Supervisoren ist es oft schwierig, sich diagnostische Einsichten über ein soziales System zu erschließen. In ihren Interventionen greifen Supervisorinnen oft auf Instrumente und Methoden zurück, die sie in anderen Kontexten, vor allem in der Psychotherapie, kennengelernt haben, da ja viele Supervisoren aus diesem Bereich kommen. Es macht durchaus Sinn, erfolgreiche Interventionsinstrumente auch in verschiedenen Kontexten anzuwenden und das, was in der Therapie wirkt, auch in der Supervision auszuprobieren. Dennoch gibt es hier ein gewisses Reflexionsdefizit, welche Methoden für welchen Kontext und welches System passen. Dies führt wiederum zu einer gewissen Beliebigkeit in der Wahl der Instrumente und damit zu einer Verselbständigung der Methoden. Es werden zwar bestimmte Effekte erzielt, inwiefern sie jedoch zur Problemfokussierung beitragen, bleibt offen. Zur Verdeutlichung soll am Beispiel der systemischen Familientherapie ein Vergleich zwischen Familie und Organisation als unterschiedliche soziale Systeme angestellt werden, um die Brauchbarkeit bestimmter Interventionsinstrumente besser einschätzen zu können.

Für die Entwicklung systemischer Ansätze in der Supervision war die systemische Familientherapie ein Impulsgeber von ganz besonderer Bedeutung. Der Blick auf ein soziales System statt auf Einzelpersonen, die erkenntnistheoretische Grundkonzeption, daß Wirklichkeiten nicht unabhängig vom Beobachter gedacht werden können, das Verständnis für die systemerhaltende Funktion von Problemen und viele daraus folgende Interventionsstrategien wurden zunächst von der Familientherapie entwikkelt und haben inzwischen auch Anwendung in der Supervision und Organisationsberatung gefunden.

Dennoch muß vor einer voreiligen Übertragung von Methoden der Familientherapie auf Supervision und Beratung für andere soziale Kontexte gewarnt werden. Gerade die systemtheoretisch orientierte Soziologie hat die Unterschiedlichkeit verschiedener gesellschaftlicher Subsysteme herausgearbeitet und genauer beschrieben. Die Familie ist ein Sozialsystem mit ganz bestimmten Merkmalen, die sie von anderen Systemen – wie Organisationen der Wirtschaft, des Rechts, der Politik, der Erziehung, der Wissenschaft, der Gesundheit, der Religion – unterscheidet. Ein grober Vergleich mag die wesentlichsten Unterscheidungsmerkmale deutlich machen:

Aufgaben- versus Personenorientierung: Organisationen sind im Unterschied zu Familien vor allem dadurch charakterisiert, daß ihre Mitglieder durch bestimmte Leistungen, die sie entsprechend einer vorgegebenen Rolle zu erfüllen haben, mit dem System verbunden sind, während alle Mitglieder in der Familie als ganze Personen Platz haben sollen. Familien haben gar keine andere Aufgabe als die Entwicklung von Personen, während in Organisationen Personen lediglich Rollen einnehmen, um zur Erfüllung der spezifischen Aufgaben der Organisation beizutragen. Organisationen werden geschaffen, um bestimmte Aufgaben zu erfüllen, Familien sollen dem ganzen Menschen Platz in einer stabilen Gruppe bieten. Allein die Schule nimmt hier eine besondere Stellung ein: Für die Lehrer ist sie eine Organisation, ein Arbeitsplatz wie andere auch, die Schule will vom Lehrer die Erfüllung der Lehrerrolle. Für die Schüler ist die Schule der erste Ort, an dem sie den Unterschied von Personen- und Aufgabenorientierung erfahren. Sie hat quasi die Aufgabe, diesen Unterschied schrittweise zu vermitteln.

Natürliche und universelle versus befristete und partikulare Zugehörigkeit: Die Zugehörigkeit zu Familien ist daher ganz anders geregelt als in Organisationen. Man gehört einer Familie quasi durch Geburt an, die Zugehörigkeit braucht keine extra Leistungen; andererseits kann man die Familie nicht so wechseln wie den Arbeitsplatz, und man muß sich die Frage gefallen lassen: „Wo warst Du gestern abend?" Zur Familie gehört man, auch wenn man nicht mit ihr zusammen ist, die Freizeit eines Arbeitnehmers hingegen interessiert die Organisation nicht. Der Sicherheit der Zugehörigkeit zur Familie steht auf der Seite der Organisation die Freiheit gegenüber, seine Zugehörigkeit zu kündigen und „sich zu verändern". Eintritt durch Geburt und Austritt durch Tod oder Scheidung verändern eine Familie in ihrer Substanz, Personen sind nicht austauschbar; die Organisation hingegen ist gegenüber dem Individuum relativ gleichgültig, sie hat keine natürliche Sterblichkeit und bleibt mit sich identisch, auch wenn die Personen kommen und gehen.

Überschaubare versus unüberschaubare Komplexität: Ein Grundmerkmal von Organisationen besteht in dem Faktum, daß viele Menschen miteinander kooperieren, ohne dabei auf direkte Kommunikation angewiesen zu sein. In größeren Sozialsystemen kennen die Personen einander oft gar nicht. Dennoch sind sie kommunikativ verbunden und arbeiten am selben Produkt. Organisationen sind auch komplexer und vielschichtiger in ihrer sozialen Struktur als eine Familie mit einer leicht überschaubaren Anzahl von Mitgliedern.

Vor dem Hintergrund dieser Unterschiede kann die Wirkung der Aufstellungsmethode (auch Sculpturing genannt) im Rahmen der Familientherapie verstehbar gemacht werden. Das Familiensystem ist auch aufgrund seiner begrenzten Größe als ganzes darstellbar, man kann daher mit dieser Methode im Rahmen von Familiensystemen viel mehr sichtbar machen, als es bei Organisationen möglich ist. Sculpturing ist außerdem eine Methode, die besonders den *Platz* fokussiert, den jemand in einem System als Person hat, ein Thema, das aufgrund der zentralen Bedeutung von Zugehörigkeit für Familien besonders relevant ist. In Organisationen geht es mehr um die Differenz in den Rollen, um die unterschiedliche Wahrnehmung dieser Rollen und der Kooperationsbeziehungen zwischen diesen Rollen. Der Blick auf dieses methodische Instrument des Sculpturing macht auch deutlich, daß diese Methode erst durch Interpretation fruchtbar wird, wobei der Theoriehintergrund und das Wissen des Familientherapeuten über das System Familie eine unabdingbare Ressource darstellen (vgl. Franke 1997).

Geringe versus hohe Selektion in der Wahrnehmung: In Familien ist das Netz der wechselseitigen Beobachtung und sozialen Kontrolle viel engmaschiger als in Organisationen. Veränderungen werden in jeder Art des Verhaltens viel genauer beobachtet und führen im System zu Reaktionen. In Familien fehlt die für Organisationen so bedeutsame Differenz von formeller und informeller Kommunikation. In der Familie ist quasi jede Verhaltensweise eines Familienmitglieds systemrelevant, während viele Menschen in Organisationen die Erfahrung machen, daß Organisationen außerordentlich starr und gleichgültig gegenüber den Motiven, Interessen und auch Verhaltensweisen ihrer Beschäftigten sind. Nur wenige Verhaltensweisen werden registriert und können unter Umständen zu Veränderungen führen.

In Familien werden daher Veränderungen im Verhalten einzelner Mitglieder sehr schnell wahrgenommen und können rasch Irritationen auslösen. Insofern können dysfunktionale Kommunikationsmuster durch die Verhaltensänderung einzelner in Bewegung gebracht werden. Supervisanden in Organisationen kommen mit ganz anderen Erfahrungen: Sie haben schon sehr viele verschiedene Strategien ausprobiert, um etwas zu verändern, doch die Organisation reagiert nicht. Die Starre der Organisation ist eben nicht durch jede Verhaltensänderung irritierbar, sie hält sehr viele Verhaltensweisen aus, ohne zu reagieren. Einzelpersonen haben nicht die Bedeutung wie in einer Familie, und schlimmstenfalls kann man sich auch von Personen trennen. Vor allem aber sprechen Organisationen als auf spezielle Aufgaben ausgerichtete Sozialsysteme nur auf ganz wenige mit ihrem Aufgabenbezug in unmittelbarem Zusammenhang stehende Interventionen an. Familientherapie setzt schon einen erfolgreichen Schritt, wenn es ihr gelingt, daß die Familie etwas anderes tut als gewohnt.

Systemisch ausgerichtete Therapie und Supervision lenken ihre Aufmerksamkeit auf die Handlungsebene im System und beschränken sich nicht auf die Ebene von Bewußtseins- und Gefühlszuständen. Doch in der Umsetzung dieses Prinzips werden unterschiedliche Interventionsstrategien notwendig. In der Therapie geht es oft darum, den Klienten von seiner Fixierung auf ein Problem abzulenken und seine Aufmerksamkeit und Handlungsorientierung auf eine Zukunftsperspektive zu richten. „Lösungsorientierung statt Problemorientierung" heißt hier das Motto. In der Supervision geht es nicht allein um eine individuelle Verhaltensänderung; das Handeln des Supervisanden soll in der Organisation Wirkung zeigen. Dazu braucht es ein Verständnis der Operationsweise der Organisation und damit eine gründlichere Problemanalyse als die vom Fallbringer angebotene. Die Lösungsorientierung kann hier nicht alternativ der Problemorientierung gegenübergestellt werden, sondern eine genaue Diagnose des sozialen Kontextes ist eine notwendige Voraussetzung für brauchbare Lösungen.

Am Beispiel des Verhältnisses des Systems Familie zu anderen Organisationen wird deutlich, daß in der Supervision der ganz spezifische Typ von Organisation, aus dem der Fall berichtet wird, berücksichtigt werden muß. Familientherapeuten haben eine ausgefeilte Theorie über das System Familie, über das Verhältnis der Generationen, über kulturspezifische Regeln und Gesetzmäßigkeiten, über Zugehörigkeit und unterschiedliche Rollen im Familienkontext, über Dreieckskonstellationen und ihre Bedeutung. Erst vor diesem theoretischen Hintergrund sind sie in der Lage, unmittelbare Beobachtungen in der Therapie selbst – sei es im Gespräch mit der Familie oder bei Aufstellungen – zu nutzen. Ebenso brauchen Organisationsberaterinnen und Supervisoren eine elaborierte Theorie über die Organisationen, aus denen die Klienten kommen. Ob es sich um eine Schule, ein Krankenhaus, ein Wirtschaftsunternehmen oder eine Sozialeinrichtung handelt, hat großen Einfluß auf die konkrete Arbeit in der Supervision. Es gelten jeweils andere Regeln, Werte, Wahrnehmungsmuster.

Wichtige Interventionsinstrumente im Überblick

Der Erfolg einer Intervention kann bei nicht-trivialen Systemen nicht daran gemessen werden, daß bestimmte Prognosen eintreten. Eine Intervention ist daher dann erfolgreich, wenn sie im System eine Irritation hervorruft, die zu einer differenzierteren Selbstbeobachtung und Selbstentwicklung anregt. Das System entscheidet selbst, in welche Richtung es die nächsten Schritte setzt.

Wir wollen in diesem Kapitel Grundlagen für einen angemessenen Einsatz unterschiedlicher Interventionsinstrumente schaffen. Die Thematik der Interventionsinstrumente soll und kann sich in unserem Rahmen allerdings nicht zu einem Methodenhandbuch für Supervision ausweiten (vgl. Brandau/Schürs 1995). Interventionen im Rahmen von Supervision in Organisationen stehen vor dem hohen Anspruch, zwei Systemtypen anzusprechen: die Supervisanden als Personen und das soziale System, das supervidiert wird. Lernprozesse von Personen in einem Team bedeuten noch nicht die Entwicklung des Teams als ganzes. *Individuen* und *soziale Systeme* lernen und entwickeln sich mit einer anderen Logik. Das Lernen von Personen läuft über das Bewußtsein. Lernen kann zwar nicht direkt beobachtet werden, wir haben jedoch eine breite Erfahrung, an uns und an anderen die Ergebnisse von Lernprozessen festzustellen. Will man jedoch erkennen, ob ein Team oder eine Organisation gelernt hat, so kann man sich nicht allein am Lernprozeß der Mitglieder orientieren. Sämtliche Mitarbeiter einer Abteilung können über Mängel Bescheid wissen und gute Lösungen in den Köpfen haben, ohne daß sich dieses Wissen umsetzt. Nur an Veränderungen in der Kommunikationsstruktur können Lernprozesse der Abteilung abgelesen werden:

- Gibt es neue Kooperationen und Vernetzungen zwischen Rollenträgern und Subeinheiten?

- Haben sich Entscheidungsstrukturen und -verfahren geändert?

- Ist eine Veränderung in den Themen zu beobachten, die in Entscheidungsprozessen behandelt werden?

- Wie hat sich die Brille gewandelt, mit der das System seine Umwelten beobachtet?

Dieser doppelte Blick auf die beiden Adressaten von Interventionen in der Supervision – einerseits auf die Supervisanden und andererseits auf das soziale System – bildet die Grundlage für die Interventionsstrategie. Wie müssen Interventionen angelegt sein, damit beide Systemreferenzen bedient werden und beide zu ihrem Lernprozeß anregen? Interventionen wirken auf einer *inhaltlichen* Ebene durch die Themen und Fragestellungen, die bearbeitet werden, und auf einer *strukturellen* Ebene durch die Auswahl und Vernetzung der Adressaten im System (Gremien, Gruppen, Funktionsträger), an die sich die Intervention richtet. Im folgenden wollen wir – den bisherigen Theoriehintergrund mitdenkend – einige wichtige und wirksame Instrumente benennen, die dem Supervisor in Organisationen zur Verfügung stehen. Zunächst werden wir den Kontrakt unter zwei Gesichtspunkten betrachten, sodann Möglichkeiten von Strukturinterventionen erörtern, in einem vierten Schritt die Notwendigkeit der Fokussierung und Komplexitätsreduktion behandeln und abschließend die Möglichkeiten und Grenzen analoger Kommunikationsformen besprechen.

1. Kontrakt Teil 1: Das Setting

Der Kontrakt ist das wichtigste Interventionsinstrument einer Supervisorin und nicht nur eine formale Angelegenheit. Im Kontrakt werden einerseits das *Setting* und andererseits die *Zielsetzung* ausgehandelt. Die Gestaltung des Kontraktes ist zugleich die Phase der Beziehungsaufnahme zwischen Supervisor und Klient und zählt zu den schwierigsten Phasen des Supervisionsprozesses. Als Supervisorin gilt es, Kompetenz zu zeigen und sich zu positionieren, während man gleichzeitig vom Klienten und seiner Erwartungshaltung noch kaum etwas weiß. Zu diesem Widerspruch kommt noch ein zweiter, nämlich die Aufgabe, den Erwartungen des Klienten ausreichend entgegenzukommen, um Vertrauen herzustellen, aber gleichzeitig die Vorstellungen des Klienten über Setting und Zielsetzung der Supervision kritisch zu prüfen und nicht von vornherein zu übernehmen.

Der Ruf nach einer Supervision ist bereits der erste Schritt, den das Klientensystem unternimmt, um ein Problem zu lösen, das es ohne externe Hilfe nicht zu lösen imstande ist. Es ist daher davon auszugehen, daß die Vorstellungen des Klienten, wie das Problem zu lösen sei, oft unzureichend sind und es sich daher für den Supervisionsprozeß als fatal erweisen kann, wenn man sich unhinterfragt auf die vorgeschlagenen Bedingungen einläßt. So kann sich herausstellen, daß Supervision für die vorliegende Problematik gar nicht die Methode der Wahl oder daß das vorgeschlagene Setting zur Lösung ungeeignet ist. Hier gilt es, schon zu Beginn den Verhandlungsspielraum zu öffnen und dem Klienten zu vermitteln, daß die Entscheidung für eine bestimmte Vorgangsweise Resultat eines Beratungsprozesses sein sollte. Darauf sind wir schon im vorigen Kapitel ausführlich eingegangen.

2. Kontrakt Teil 2: Zielsetzungen

Die Klärung der Zielsetzung ist bereits der erste wichtige Schritt in Richtung Problemlösung. Oft besteht das Problem gerade darin, daß das Klientensystem seine Erwartungen und Ziele nur sehr vage und unverbindlich formulieren kann bzw. daß darüber im Klientensystem auch sehr unterschiedliche Positionen vertreten werden. Daher sollte man behutsam, geduldig und konsequent vorgehen, die verschiedenen Sichtweisen des Problems und Erwartungshaltungen erheben und den Klienten dabei unterstützen, ein gemeinsames, konkretes Bild des gewünschten Ziels zu entwickeln. Dieser Klärungsprozeß ist bereits eine wichtige Teillösung und die Nagelprobe, inwiefern das Klientensystem an einer gemeinsamen Lösung interessiert und auch bereit ist, ein Stück Verantwortung für die Erreichung des gesteckten Ziels zu übernehmen. Allzu rasche Zielklärungen bleiben oft an der Oberfläche und behindern den Prozeß mehr, als sie ihn stimulieren. Ziele müssen daher im Verlauf der Supervision überprüft und eventuell korrigiert werden. Sie motivieren, fokussieren eine bestimmte Richtung und helfen dem Klientensystem, den Supervisionsprozeß eigenverantwortlich für die eigenen Zielsetzungen zu nutzen.

Ein häufiges Ausgangsszenario von Supervision: In einem Team wächst die Unzufriedenheit, und man weiß gar nicht so genau, warum. Die Arbeit mit den Klienten weist keine größeren Schwächen oder Mängel auf, die äußeren Rahmenbedingungen der Arbeit haben sich in letzter Zeit eher verbessert, man hat eine schöne neue räumliche Ausstattung, die Beziehungen zur Gesamtorganisation sind zwar nicht optimal, haben sich aber auch nicht verschlechtert – und dennoch hat sich das Engagement aus früheren Zeiten verflüchtigt. Statt Elan und energischem Anpacken dominieren jetzt Frustration, Nörgelei und Selbstabwertung. Man holt sich daher Supervision, um die Ursachen für die zunehmende Unzufriedenheit zu ergründen und so aus diesem Tief wieder herauszufinden. So lautet auch der Auftrag an den Supervisor. In dieser Situation kann es für Supervisor und Team verhängnisvoll werden, sich auf dem unendlichen Feld möglicher Ursachen auf die Suche zu begeben. Die Gefahr, dabei immer tiefer im Frust zu versinken, ohne je auf eine klare und eindeutige Antwort zu stoßen, ist groß. Hier braucht die Supervision eine klare Zielorientierung, die im Team Energien mobilisiert.

3. Verwenden unterschiedlicher Strukturen

Supervision und Teamsupervision im speziellen kennen oft nur eine soziale Struktur: Alle sitzen im Kreis. Diese Struktur leistet auch sehr viel: Es kann jeder mit jedem optimal kommunizieren, alle partizipieren am Gesamtprozeß, alle haben gleichen Zugang zu den Informationen, und alle können Einfluß auf das Geschehen nehmen. Gleichheit und Gemeinsamkeit werden betont – ein wichtiges Ritual, um Zugehörigkeit und Identifikation zu fördern. Manchmal kann diese Struktur durch interaktive Übungen aufgelockert werden, doch bedeuten diese Formen der Abwechslung nicht notwendigerweise eine Veränderung der Grundstruktur. Teams in Organisationen schöpfen ihren Reichtum nicht zuletzt aus den Unterschieden, die im Team vertreten sind. Dies können Unterschiede in der Profession sein, in der Stellung, die man in der Organisation einnimmt, in der spezifischen Aufgabe und Funktion, im Dienstalter, im Geschlecht, aber auch in Werthaltungen und Einstellungen gegenüber bestimmten Arbeitsmethoden. In jedem Team, in jeder Organisation spielen andere Unterschiede eine wichtige Rolle. Unterschiede sind Ressourcen, aber zugleich auch Anlässe für Konflikte. Alle Konflikte entzünden sich an Unterschieden. Nicht zuletzt aus diesen beiden Gründen sind sie für die Supervision von besonderem Interesse. Wenn man herausgefunden hat, welche Unterschiede in einem Team oder in einer Organisation einen Unterschied machen, weiß man auch viel über die Werte und Normen dieses Systems und ist auch an die Problemfelder und Konfliktherde des sozialen Systems angeschlossen.

Diese Einsichten lassen sich leicht in Interventionen umsetzen. So kann man zu bestimmten Differenzen Subgruppen bilden und zu einer bestimmten Fragestellung die Sichtweise der verschiedenen Subgruppen erarbeiten und gegenüberstellen. In dieser Struktur werden die Unterschiede sichtbar und bearbeitbar, und zugleich wird die Bedeutung von Strukturen erlebbar gemacht. Die Teammitglieder können die Funktion struktureller Unterschiede sowie ihren Einfluß auf Arbeitsklima und Arbeitsbeziehungen genau erfahren. Dies relativiert Sichtweisen, die primär alles Geschehen auf persönlichkeitsbedingte Faktoren zurückführen. Zugleich kann in einer solchen Struktur mit wechselnden Subgruppen und anschließendem Austausch in der Großgruppe sehr produktiv an diesen Differenzen gearbeitet werden.

Teams sind auch motiviert, diese Differenzen und ihre Bedeutung zu erheben, um sie besser managen zu können. Das Team lernt dabei sehr viel über sich und seine Struktur. Ein Ärzteteam einer Abteilung kann sehr rasch und produktiv Problemfelder besser identifizieren und verstehen, wenn es zu den relevanten Differenzen Subgruppen bildet. So teilt sich z.B. in einer ersten Runde das Gesamtteam in Stationsgruppen und eine Ambulanzgruppe auf, wobei der Leiter eine eigene, zusätzliche „Gruppe" bildet, und listet die Vor- und Nachteile auf, die mit der Arbeit auf der eigenen Station im Vergleich zu den anderen verbunden sind. Ein Austausch darüber in der Großgruppe bringt Ergebnisse, die so manche Schwierigkeiten und Spannungen im Team erklären. In der weiteren Bearbeitung wird untersucht, inwiefern Lösungen und Verbesserungen auf dieser strukturellen Ebene gefunden werden können. In ähnlicher Weise kann das Team auch andere Differenzen bearbeiten, etwa: Leitende/Nicht-Leitende, Mitglieder mit wissenschaftlicher Karriereorientierung (Universitätsangehörige)/Ärzte ohne diese Orientierung und diesen Status, unterschiedliche Positionen in Behandlungskonzepten, Männer/Frauen etc. Ein wichtiger Arbeitsschritt besteht in der Gewichtung dieser Unterschiede:

- Welche Unterschiede sind relevant? Welche Prioritäten setzt das Team?

- Welche Unterschiede finden sich dabei im Team?

In kleineren Sozialorganisationen und anderen Vereinen macht man oft die Erfahrung, daß bei einer Teamsupervision schon fast die gesamte Organisation anwesend ist. Als Team sind die Su-

109

pervisanden z.B. gemeinsam für die Betreuung von delinquenten Jugendlichen zuständig, der Verein muß mit Subventionsgebern verhandeln, PR-Arbeit machen und intern Anstellungs- und Gehaltsfragen lösen. Das kann dazu verführen, in der Supervision je nach Bedarf zwischen Team- und Vereinsproblemen hin und her zu pendeln. Hier ist eine Strukturierung und Differenzierung gefordert bzw. müssen eigene Settings eingerichtet werden, wobei noch zu klären ist, welches System Supervision beansprucht. Im Team sind im angeführten Beispiel die Fragen der Betreuung der Jugendlichen zu bearbeiten; bei der Behandlung von Vereinsaufgaben muß zwischen den einzelnen Funktionen differenziert werden, vor allem zwischen dem Vorstand und den anderen Mitarbeiterinnen. Es ist zunächst Sache des Vorstands zu klären, welche Aufgaben vom Vorstand selbst übernommen werden und wofür andere Partner eingebunden werden müssen.

4. Inhaltliche Fokussierung – Begrenzen der Komplexität

Supervision in Organisationen hat oft mit sehr vielschichtigen und komplexen Problemkontexten zu tun. Wir haben die Vielfalt von Landkarten und Brillen (Kap. 2 und 3) kennengelernt, die immer eine Reihe von Optionen offen lassen, die Wirklichkeit zu sehen, Probleme zu diagnostizieren und daraus Lösungen zu entwickeln. Eine entscheidende Aufgabe des Supervisors ist es daher, ein angemessenes Maß an Komplexität einzuführen. Die zwei Fragen, die bei der Problembearbeitung wie ein Basso continuo mitlaufen, lauten:

• Wer und was muß unbedingt berücksichtigt werden und darf daher auf keinen Fall unberücksichtigt bleiben?

• Wen oder was kann man ungestraft weglassen?

Jede Intervention steckt ein bestimmtes Spektrum ab. Diese Selektion ist ein zentrales Interventionsinstrument und muß vom Supervisor sehr umsichtig gehandhabt werden. Dabei geht es zum einen um die Abgrenzung des sozialen Systems, das den relevanten Problemkontext repräsentiert – Wer muß einbezogen werden? –, und zum anderen um die Eingrenzung auf bestimmte

Themenstellungen: Was muß thematisiert werden? Was kann weggelassen werden?

Die Abgrenzung des sozialen Systems, das für die Bearbeitung des vorgebrachten Problems geeignet ist, zählt zu den grundsätzlichen Voraussetzungen einer erfolgreichen Intervention. Die Abgrenzung ist bereits eine Intervention. Es geht um die Einführung der Differenz von System und Umwelt in den Problemkontext. Welche Personen, Stellen und Organisationseinheiten bilden für die Lösungen des Problems das System? Welche müssen als relevante Umwelten einbezogen werden? Welche kann man ganz weglassen? Diese Eingrenzungsarbeit ist sowohl bei der Kontraktgestaltung und der Entscheidung zu leisten, in welchem Setting man arbeitet (vgl. Kap. 4: Setting), als auch bei jedem einzelnen Fall, der in einer Einzel- oder Gruppensupervision vorgebracht wird.

Auf einer inhaltlichen Ebene wirken Interventionen durch die Auswahl von Daten, Themen und Fragestellungen, mit denen das System konfrontiert wird. Die Fokussierung kann durch Themenvorschläge, durch Feedback und Konnotationen realisiert werden. Fragen sind ein besonders wirksames Instrument zur Fokussierung, weil sie die Supervisanden aktivieren, ihre Aufmerksamkeit in eine bestimmte Richtung lenken, aber andererseits keine Lösungen oder Antworten vorgeben, sondern dies den Klienten überlassen. Fragen dienen der Diagnose und Intervention. Im Unterschied zur Medizin lassen sich jedoch Diagnose und Intervention nicht voneinander trennen. Jede Diagnose ist schon eine Intervention und löst im intervenierten System Wirkungen aus. Diagnoseverfahren sind daher immer schon unter dem Primat der Intervention zu konzipieren. Diagnosen im Sinn einer erfolgreichen Intervention beziehen das System aktiv in den Erhebungsprozeß ein. Diagnose ist so Selbstdiagnose.

Frageformen, wie sie im Rahmen der systemischen Familientherapie entwickelt wurden, insbesondere das zirkuläre Fragen, kombinieren in besonderer Weise Diagnose- und Interventionsaspekte (vgl. Tomm 1988; Penn 1983). Die Fragen sind so gebaut, daß sie nicht allein Informationen abfragen, sondern den Befragten zu überraschenden Überlegungen anregen und so dessen Sicht der Dinge verändern. Sie ermöglichen auch, wichtige andere

Aspekte einer systemisch fundierten Beratungshaltung umzusetzen. Wenn z.B. einzelne Teammitglieder gefragt werden, wie ihrer Meinung nach die Führung der Organisation die Leistungen des Teams im Verhältnis zu anderen Organisationseinheiten sieht, wird damit eine Reihe von systemischen Prinzipien realisiert: Es geht nicht um die Erhebung von Tatsachen, wie die Dinge *sind,* sondern die Wirklichkeit wird aus den unterschiedlichen Sichtweisen der Akteure konstruiert und die Aufmerksamkeit der Supervisanden auf den Vergleich unterschiedlicher Sichtweisen und Wirklichkeitskonstruktionen gelenkt. Wahrheitsfindung – z.B. über die Leistungen des Teams – steht nicht am Programm, sie würde auch zur Verbesserung der Kommunikation wenig beitragen. Hingegen wird mit der Beantwortung der sachbezogenen Frage der Beziehungskontext zwischen Team und Leitung sowie innerhalb des Teams transparent. Erforscht wird nicht der faktische Tatbestand, sondern der soziale Kontext. Die Antworten sind implizit auch eine Beschreibung des sozialen Systems. Die relevante Wirklichkeit ist das soziale Geschehen, nicht eine scheinbare Faktizität. Wenn der Vorgesetzte so denkt, ist es relativ unerheblich, ob man dies für richtig oder falsch hält, sondern es ist wichtig, welche Auswirkungen dies hat. Standpunkte sind die Bausteine sozialer Wirklichkeit.

Die Teammitglieder berichten, wie sie sehen, daß ihr Leiter sie sieht. Die Fragetechnik basiert auf dem Imperativ: Beobachte den Beobachter. Damit begibt sich das Team auf die Ebene der Beobachtung zweiter Ordnung, und jedes Teammitglied kann durch den Vergleich mit anderen Sichtweisen Distanz zu seiner eigenen Sichtweise gewinnen (vgl. Kap. 3). Starre Wirklichkeitsauffassungen werden aufgelockert, Lernen wird angeregt, soziale Kreativität und das Denken in sozialen Strukturen werden stimuliert, die Kommunikation ist angekurbelt.

Z.B. bringt die Frage „Was würde Ihr Vorgesetzter seinem Freund über Sie erzählen?" dreierlei Informationen: Man erfährt erstens etwas darüber, wie der Vorgesetzte über den Befragten denkt, zweitens etwas über die subjektive Einschätzung des Befragten und drittens etwas über die Beziehung zwischen dem Befragten und seinen Vorgesetzten. Durch dieses Fragen wird somit implizit die Fähigkeit gefördert, die unterschiedlichen Standpunkte nachzuvollziehen und ihr Zusammenspiel zu sehen.

5. Einsatz analoger Kommunikationsformen: Aufstellungen, Rollenspiel, bildhafte Darstellungsformen

Nonverbale Ausdrucks- und Kommunikationsformen können wichtige Informationsquellen, die nicht durch Nachfragen oder Diskussion zugänglich sind, erschließen bzw. Sachverhalte, die sich verbal sehr schlecht ausdrücken lassen, gut darstellen. Der Einsatz von kreativen Methoden spielt somit eine wichtige Rolle in der Arbeit. Dies ist aus Therapie, Training und Supervision bekannt. Für den Einsatz in der Arbeit mit und in Organisationen muß die jeweilige Darstellungsform sorgsam ausgesucht werden. Drei Kriterien sind dafür ausschlaggebend: *Erstens* ist zu überprüfen, was durch ein bestimmtes Medium sichtbar, was verdeckt wird und wie dieses Medium in der Lage ist, den Problemkontext auszudrücken. Was sind die Unterschiede, die im System einen Unterschied machen, und durch welche Methode kann dies sichtbar gemacht werden? Wie schon erwähnt, können Aufstellungen von Personen sehr gut die Beziehungskonstellation in einem Team mit nicht allzu vielen Mitgliedern darstellen. Verwirrend kann jedoch eine Aufstellung werden, wenn die Arbeitsbeziehungen zwischen den Personen vielschichtig sind, was nicht selten der Fall ist. So kann A zu B eine sehr intensive Arbeitsbeziehung haben, weil beide als Paar für bestimmte Aufgaben zuständig sind und daher sehr eng kooperieren; im Verhältnis zur Leitung vertritt A jedoch eine ganz ähnliche Position wie C, und diese beiden fühlen sich in diesem Punkt zusammengehörig. Menschlich am sympathischsten findet A jedoch D, und diese beiden verbringen daher am meisten Freizeit gemeinsam. Eine Aufstellung kann jedoch immer nur eine dieser Beziehungsebenen ausdrücken. Man wird daher diese Methode immer für eine ganz spezifische Fragestellung einsetzen und es dabei belassen, um nicht durch eine Mehrzahl von Aufstellungen ein Komplexitätschaos zu erzeugen, das nur Verwirrtheit zurückläßt. Insgesamt muß sehr sorgfältig interpretiert und übersetzt werden, was bestimmte Konstellationen im Arbeitsalltag bedeuten.

Zweitens ist die Dimensionierung der Komplexität beim Einsatz kreativer Medien eine besonders heikle Aufgabe. In Organisationskontexten besteht generell die Gefahr, in der medialen Darstellung die Komplexität zu überziehen. Bei Aufstellungen mit zu vielen Personen kippt die Faszination in Desorientierung um, freie bildliche Darstellungen ufern aus und können nicht mehr sinnvoll auf den Problemkontext bezogen werden. Hier empfehlen sich sparsame, abstrakte Formen und Zeichen ähnlich denen, die in Organigrammen verwendet werden.

An die angemessene Darstellung von Komplexität schließt sich *drittens* die Aufgabe an, mit kreativen Medien eng am realen Kontext zu bleiben und darauf zu achten, daß der Verfremdungseffekt die zu bearbeitende Situation nicht überlagert und verdeckt. In Rollenspielen z.B. agieren die Rollenspieler immer etwas anders, als die dargestellten Personen agieren würden. So entsteht eine zweite, vom Problemkontext mehr oder weniger abgehobene Realität. So bedenkenlos man Rollenspiele in Kommunikationstrainings einsetzen kann, so vorsichtig wird man damit in der Supervision sein müssen, soll die Methode dabei helfen, ein reales Problem professionell zu bearbeiten und zu lösen. Kreative Medien erzeugen eine sehr eindrucksvolle Wirklichkeit, die sich leicht verselbständigt und den originären Kontext in den Hintergrund drängt.

Sackgassen: Acht Regeln, wie man an der Organisation vorbei supervidieren kann

1. Untersteuerung

Erfolgreiches Nicht-Intervenieren im Sinn von Laufenlassen führt in die Sackgasse. Ausschließlich darauf zu vertrauen, daß das Klientensystem in jeder Sitzung die jeweils wichtigen Themen bringt, und als Supervisor nicht strukturierend einzugreifen, ist riskant und führt in die Sackgasse, weil es erfahrungsgemäß dazu führt, daß die Energie verschlissen und der Verlust in der Gruppe alsbald spürbar wird.

2. Übersteuerung

Auch das Gegenteil ist eine Falle. Die Supervisorin übersteuert, hat immer ein perfektes Design vorbereitet, engt die Gruppe mit Fragestellungen, Übungen und Vorschlägen ein. Die Supervisanden kommen vor lauter begeistertem Mittun nicht dazu, die für sie nötigen Themen auf den Tisch zu bringen. Dies kann auf Dauer in der Gruppe Widerstand auslösen oder der Gruppe dabei helfen, sich nicht wirklich mit ihrer Problemstellung beschäftigen zu müssen.

3. Zielklärungen unterlassen

Wenn die Zielorientiertheit fehlt und keine Zielvereinbarungen für die Supervision getroffen werden, ist das eine Sackgasse. Es gelingt dann nicht, die Energie auf eine bestimmte Problemstellung, auf eine bestimmte Arbeitsweise und eine Lösungsperspektive zu bündeln.

4. Überfahren mit neuen Unterscheidungen oder sich ganz zurücknehmen

Es führt in die Sackgasse, wenn der Supervisor sich in seiner Sichtweise des Problems und seiner Art, sie zu verbalisieren und das zu bearbeiten, nicht auf den Stand der Personen einstellen kann, mit denen er es zu tun hat. Die Supervision ist aber andererseits bald am Ende, wenn keine neuen Differenzen eingebracht werden, wenn die Supervisionsarbeit nicht auch neue, überraschende Sichtweisen vermittelt. Überfrachten mit eigenen Ideen führt ebenso zum Scheitern wie „zuviel Zurückhaltung" und „zuwenig Respektlosigkeit", um neue Handlungsspielräume zu eröffnen.

5. Einseitige Parteinahme

Auf direktem Weg in die Sackgasse kommt die Supervisorin, wenn sie keine neutrale Position einnimmt. Es ist als Supervisor noch relativ leicht, gegenüber Anwesenden entsprechende Distanz aufrechtzuerhalten. In einer Organisation ist es schon schwieriger, gegenüber nicht anwesenden Teilnehmern dieser Organisation die Allparteilichkeit durchzuhalten. Dies ist umso schwieriger, weil manche Geschichten, die die Supervisanden z.B. über nicht anwesende Leitungskräfte erzählen, manchmal haarsträubend sind. Positiv formuliert ist es eine besondere Aufgabe von Supervisoren in Organisationen, diese Neutralität gegenüber unterschiedlichen Ebenen des Systems einzubringen. Schwierig wird dies auch dann, wenn das Klientensystem beraten werden will, wie es mit Zumutungen umgehen soll oder wenn es z.B. für die Supervisorin sichtbar wird, daß die Klienten in ihrer Arbeit durch Leitungskräfte sehr abgewertet werden und die damit verbundene Kränkung jedoch verdrängen.

6. Mit Methodenvielfalt das Problem zudecken

Ein überdimensionierter Einsatz von unterschiedlichen Methoden verselbständigt sich gegenüber dem Problem. Durch intensives Anwenden systemischer Interventionsmethoden, z.B. Aufstellungen, werden zwar für sich genommen interessante Erkenntnisse produziert, die aber für das Klientensystem nur ertragreich sind, wenn diese Vorgangsweise in Beziehung zu dem Problem steht, das die Gruppe gerade vorrangig beschäftigt, und sich die Thematik in dieser Methodik angemessen spiegeln kann. Problematisch wird es, wenn solche Instrumente so eingesetzt werden, daß es nicht mehr möglich erscheint, den wirklichen Ertrag, die Schlußfolgerung daraus, entsprechend aufzugreifen und durchzudenken, und der Klient mit einer angerissenen Problematik allein bleibt. Bestenfalls führt das dazu, daß der Supervisand von der methodischen Kompetenz des Supervisors begeistert ist und sich gerne auf diese vorgeschlagenen Schritte einläßt; mittelfristig wird sich dennoch das Gefühl einstellen, daß die Supervision zwar abwechslungsreich war, aber nichts gebracht hat.

7. Dem Klienten auf den Leim gehen

Einen sicheren Weg in die Sackgasse geht die Supervisorin auch, wenn sie der vordergründig angebotenen Problemdefinition des Klientensystems zu sehr folgt, ohne eine eigenständige Sichtweise auf den Kontext zu entwickeln – wenn z.B. das Team seine Konflikte primär auf der Beziehungsebene sieht und der Supervisor sich aufwendig bemüht, an dieser Beziehungsdynamik zu arbeiten, ohne die Perspektive zu eröffnen, daß diese Beziehungsdynamik wesentlich mit Fragen der Arbeitsorganisation und der Kooperationsstruktur oder den etablierten Regeln zusammenhängt.

8. Zu wenig oder zu viele Sitzungen vereinbaren

Eine achte Sackgasse entsteht, wenn entweder zu wenig Sitzungen vereinbart werden, um das gesteckte Ziel handlungswirksam bearbeiten zu können, oder zu viele, um die Eigenständigkeit der Teams zu stärken, und mehr Entlastung als Steigerung der Kooperation geboten wird; Commitment und Spannung sind dann kaum aufrechtzuerhalten.

6. Supervision in der Schule

KLAUS SCALA

Die Schule gehört zu jenen Institutionen, die sich gegenüber Veränderungen besonders resistent zeigen. Innerhalb der Pädagogik und der Lehrerschaft sind Reformbestrebungen seit Beginn dieses Jahrhunderts an der Tagesordnung, eine Strömung löst die andere ab, doch stoßen diese Initiativen regelmäßig an der Organisation und der Bürokratie an ihre Grenzen. Veränderungen im Lehrverhalten und den Unterrichtsmethoden einzelner Lehrerinnen setzen sich in Teilbereichen still und langsam durch, die Organisation hingegen tendiert zu einer zunehmenden Verrechtlichung – eine merkwürdige Kluft zwischen dem Selbstverständnis von Pädagogen und dem Operationsmodus der Organisation.

Seit einigen Jahren scheint jedoch in dieser Hinsicht ein Wandel eingetreten zu sein. Wie bei anderen Organisationen werden auch im Schulsystem relevante Entwicklungen durch gravierende Veränderungen in den wichtigen Umwelten ausgelöst. Ehe wir aktuelle Entwicklungstrends im Schulsystem näher nachzeichnen, sollen zuvor einige wichtige Charakteristika der Organisation und der Arbeitsbedingungen herausgestellt werden, zumal dadurch auch die besonderen Ausgangsbedingungen für Veränderungen sichtbar werden. Anschließend werden wir die Aufgabenfelder für Supervision ableiten und benennen.

Charakteristika der Organisation Schule – Perspektiven zu ihrer Entwicklung

Die Darstellung der organisationsspezifischen Charakteristika soll einerseits die wichtigsten Elemente dieser Organisation vorstellen und zum anderen auch einige Perspektiven einer Weiterentwicklung aufzeigen. Da, wie schon erwähnt, der tiefgreifende organisatorische Wandel auch an der Schule nicht vorbeigeht, ist es für Supervisorinnen, Trainer und Beraterinnen hilfreich,

119

aufgrund eigener Erfahrung und theoretischer Reflexion ein eigenes Bild von der spezifischen Logik und den Veränderungsmöglichkeiten des Klientensystems zu haben. So deutlich in der gegenwärtigen Entwicklung die Parallelen in den einzelnen Feldern – im Profit- und im Nonprofit-Bereich – sein mögen, so wichtig scheint es, die Eigenheit jedes einzelnen Feldes im Auge zu behalten; gerade dann, wenn dies von den Betroffenen in den Systemen wenig getan wird.

Die Tätigkeit des Lehrers ist mit hohen sozialen und emotionalen Anforderungen verbunden: unmittelbar im Verhältnis zu den Schülerinnen und indirekt durch die wachsenden gesellschaftlichen Erwartungen gegenüber der Schule. Darauf gründet sich der Bedarf an Supervision, obgleich auffällt, daß im Verhältnis zum Ausmaß an berufsspezifischen Belastungen und im Vergleich zu anderen sozialen Einrichtungen Supervision wenig angefragt wird. Doch scheint auch dies ein Merkmal der Organisation Schule zu sein und wird uns später noch beschäftigen.

Die Schule ist permanent mit der Differenz der Generationen beschäftigt

Die Schule „verwaltet" den Grundwiderspruch zwischen den Generationen. Diese bekannte und banale Tatsache bestimmt die tägliche Arbeit und kennzeichnet die typischen Belastungs- und Streßsituationen. Widerspruch und Konflikt sind daher an der Tagesordnung und gehören zum ganz normalen Geschäft. Lehrerinnen sind während ihrer gesamten Berufslaufbahn „Reibebaum" für ihre Schüler und stehen dabei auch selbst in einem Rollenkonflikt: Als Wissensvermittler und Erzieher sind sie Anwälte der Erwachsenenwelt gegenüber den Heranwachsenden, sie müssen die Schülerinnen mit den Anforderungen der Gesellschaft konfrontieren und sie in diese einführen. Sie sind aber ebenso Anwälte der Kinder und Jugendlichen gegenüber den Ansprüchen und Zwängen der Erwachsenenwelt – soll es doch Kindern und Jugendlichen möglich sein, sich nach ihren Regeln zu entwickeln, ihre eigene Kreativität zu entfalten und ihre eigene, noch nie dagewesene Identität zu bilden. Das schafft Spannungen, weil Verständnis und Parteinahme für Kinder gefragt sind und dennoch die Auseinandersetzung mit den Schülern nicht ausgespart werden kann. Daher spielt die Autoritätsproblematik in diesem Beruf eine besonders große Rolle. Verschärft wird dies noch durch den Umstand, daß Lehrerinnen wenig Erfahrungsmöglichkeiten im Umgang mit Erwachsenen haben und daher aus dem Mangel an symmetrischen Arbeitsbeziehungen dazu tendieren, das Muster einer Lehrer-Schüler-Beziehung in andere Kontexte hineinzutragen: Nicht selten findet man im Verhältnis zwischen Lehrern und deren Vorgesetzten Umgangsformen wie in der Schulklasse.

Die Potenzierung des Unmöglichen: das Steuern von individuellem Lernen in kollektiven Strukturen

Die Schule ist eine Organisation, die wie kaum eine andere auf die Expertise, die Motivation und das Engagement ihrer Mitarbeiter angewiesen ist. Die Leistungen der Schule beruhen im Unterschied zu anderen Organisationen – etwa Wirtschaftsunternehmen oder Verwaltungseinrichtungen – in besonders hohem Maß auf dem persönlichen Können, der persönlichen Verfassung, der persönlichen Bereitschaft jedes einzelnen Lehrers bzw. jeder einzelnen Lehrerin. Die Schule ähnelt darin Organisationen wie dem Krankenhaus oder der Universität, die man daher treffend als Expertenorganisationen bezeichnet; sie unterscheidet sich aber von Organisationen, in denen der Produktionsprozeß sich in hohem Maß auf kalkulierbare und kontrollierbare Technologien verlassen kann. So wird von Soziologen (Luhmann/Schorr 1982) das „Technologiedefizit" als Grundcharakteristikum des Lehrberufs bezeichnet. Das hat seinen Grund nicht zuletzt darin, daß Lehrerinnen es permanent mit nicht-trivialen Systemen (vgl. Kap. 5) und Prozessen zu tun haben.

Ein arabisches Sprichwort sagt: „Es gilt, das Unmögliche und das Notwendige zu tun" – ein Spruch, der sehr treffend das Berufsdilemma von Lehrern charakterisiert. Das Produkt „Lernprozesse" ist erstens schwer meßbar und zweitens nicht linear herstellbar. Ob Lernen in den Köpfen der Schüler passiert, wird von den Schülern entschieden, die Lehrerin ist auf eine hohe Kooperationsbereitschaft der Schüler angewiesen. Das Geschehen ist intransparent, d.h. nicht direkt beobachtbar, und kann nur erschlossen werden. Schulisches Lernen geschieht nicht durch den

Lehrer, jedoch auch nicht ohne ihn. Die Schwierigkeit des Lernprozesses als ein nicht-triviales Geschehen, das nicht linear steuerbar ist, schlägt auf die Organisation zurück. Es gibt nur wenige Mechanismen, die Erfolge und ihre Bedingungen beobachten, denn die Beobachtung der Schülerleistungen läßt noch keine hinreichenden Rückschlüsse auf den Anteil des Lehrers am Lernprozeß zu.

Die Problematik des Technologiedefizits in der Steuerung von Lernprozessen wird durch die Organisationsform drastisch verschärft. Hauptthema der Lehrerprofession ist das Management der Schulklasse bzw. des Unterrichts als soziales System. So komplex Lern- und Entwicklungsprozesse bei jedem Individuum sind – die Sache wird noch unendlich komplexer, wenn man eine ganze Schar von Individuen vor sich hat. Die Schulklasse als soziales System, formell strukturiert durch die institutionellen Rahmenbedingungen der Schulorganisation, mit einer Fülle von ungeschriebenen Regeln und Normen, mit einer informellen Struktur unterschiedlichster Rollen und Positionen – all das beeinflußt das Verhalten und Lerngeschehen einer jeden Schülerin auf je unterschiedliche Weise. In diese komplexen Zusammenhänge tritt nun der Lehrer mit dem Auftrag ein, Lernprozesse zu organisieren und sicherzustellen. Wir können den Umgang mit der sozialen Komplexität im Unterricht als *das* Grundproblem des Lehrberufs bezeichnen; damit müssen sich Lehrerinnen im wahrsten Sinn des Wortes herumschlagen.

Unterricht hat unausweichlich mit einer doppelten Systemreferenz zu tun: Die Maßnahmen des Lehrers beziehen sich immer, mag das nun so eingeplant sein oder nicht, auf Personen *und* das soziale System *zugleich*. Jede Kommunikationsanstrengung mit einem einzelnen Schüler ist *auch* eine Mitteilung an das soziale Gefüge, in dem dieser Schüler und die Lehrerin agieren. Diese doppelte Systemreferenz schafft einen komplexen Wahrnehmungshorizont, und gleichzeitig beschränkt der Handlungsdruck, unter dem Lehrer stehen, die Möglichkeiten distanzierter Beobachtung und Reflexion.

Fragen der Steuerung und Effizienzkontrolle wären besonders genau und sorgfältig handzuhaben. Sie lassen sich eben nicht technologisch, sondern nur kommunikativ behandeln, und dazu bräuchte es passende Strukturen. Die Lehrerinnen sind sich zwar dessen bewußt, wie wenig planbar Lernprozesse in komplexen sozialen Strukturen sind und wie wenig sie per Knopfdruck bewirken können, aber sie erleben ihre Tätigkeit nicht als eine besondere Leistung, mit dieser Schwierigkeit zurechtzukommen. Dieser Umgang behindert auch die Entwicklung eines ausgereiften Professionalitätsverständnisses. Über das, was einen guten bzw. schlechten Lehrer ausmacht, kursieren unzählige Meinungen, es fehlen jedoch anerkannte Standards. Ideologien und ideologische Lagerbildung ersetzen eine Auseinandersetzung über Professionalitätsstandards. Für die einen sind die „Engagierten" die guten Lehrer, für die anderen „die Strengen, die noch etwas verlangen", dritte wiederum setzen auf „den gerechten Lehrer". In Lehrkörpern haben diese unterschiedlichen Meinungen großen Einfluß auf die informelle Strukturierung. Lehrerprofessionalität kann sicher nicht durch eine simple Kriterienliste definiert werden, aber gerade weil es sich um eine Tätigkeit handelt, deren Qualität so schwer greifbar ist, braucht es umso mehr Anstrengungen, Standards durch einen permanenten Aushandlungsprozeß zu formulieren und zu sichern.

Von der persönlichen Selbstüberforderung zum Gestalten von sozialen Prozessen und Strukturen

Wir sehen: Lehrerarbeit ist eine Tätigkeit, die viel emotionale Distanz erfordert, viel soziale Unterstützung und eine Verankerung in sicherheitstiftenden Beziehungen sowie Gelegenheiten zur Reflexion braucht. Andererseits zeigt ein Blick auf die Arbeitssituation in der Organisation Schule, daß Lehrerarbeit wesentlich Einzelarbeit ist, verbunden mit einem erheblichen Maß an Isolation und Einsamkeit, wenig entwickelten horizontalen Kooperationsstrukturen und zumeist wenig Gelegenheiten zu gemeinschaftlicher Verarbeitung von Alltagsproblemen und Belastungen.

Da es sich jedoch um eine sehr personenbezogene Tätigkeit handelt, bei der der einzelne Schüler in seinem Lernprozeß im Mittelpunkt der Aufmerksamkeit steht, werden die Sicht auf soziale Systeme und der Blick auf die Organisation erschwert. Das Denken in Strukturen, das Probleme weniger durch persönliches

Engagement als durch Einrichten sinnvoller Arbeitsstrukturen zu lösen trachtet, ist unterentwickelt. Diese sehr personenorientierte Denkweise trägt auch dazu bei, daß Probleme und Schwierigkeiten in erster Linie auf persönliche Defizite und Fehler zurückgeführt und zu wenig vor dem Hintergrund von unvermeidbaren Widersprüchen und Konflikten, wie sie für die Schule typisch sind, gesehen werden. Dies führt oft zu Überforderung und Selbstausbeutung. Der Hang zur Selbstüberforderung hat seinen Hintergrund in einem berufsspezifischen „schlechten Gewissen", das in der mangelnden Erfolgssicherheit und im gravierenden Defizit an Feedback begründet ist. Zementiert wird diese Vereinzelung durch die Regelung, daß Besprechungsstunden in Teams und Projektvorbereitungen nur bei Schulversuchen als Arbeitszeit bewertet und verrechnet werden.

Verrechtlichung und minimale Kommunikationsstrukturen sind Teil des Problems – sie führen zur Vereinzelung und Schwächung von Lehrer und Schulleiterin

Aus den beschriebenen Charakteristika des Lehrberufs würden wichtige Konsequenzen für den Aufbau und die Strukturierung der Organisation folgen, die aber nicht konsequent gezogen werden. Die Schule ist von einer extrem geringen organisatorischen Ausdifferenzierung geprägt. Das Grundmodell ist: eine Schar funktional gleichgestellter Lehrer, ein Schulwart, meist eine Sekretariatskraft und darüber ein Direktor. Dieses Modell stammt aus einer Zeit, in der sowohl in bezug auf Über- und Unterordnung andere Werte galten als auch Schulen wesentlich kleiner waren. Heute sind in den höheren Schulen 50 bis 100 Lehrer durchaus üblich, ohne daß dies zu einer strukturellen Ausdifferenzierung geführt hätte. Es ist bloß eine „Vermassung" eingetreten, die zu einer Vereinzelung der Lehrerinnen *und* des Direktors führt.

Einzelkämpfertum prägt den Alltag beider und trifft die Schulleiter besonders hart. Sie können realistischerweise das Geschehen an der Schule nur sehr selektiv verfolgen und haben keine kollegiale Ebene, um sich auszutauschen und Sicherheit im eigenen Handeln zu gewinnen. Stellvertreter und Administrator sind keine ausreichenden organisatorischen Unterstützungen, die Verantwortung bleibt allein bei der Direktorin, denn ein Leitungsgremium – wie etwa den Vorstand in einem Unternehmen – gibt es nicht. So bleiben Direktoren Gefangene ihrer notwendig eingeschränkten Sichtweise. Dazu kommt noch die durch die isolierte Position strukturell bedingte Unsicherheit. Sie wird durch die im Schulsystem sehr ausgeprägte Angst, Unsicherheit zu artikulieren und Fehler zu riskieren, noch verstärkt. Man weiß heute, daß zur Bewältigung von Unsicherheit und zur Überwindung von Ängsten vor Veränderung soziale Unterstützung absolut notwendig ist (Schein 1995).

Von großem Einfluß ist ferner die historisch bestens etablierte, prägende Steuerungsphilosophie, die Steuerung durch Rechtsvorschriften. Diese ausgeprägte Tendenz zur Verrechtlichung impliziert zweierlei: Erstens wird damit das Maschinenmodell strikter Koppelung aufrechterhalten, das, wie schon ausgeführt, wohl kaum sonst derart unpassend ist wie in einer Organisation, die mit dem Management von Lernprozessen zu tun hat und zum selbständigen Denken und Handeln anregen soll. Für die Aufgaben, mit denen Lehrerinnen heute konfrontiert sind, stellt der Wust an Vorschriften eine Zusatzbelastung dar und bietet nur in den seltensten Fällen Schutz. Mit den Klagen von Lehrerinnen, daß man bei Einhaltung aller Vorschriften keine Exkursion, keine Sportwoche sinnvoll und lernförderlich gestalten kann, lassen sich Bände füllen.

Zweitens trägt die Verrechtlichung das Ihre zur Vereinzelung bei. Gesetze und Erlässe bestimmen von einer ganz hohen Ebene her direkt das Handeln jedes einzelnen Lehrers über alle hierarchischen Zwischenebenen hinweg. Die formal-rechtliche Position einer Schulleitung – und damit die Autonomie des Schulstandortes – ist ausgesprochen gering, die Direktorin ist formal weitgehend Hüterin von Vorschriften, die von oben kommen. Auch Schulinspektoren als eine den Schulen übergeordnete Ebene haben die einzelnen Lehrer zu kontrollieren und – in moderner Version – zu betreuen. Damit intervenieren sie an der Schulleitung vorbei. Dies entmündigt die Professionellen und die Zwischenvorgesetzten gleichermaßen. Die Vorgesetztenrolle ist stark durch die Kontrollaufgabe im Dienst der Zentralbehörde bestimmt und fördert so Mißtrauen und paranoide Tendenzen. Der Schulstandort als eigenständiges soziales System existiert in der rechtlich determinierten Wirklichkeit praktisch nicht und kann daher auch keine relevanten Substrukturen ausbilden.

Widersprüche der Lehrerarbeit

• *Erwachsenenwelt versus Kinderwelt*

• *Selektion versus Förderung*

• *Eingehen auf einzelnen versus Steuerung des sozialen Prozesses*

• *Isolation in der täglichen Arbeit versus Bedarf nach Feedback und Reflexion in geeigneten Kommunikationsstrukturen*

• *Individuelle Autonomie im Unterricht versus Verrechtlichung und bürokratische Reglements*

Daran haben auch die bisherigen Entwicklungen zur Schulautonomie noch kaum etwas geändert. Es werden zwar bestimmte Entscheidungskompetenzen nach unten delegiert; wie jedoch die einzelne Schule damit zurechtkommen soll, bleibt offen. Wir vertreten hier die These, daß Schulautonomie ohne Ausdifferenzierung von Binnenstrukturen in den einzelnen Schulen nicht relevant umgesetzt werden kann und die Schule sich nicht als Organisation entwickeln wird. Organisationsentwicklung bedeutet selbst geschaffene Strukturentwicklung. An dieser Problematik ändern weder Appelle zu einem neuen Rollenverständnis von Inspektorinnen und Direktoren noch der gute Wille zur Umsetzung etwas. Auch die Qualifizierungsmaßnahmen von Leitungskräften greifen hier zu kurz, solange nicht parallel dazu bewußt in die Strukturentwicklung investiert wird.

Der geringen strukturellen Ausdifferenzierung entspricht ein quantitatives und qualitatives Defizit an geeigneten Kommunikations- und Besprechungsstrukturen. Formell vorgesehen sind einige wenige Konferenzen, die jedoch oft zu einer bürokratischen Pflichtübung verkümmern, weil viele der dort besprochenen Themen in diesem Rahmen nicht sinnvoll geklärt werden können. Entweder werden Probleme besprochen, die nicht alle

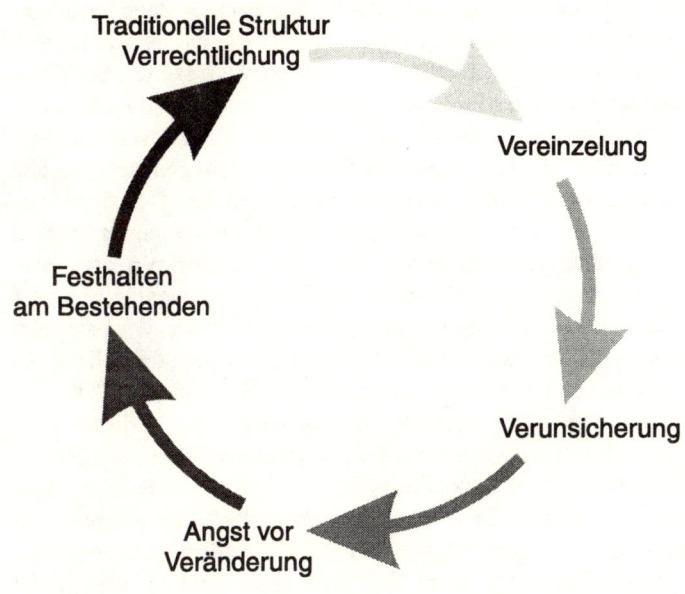

Abbildung 10:
Zirkel zur Stärkung der Beharrungstendenzen

betreffen, oder sie sind zu komplex, um von einer großen Gruppe in kurzer Zeit erledigt werden zu können, oder man beschränkt sich in der Hauptsache auf Informationsweitergabe durch die Schulleiterin. Hier wird auch das mangelnde Ressourcenbewußtsein kraß sichtbar. Die Arbeitszeit von Fachkräften ist eine kostbare Größe, wenn die Kosten selbst erwirtschaftet werden müssen. Unternehmen können sich daher keine Großversammlungen leisten, Sitzungen müssen sehr sorgsam geplant und effizient durchgeführt werden. Klagen über Überlastung und Burnout sind der Schule nicht unbekannt, doch führt dies nicht notwendigerweise zu einem sorgsamen Umgang mit den personellen Ressourcen. Gleichzeitig fehlen für die Bearbeitung vieler anstehender Probleme passende Strukturen über die Konferenz hinaus. Statt sich in geeigneten Settings über Schwierigkeiten und Belastungen auszutauschen und gegenseitig zu unterstützen, entladen Lehrerinnen ihren „Frust" im informellen Pausengespräch. Aber auch bewußt eingerichtete Arbeitssitzungen für spezielle Vorhaben wie Projektunterricht leiden unter dem Defizit an Verbindlichkeit und professioneller Leitung. Durch diesen Mangel an formaler Differenzierung – z.B. in Klassenlehrerteams, projektbezogenen Teams – und der geringen Leistungsfähigkeit der bestehenden formalen Kommunikationsstrukturen wird sehr viel an Problembearbeitung und Problemlösung ins Informelle abgeschoben. In den Pausen und zwischen Tür und Angel werden wichtige Informationen ausgetauscht, für größere Vorhaben werden eigene Treffen außerhalb der offiziellen Arbeitszeit organisiert. Damit wird jedoch eine in Lehrkörpern bedeutsame und konfliktgeladene Differenzierung eingeführt: die Differenz von mehr oder weniger Engagement oder von Idealismus und Realismus. Klagen die einen über mangelnde Arbeitsinitiative der anderen, so fühlen sich die anderen moralisch attackiert, nur weil sie nicht bereit sind, über ihre ohnehin anstrengende Tätigkeit hinaus unbezahlte Arbeit zu leisten.

Wie wenig die Reduktion auf diese beiden etablierten Arbeitsformen „Einzelarbeit im Unterricht" und „Teilnahme an Konferenzen des gesamten Lehrkörpers" der Berufsrealität angemessen sind, zeigt schon ein kurzer Blick in die Organisationsstruktur: Unterricht ist in Schulklassen organisiert, und ab der fünften Schulstufe wird jede Klasse von einer Mehrzahl von Fachlehrerinnen unterrichtet. Die einzelnen Klassen sind in ihrem Bildungsweg autonom und voneinander abgekoppelt. Das Leistungsniveau und die Entwicklung einer Klasse sind prinzipiell unabhängig von der Produktivität einer anderen Klasse, und insofern ist eine Schule ein Dach mit vielen kleinen Unternehmen. Die Hauptbeschäftigten in diesem Unternehmen sind neben den Schülerinnen die jeweiligen Lehrer, die in dieser Klasse unterrichten, und man könnte diese Lehrerteams als Subunternehmen innerhalb des Unternehmens Schule sehen. Zur Umsetzung dieses Strukturprinzips braucht es sicher standortgerechte, kreative Lösungen, da

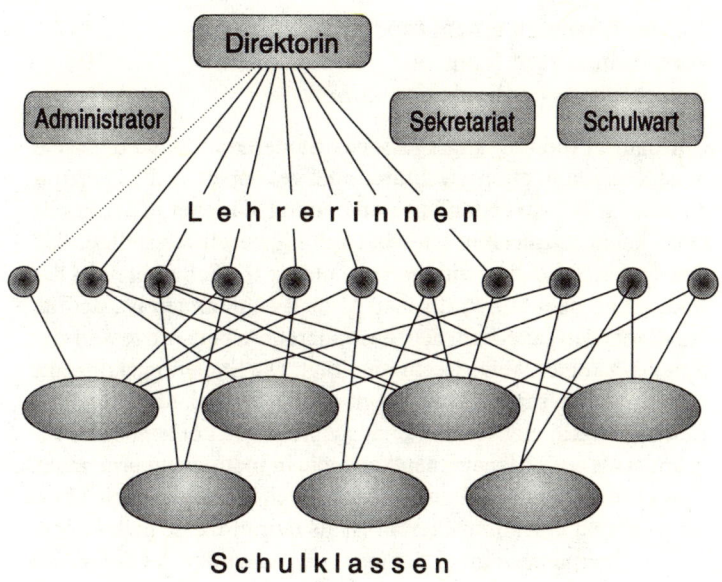

Abbildung 11: Strukturwiderspruch:
zentrale Steuerung – dezentrale Arbeitseinheiten

es z.B. einer Musiklehrerin nicht zuzumuten ist, in zwölf verschiedenen Teams voll mitzuarbeiten. Doch eine Differenzierung
zwischen Kernteam und Gesamtteam der Lehrer einer Klasse
eröffnet weitere organisatorische Umsetzungsmöglichkeiten.
Organisatorisch betrachtet wäre die Schule also ganz besonders
für diese Form dezentralisierter Teamarbeit geeignet, wie sie in
den letzten Jahren in Wirtschaftsunternehmen besonders erfolgreich implementiert wurde.

Auf dem Weg zu einem modernen Leitungsverständnis: statt Kontrolle von Personen
Investition in passende Strukturen

Ein dem „Produkt" angemessenes Steuerungsverständnis und
neue Kommunikationsstrukturen sind gekoppelt an die Prinzipi-
en und das Selbstverständnis von Leitung, das aber in der Praxis
noch kaum anzutreffen ist. Man kann generell feststellen, daß
das vorherrschende Leitungsverständnis im Schulbereich, das
traditionell dem bürokratischen Modell entnommen ist, der besonderen Aufgabe und den besonderen Arbeitsprozessen der
Schule in keiner Weise Rechnung trägt. Die Steuerungskonzepte
sind trotz erster Bemühungen um eine Professionalisierung der
Leitungskräfte viel schlechter ausgeprägt und konzeptionell begründet als etwa Managementkonzepte in Industrieunternehmen,
obwohl dort der Produktionsprozeß durch Technologie viel besser steuerbar und kontrollierbar ist als Lernprozesse in der Schule. Die Übernahme einer Leitungsfunktion wird in der Schule oft
als persönliche Ehrung angesehen, ein verdienter Pädagoge oder
ein treues Parteimitglied darf eine der wenigen schulischen Kar-
rieretreppen hochsteigen. So nimmt es nicht wunder, daß es zwar
endlose Pflichtenkataloge, aber keine fundierte und handlungs-
relevante Rollenbeschreibung von Leitung gibt. Diesem konzep-
tuellen Defizit entspricht natürlich zwangsläufig ein Qualifikati-
onsdefizit. Heute dringen mehr und mehr professionelle Methoden der Personalrekrutierung in die tradierten Verfahren der Stel-
lenbesetzung ein, werden aber von den etablierten Gewohnhei-
ten oft wieder verzerrt und aufgeweicht. Das Grundproblem –
ein für diesen Organisationstyp angemessenes Leitungsverständnis zu erarbeiten und für Personalauswahl operationalisierbar zu
machen – kann durch bloße Übernahme von Verfahren aus der
Wirtschaft, die zudem oft nur halbherzig eingesetzt werden, nicht
behoben werden.

Das traditionelle Leitungskonzept ist bürokratiekonform auf
Kontrolle ausgerichtet. Mit diesem Konzept kann man in einer
Schule von heute wenig ausrichten. Wie schon deutlich ausge-
führt, haben Lehrer keine direkten Einflußmöglichkeiten auf die
Lernprozesse der Schülerinnen, geschweige denn hat sie der
Schulleiter. So ist auch das etablierte Steuerungsinstrument „In-
spektion" völlig ungeeignet, einen Beitrag zur Qualitätsverbes-

serung zu leisten. Der Widerspruch zwischen Anspruch an Kontrolle und realer Kontrollierbarkeit führt zum Teil zu paradoxen Ausprägungen von Leitungsstilen: Einige Direktorinnen versuchen offensiv, durch normativen Druck die Illusion der Kontrolle aufrechtzuerhalten.

Ein Beispiel: Eine Hauptschuldirektorin an einer Schule mit hohem Ausländeranteil aus islamischen Ländern erklärt programmatisch, daß an ihrer Schule keine Ausländerkinder am Lehrziel scheitern und ausscheiden werden. Diese gut gemeinte Positionierung führt jedoch dazu, daß sich im Lehrkörper Unmut breitmacht, da manchmal Fälle auftreten, die keinen positiven Abschluß rechtfertigen. In der Folge spaltet sich der Lehrkörper nach ideologischen Positionen gegenüber den Ausländern, und an die Stelle einer gemeinsamen konstruktiven Strategie, wie Ausländerkinder am besten integriert werden könnten, tritt ein emotional aufgeheizter ideologischer Streit. Die Direktorin hat so genau zum Gegenteil dessen beigetragen, was sie bewirken wollte. Es ist ihr lediglich die Rolle einer tragischen, moralischen Heldin geblieben.

Andere Direktoren verlegen sich auf die Kontrolle formaler Pflichten und Regeln, und die breite Palette an Erlässen und Vorschriften läßt ihnen auch ein gewisses Betätigungsfeld. Manche bekämpfen ihre begründete Angst vor Kontrollverlust nach dem bekannten Motto: Divide et impera! Es wird also versucht, Abhängigkeiten der Lehrerinnen vom Schulleiter in dienstlichen Angelegenheiten (Lehrfächerverteilung, Stundenplan, Supplierungen etc.) auszunützen, Privilegien einzuführen und so die Lehrerinnen gegeneinander auszuspielen. Gering ausdifferenzierte schulinterne Regelungen lassen Rangeleien um Einfluß und Privilegien blühen.

Schließlich gibt es eine größere Gruppe von Direktorinnen, die die Unmöglichkeit der Kontrolle eingesehen haben und die Lehrer „in Ruhe lassen". Manche nehmen besonderes Engagement mit Wohlwollen auf. Das beste, so scheint es, ist es für eine Direktorin, nichts an Führung zu tun und sich auf Verwaltung zu beschränken. Die Möglichkeiten struktureller Unterstützung, indem der Schulleiter für wichtige pädagogische Anliegen aus der Lehrerschaft Arbeitskreise einrichtet, Projekte beauftragt und so

Teamarbeit als wichtigen Part des Organisationslebens einführt, werden bislang wenig gesehen und noch weniger genützt.

Der Fokus von Schulleiterinnen muß sich auf die Gestaltung von adäquaten Kommunikationsstrukturen richten. Ein angemessenes Leitungskonzept kann sich nicht auf die Beobachtung und Kontrolle von Einzelpersonen stützen, sondern bedeutet Kontextsteuerung. Gefragt sind „soziale Architekten", die mit ihren Lehrerinnen Strukturen einrichten, die die Leute miteinander in Kommunikation bringen, jedoch nicht um der bloßen Kommunikation willen, sondern um konkrete Aufgaben und Probleme zu lösen. Diese Strukturen müssen daher zu den anstehenden Problemen passen und den Lehrern in ihrer Arbeit wirklich helfen, sodaß die Investition in diese Kommunikation einen Gewinn für die Beteiligten darstellt.

Das Fehlen von Mechanismen der Selbstbeobachtung behindert die „Kunden"-Orientierung

Die Schule ist eine Institution mit archaischen Zügen und zugleich guten Grundvoraussetzungen für eine moderne Organisation. Bestimmte Strukturen und Arbeitsabläufe kommen modernen Organisationsprinzipien entgegen. Viele größere Wirtschaftsunternehmen unterziehen sich gegenwärtig unter dem starken internationalen Wettbewerbsdruck einem radikalen Reorganisationsprozeß. Die Notwendigkeit einer stärkeren Kundenorientierung, die Konzentration auf den „Kernprozeß" führt zur Zergliederung von Unternehmen in mehrere nach Geschäftsfeldern ausgerichtete kleinere Einheiten, die selbst wiederum den Status eigenständiger Unternehmen haben. Dadurch wird der Kundenkontakt erleichtert, die Reaktionsgeschwindigkeit des Unternehmens auf Veränderungen am Markt erhöht und die Konzentration auf jene Leistungen und Produkte forciert, in denen das einzelne Unternehmen besonders leistungsstark und wettbewerbsfähig ist. Unternehmerische Verantwortung wird verteilt, die Anforderungen an die Flexibilität, sich rasch auf veränderte Marktverhältnisse einstellen zu können, steigt, und beides verlangt hohe Lernbereitschaft von den Mitarbeitern. Sie werden zu Schlüsselfaktoren für Erfolg oder Mißerfolg.

Im System Schule sind gewisse strukturelle Voraussetzungen für eine moderne, leistungsstarke Organisation, die sich andere erst mühsam schaffen müssen, schon angelegt, doch die traditionsreiche Dominanz von Politik und Verwaltung in der Schule und ihre Auswirkungen auf das Selbstverständnis der Lehrerinnen blockieren bislang die Entwicklung zu einer modernen, kundennahen Organisation. Diese Diskrepanz zwischen günstigen strukturellen Ausgangsbedingungen und der realen Gestaltung der Organisation läßt sich an einigen Punkten verdeutlichen:

Es braucht keine besonderen Bemühungen, um eine Beziehung zu den relevanten Umwelten – den Schülern und Eltern – herzustellen. Im zentralen Arbeitsprozeß, dem Unterricht, findet täglich ein intensiver „Kundenkontakt" statt, und auch mit den Eltern als der zweiten „Kundengruppe" kann, soweit die Eltern daran Interesse haben, ohne großen organisatorischen Aufwand kooperiert werden. Die Sensibilität für die Umwelt und die Fähigkeit, Feedback aufzugreifen, können hier entwickelt werden. Doch kann bislang dieser intensive Kundenkontakt nicht zu einer Kundenorientierung genützt werden. Paradoxerweise gehört es gerade zu den Charakteristika der Schule, daß sie größte Schwierigkeiten hat, die Sichtweise von Schülern und Eltern als relevante Größe einzuführen und zu nutzen. So ist in der traditionellen Schulkultur kein offizieller Platz für Feedback zwischen Lehrerinnen und Schülern; Rückmeldungen der Schülerinnen finden oft erst in Abiturzeitungen ihren Ausdruck, wobei an Kränkungen nicht gespart wird – wohl auch eine Art „Retourkutsche" für Erfahrungen, die man als Schüler gemacht hat. Die Schwierigkeit, Schülerinnen als Kunden zu sehen, liegt zum einen daran, daß sie großteils Minderjährige und hinsichtlich ihrer Laufbahn Abhängige sind – und im strengen Sinn daher keine Kunden –, sie liegt aber auch daran, daß die Schule keine Mechanismen der Selbstbeobachtung und Selbstbewertung ausgebildet hat.

Ein anderes Symptom für die praktisch nicht vorhandenen Strukturen zur Selbst- und Fremdbeobachtung ist die Aufregung, die von Medien erstellte Rankings in Schulen auslösen. Man reagiert ambivalent, d.h. ist froh, wenn man gut abschneidet, wehrt sich jedoch mit dem Hinweis auf ungenaue Methoden in der Befragung, wenn die Ergebnisse enttäuschend sind. Sicherlich genügen diese Rankings meist nicht den Ansprüchen einer soliden Evaluation, dennoch sind sie wirksam und umso wirksamer, je weniger die Schule selbst dafür sorgt, sich mit der Kundensicht auseinanderzusetzen und elaboriertere Modelle der Bewertung zu entwickeln. Die Verunsicherung ist zu einem guten Teil durch dieses Vakuum bedingt, in das die Schulrankings der Zeitungen stoßen. In ihrem Bemühen um Modernisierung behindert sich die Schule selbst, weil sie oft in ihren Denkmustern und in ihrer Sprache befangen bleibt. Wenn z.B. ein Leiter einer regionalen Schulbehörde einen Vorstoß in Richtung Kundenorientierung unternimmt und mit dem Vorschlag an die Öffentlichkeit geht, auch die Schülerinnen sollten in Zukunft ihren Lehrern ein „Zeugnis" ausstellen, so ist der Widerstand auf seiten der Lehrerinnen und Lehrervertreter schon vorprogrammiert. Evaluation wird sogleich mit der Vergabe von Zensuren in einen Topf geworfen. Die Einbindung der Sicht von Schülern und Eltern ist jedoch unumgänglich, wenn Qualität und Qualitätsmanagement so an Bedeutung gewinnen, wie sich dies gegenwärtig in und außerhalb der Schule abzeichnet.

Veränderungen in den Umwelten des Erziehungssystems lösen grundlegende Reorganisationsprozesse im System Schule aus

Die Veränderungen in unserem Gesellschaftssystem im Verlauf der letzten zwei Jahrzehnte haben naturgemäß auch die Bedingungen und Möglichkeiten schulischen Lehrens und Lernens nicht unberührt gelassen. Neu an den Entwicklungen sind Anzeichen einer grundlegenden Umverteilung an Verantwortung zwischen der Schulbehörde und den einzelnen Schulstandorten zugunsten der Einzelschulen. Mit dieser Entwicklung geht auch eine Entflechtung des politischen Systems und des Erziehungssystems einher. Die lange Tradition direkter politischer Einflußnahme auf die Schule – z.B. durch Leiterbestellung – geht dem Ende zu. Diese Entwicklung kann anhand der Veränderungen in den relevanten Umwelten des Schulsystems gut nachgezeichnet werden.

Umwelt: Schüler

Die *außerschulische Sozialisation* durch Familie, Freizeit und Medien war in den vergangenen Jahrzehnten einem so grundlegenden Wandel unterworfen, daß Kinder und Jugendliche heute unter ganz anderen Bedingungen aufwachsen als die Generation ihrer Eltern und Lehrer. Kinder sind zu Konsumenten und Zuschauern geworden. Dafür sind in erster Linie die Spielzeugindustrie, das Fernsehen und der Einzug des Computers in das Kinderzimmer verantwortlich. Das hat bedeutende Auswirkungen auf die Lernerfahrungen der Kinder und Jugendlichen. Der Erfahrungsraum wird medialisiert und gleichzeitig ausgeweitet, das Verhältnis von Sprache und Bild in ihrer Bedeutung für die Entwicklung von Kognition und Phantasie hat sich radikal verändert. Erziehungswissenschaftler kritisieren zwar die plakative Redeweise von einem „Leben aus zweiter Hand", fordern jedoch als Gegengewicht zum herrschenden Trend eine Pädagogik erhöhter Eigentätigkeit, da viele Lernprozesse und Erkenntnisleistungen nur durch sie hergestellt werden können (vgl. Rolff 1993, S. 15ff.).

Auch die Familienstruktur hat sich in den letzten Jahrzehnten sehr stark geändert. Ein Drittel aller Schulkinder sind Einzelkinder, ein Drittel erlebt die Scheidung der Eltern, in der familiären Erziehung gelten andere Werte. Hinzu kommt, daß für die Jugendlichen die Zugehörigkeit zu Freundschaftsgruppen und Cliquen an Bedeutung gewonnen hat. Dies hat u.a. schwerwiegende Auswirkungen auf die Rollenanforderungen von Lehrern. Einerseits nimmt die gesellschaftliche Akzeptanz von Motivationsmitteln wie Strafen, Erzeugen von Angst, schlechten Beurteilungen, die Verweigerung von Karrierechancen ab, andererseits versetzt der sinkende Anteil der familiären Sozialisation Lehrerinnen strukturell in die Position, kompensatorische Erziehungsleistungen vollbringen zu müssen. Die Anpassungsleistungen haben aber im Hintergrund den gesellschaftlichen Auftrag, konstant zu bleiben, die zentralen Funktionen von Schule unbeirrt von gesellschaftlichen Veränderungen durchzuhalten. Lehrer können nicht vor dem Einfluß von Medien und Spielzeugindustrie auf die Kinder kapitulieren, sie müssen an Zielen wie eigenständigem Denken, konzentriertem Lernen, kreativem, selbständigen Schaffen, Lernen durch eigene sinnliche Erfahrung und sozialem Lernen in der Schulklasse festhalten. Organisationsentwicklung muß daher in ganz besonderer Weise die bewahrende Funktion der Schule im Auge behalten.

Die zunehmende Durchlässigkeit schichtspezifischer, regionaler und geschlechtsspezifischer Bildungsbarrieren hat zu einer stärkeren *Heterogenisierung der Schülerpopulation* geführt. Dies wird durch die Wanderungsbewegungen in Europa noch verstärkt. In manchen städtischen Standorten hat sich der Ausländeranteil in den letzten Jahren verzehnfacht. Gleichzeitig hält der langjährige Trend zu höherwertigen Schulabschlüssen an. Damit verschiebt sich das Verhältnis von Schultyp und spezifischer Schülerpopulation, die Differenzierung der Schultypen mit ihren speziellen Lehrplänen und Schulabschlüssen paßt nicht mehr zum Panorama der Schulbesucher. Lehrer müssen sich auf eine neue Zielgruppe einstellen, aber gleichzeitig bleiben die bestehenden Ziele für die einzelnen Typen aufrecht. Damit wird die Grundparadoxie des Schulsystems – einerseits Unterschiede in der Herkunft der Schüler ignorieren zu sollen und unter Chancengleichheit zu stellen, andererseits selbst durch die eigene organisatorische Differenzierung in Schultypen, Jahrgänge, Zensuren etc. Unterschiede zu produzieren – neu belebt und muß neu behandelt werden.

Damit in Zusammenhang stehen *sinkende Schülerzahlen,* die die Konkurrenzsituation unter den Schulen in der Region verschärfen und auch zur Verschiebung von Schülerpopulationen beitragen. Besonders betroffen sind davon die Hauptschulen, die zum Teil geschlossen werden mußten, zum anderen Teil mit ganz neuen „Klienten" zu tun haben. Dies stellt Lehrer vor neue Anforderungen im sozialen und methodisch-didaktischen Management von Unterricht und die Schulen vor die Frage, wie sie sich organisatorisch anpassen können. Viele innovative Projekte in Hauptschulen entspringen dem Überlebenskampf und dem Versuch, sich unter den veränderten Bedingungen attraktiv zu erhalten.

Umwelt: Arbeitswelt

Der *Veralterungsprozeß der Wissensbestände,* der sich in jüngster Zeit enorm beschleunigt hat, überträgt der Schule neben der Vermittlung unverzichtbarer Kulturtechniken die Funktion, eine generell einsetzbare Lernfähigkeit der Absolventinnen zu entwickeln. Die Veränderungen in den Anforderungen in der Arbeitswelt gehen so rapide vor sich, daß es nicht mehr sinnvoll erscheint, dafür spezielle vorgelagerte, quasi schon in der Schule beginnende Ausbildungswege vorzuzeichnen. Die Schule bekommt immer mehr die Funktion, Lernfähigkeit und Lernbereitschaft selbst als ihre wesentlichen Produkte zu sehen. Lernfähigkeit meint die Dauerbereitschaft, neuen Situationen und Problemstellungen durch Änderung von bereits gelernten Erwartungs-, Wahrnehmungs- und Verhaltensmustern zu begegnen.

Zugleich sind die fachlich-inhaltlichen Anforderungen an das, was in der Schule an Qualifikationen vermittelt wird, enorm gewachsen. Dies gilt sowohl in fachimmanenter Hinsicht als auch für die stärker gewordene Notwendigkeit fächerübergreifender Kooperation. Letztere nimmt in dem Maß zu, in dem gesellschaftliche Probleme sich nur mehr interdisziplinär bearbeiten und lösen lassen. Es wird also von der Schule als Ausbildungsinstitution sowohl der Erwerb genereller Kompetenzen – Lernfähigkeit, soziale Kompetenz – als auch von Spezialisierungen eingefordert, und jeweils mit guten Gründen. Einerseits sind die beruflichen Anforderungen in Anbetracht der Entwicklungen in der Arbeitswelt weniger prognostizierbar denn je, und andererseits hat man am Arbeitsmarkt mit Spezialvorkenntnissen Vorteile für einen bestimmten Arbeitsplatz. Die Auflösung dieser Paradoxie durch abwechselndes Einklagen von generellen und spezialisierenden Bildungsinhalten lohnt nicht mehr, es braucht andere Lösungsstrategien.

Die große *Verdichtung unserer sozialen Beziehungen* und der komplexe Charakter vieler aktueller Problemstellungen verlangen ein hohes Maß an sozialer Kompetenz – Kooperationsfähigkeit, Rollenflexibilität, Konfliktlösungskompetenz. Es handelt sich dabei nicht mehr um Zusatzqualifikationen, sondern um Kernkompetenzen, die in einer zeitgemäßen Schule vermittelt werden sollen.

Die Ausdifferenzierung von Politik
und Schulverwaltung

Die aktuelle Diskussion um die *Schulautonomie* zeigt, daß eine
zentrale Steuerung mit obrigkeitlichen Detailvorgaben durch die
Schulbehörde nicht mehr angemessen erscheint. Die Politik hat
auch legistisch ein neues Faktum geschaffen. Der Schulstandort
wird zu einem relevanten organisatorischen Faktor: Den einzelnen Standorten ist es möglich – sie sind geradezu dazu aufgefordert –, für ihre Schule ein besonderes Profil zu entwickeln und
dieses auch nach außen zu vermarkten.

Die stärkere Marktorientierung macht es notwendig, daß viele
Entscheidungen mit brisanten Folgewirkungen an den Schulen
selbst getroffen werden. So bedeutet die von einzelnen Schulbehörden ins Auge gefaßte Möglichkeit, Junglehrer selbst auszu-
suchen, sicher einen entscheidenden Zuwachs an Gestaltungsmöglichkeiten und Verantwortung, zugleich aber steigen die Anforderungen, professionelle Auswahlverfahren zu etablieren.
Setzt z.B. eine Schule ihren Schwerpunkt in modernen Fremd-
sprachen, so müssen in anderen Fächern Stundenkontingente reduziert werden – mit Konsequenzen für die Beschäftigungsmög-
lichkeiten in den einzelnen Fächern. Dies verlangt einerseits den
Aufbau von Entscheidungsstrukturen, um die dabei auftretenden
Interessenkollisionen und Konkurrenzen bewältigen zu können,
und andererseits Schulleiterinnen und Lehrer mit einer verstärkten Kompetenz zur Kooperation und Konfliktbewältigung.

Damit unternimmt das Schulsystem einen ersten Schritt aus der
Vormundschaft staatlicher Bürokratie in den Status eines zum
Teil selbständigen Dienstleistungssektors. Das Verhältnis von
Politik und Schule beginnt sich neu zu organisieren. Schon bisher war diese besonders enge und sensible Beziehung Gegenstand zahlreicher Konflikte. Insbesondere werden Funktion und
Rolle der regionalen Schulbehörden und der Schulleitungen, die
bislang – nach parteipolitischen Kriterien besetzt – Kontrolle
und Autonomiebestrebungen verwaltet haben, neu definiert und
neu qualifiziert werden müssen. Der Rückzug von Politik und
zentraler Verantwortung bedeutet zunächst eine Problemdelegation nach unten, indem einzelne Kompetenzen und damit auch
Probleme, z.B. die Verteilung der Schülerinnen auf die Schulen,

auf die Ebene der Schulstandorte verschoben werden. Gelöst sind die Probleme damit noch nicht.

Organisationsentwicklung erfordert ein neues Rollenverständnis von Behörde und Schulstandort sowie eine neue Beziehung zwischen beiden

Einzelne regionale Schulbehörden beginnen eine neue Identität zu entwickeln, indem sie den einzelnen Schulen Anregungen geben und Unterstützung anbieten, die Freiräume auch zu nutzen und zu gestalten. So werden den Schulen von seiten der Behörde verschiedene Möglichkeiten und Modelle für die Schulprofilentwicklung vorgestellt, und auch deren Umsetzung wird gefördert. Aber diese „Dienstleistung" der Zentrale weist oft noch sehr große Defizite auf, sowohl bei der Dimensionierung der materiellen Ressourcen als auch bei der fachgerechten Umsetzung. Die noch tief verwurzelten und langsam operierenden bürokratischen Strukturen blockieren oft das Tempo von Initiativen oder werden aus diesem Grund durch informelle Absprachen zwischen Entscheidungsträger und Akteuren umgangen, damit Motivation und Energie nicht verfliegen und Projekte gestartet werden können. Dies behindert jedoch wichtige Klärungs- und Entscheidungsprozesse auf Behörden- und Schulebene, die Ressourcen lassen auf sich warten oder werden gekürzt, Zusagen können nicht eingehalten werden. Daraus resultieren Enttäuschung und Überforderung.

Unter Modernisierung auf der Organisationsebene wird mitunter auch das Kopieren von Entwicklungen in der Wirtschaft verstanden, und es wird wenig darauf geachtet, inwiefern Instrumente wie z.B. ISO 9000, Total Quality Management u.ä. für die Organisationsentwicklung der Schule sinnvoll eingesetzt werden können. Es findet sich wenig elaboriertes Bewußtsein über die professionelle Eigenheit und Eigenständigkeit schulischer Arbeit und sinnvoller Entwicklungsrichtungen für das System, womit auch eine gewisse Selbstabwertung einhergeht.

Die Schule als Bildungsstätte von Kindern und Jugendlichen hat relativ konstante Zielsetzungen. Die grundlegenden Kulturtechniken ändern sich nicht von heute auf morgen, und auch in der

Vermittlung bestimmter Werte und Arbeitshaltungen haben sich die gesellschaftlichen Grundhaltungen seit 1945 nicht wesentlich verändert. Demokratisches Denken und Handeln, Lernbereitschaft und Arbeitsfähigkeit gelten heute wie schon vor Jahrzehnten, und auch die globalen Zielparagraphen in den Schulgesetzen währen schon einige Zeit. Ehe Organisationsentwicklung als neues Zauberwort die Schullandschaft durchstreift, ist zu klären, was im System Schule damit sinnvoll gemeint sein kann. In methodisch-didaktischen Belangen hat sich auch ohne explizite Anstrengungen um Schul- und Organisationsentwicklung viel geändert: Ein Angebot an Lehrbüchern mit einer breiten Palette an unterschiedlichen methodischen Konzepten, Sprachlabors und andere moderne Lerntechniken, Einsatz von Medien und Computern, eine Erweiterung des Methodenrepertoires durch verstärkten Einsatz von Gruppen- und Projektunterricht – alle diese Elemente haben sich seit den 70er Jahren kontinuierlich weiterentwickelt, wobei dieser Prozeß noch lange nicht abgeschlossen ist. Deutliche Grenzen in ihrer Entwicklung zeigt die Schule bislang dort, wo es um den Aufbau von Kooperationen unter den Lehrerinnen, um eine Verbesserung der Arbeitsbedingungen und um konsequente Professionalisierungsbemühungen geht. Mit der zunehmenden psychosozialen Belastung von Lehrern und der neuartigen Konkurrenz unter den Schulen gewinnen diese Aspekte jedoch außerordentlich an Bedeutung. Organisationsentwicklung in der Schule heißt somit zu einem guten Teil, dieselben Zielsetzungen bei veränderten Umweltbedingungen aufrechtzuerhalten.

Die Schulbehörde sieht den Veränderungsbedarf in erster Linie nicht bei sich, sondern auf der Ebene der Schulen. Dennoch verlangt eine neue Rolle im Sinn eines qualifizierten Angebots und einer qualifizierten Unterstützung von Innovationen an den Schulstandorten ein anderes Selbstverständnis und andere, professionelle Qualifikationen. Vereinzelte Qualifizierungsangebote für Schulleiterinnen und Lehrer sind zwar wichtig, aber auch ein gewisser Export des Problems. Stellen und Aufgabendefinitionen in den vorgelagerten Dienststellen und in den Schulen müssen verändert und Ressourcen dafür an die Schulen transferiert werden. Eine Schule mit mehr als 1.000 Schülern kann nicht marktbewußt agieren, wenn sie keine offiziellen monetären und personellen Ressourcen für PR und Marketing mobilisieren kann. Insgesamt muß man den zentralen Schulbehörden eine gewisse Halbherzigkeit bei der Dezentralisierung attestieren. Es werden Steuerungsleistungen nach unten verlagert, doch wo bleibt der Ressourcentransfer von oben nach unten? Statt dessen wird bei Schulentwicklungsprojekten „Kostenneutralität" vorgegeben.

Dennoch gibt es auch Zeichen, die darauf hindeuten, daß die gegenwärtige Entwicklung mehr ist als eine Wiederholung von Initiativen engagierter Schulleute aus den 70er und 80er Jahren, die von der Unbeweglichkeit der Organisation und ihrer Entscheidungsträger in ihre Grenzen gewiesen wurden. Wenn z.B. der Chef der Schulbehörde einer Region mit fast 2 Millionen Einwohnern ankündigt, daß in naher Zukunft die Schulen ihre Lehrer und Lehrerinnen selbst aussuchen können, so dürfte dies ein Schritt sein, der, einmal gesetzt, nicht mehr umkehrbar ist.

Diese Entwicklungen bedeuten zunächst einmal eine grundlegende Veränderung der Beziehungsstrukturen zwischen zentraler Behörde und Schulstandort. Die Rollen müssen neu definiert und gestaltet werden. Die Schulstandorte sind bislang an Anweisungen und Erlässe gewöhnt, die einengen, denen gegenüber man sich vor Ort daher tendenziell defensiv verhält und versucht, ihnen mit dem geringsten Aufwand zu genügen. Jetzt erfahren die einzelnen Schulen, daß ihnen nicht Freiheiten genommen, sondern Entscheidungen zugemutet werden. Diese auf Teilbereiche beschränkte Umkehr im Beziehungsangebot der Behörde löst auf seiten der Schulstandorte ambivalente Reaktionen aus. Einerseits ist man froh über lang ersehnte neue Gestaltungsmöglichkeiten, packt zu, wird kreativ, versucht, die eigenen Ideen und professionellen Interessen in der Schule verstärkt umzusetzen. Andererseits aber spürt man sehr genau, daß ungelöste Organisationsprobleme nach unten delegiert werden, und hat daher Schwierigkeiten, die neuen Entscheidungsspielräume anzunehmen. Besonders Schulen, die mit sinkenden Schülerzahlen zu kämpfen haben, fühlen sich sowohl von der „Marktsituation" als auch von der Behörde in die Zange genommen. Der Überlebenskampf läßt ihnen in ihrer Sicht keine andere Wahl, als die Anregungen der Behörde zur Schulprofilentwicklung und möglichst viele Konzeptideen – wie TQM (Total Quality Management), Gesundheitsförderung, Schwerpunktbildung in bestimmten Fächern etc. –

aufzugreifen; gleichzeitig aber werden diese Vorschläge als Abwertung ihrer bisherigen Arbeit erlebt. Schon lange mit Burnout-Problemen kämpfend, erfahren die Lehrerinnen von ihrer Behörde, daß ihre Bemühungen noch immer nicht ausreichen. Damit läuft die Beziehung zwischen Behörde und Schulstandort wieder Gefahr, im alten Muster von Weisung und frustbegleitetem Befolgen gefangen zu bleiben. Mangelnde fachliche und materielle Unterstützung bei Reformprojekten seitens der Behörde verschärft diese Dynamik.

Dieser Mißton in der Beziehung zwischen Behörde und Schulen hat aber auch zur Folge, daß zwar Initiativen und Energien freigesetzt, neue Modelle erprobt werden, mehr Projektunterricht praktiziert, ein Schulprofil entwickelt wird, daß es aber nur sehr schlecht gelingt, die dafür nötigen Organisationsstrukturen einzurichten und die Energie, die freigesetzt wird, für eine Organisationsentwicklung des Systems selbst zu nutzen. Es fehlt an eindeutigem Willen zur Autonomie und an einem klaren Bewußtsein, was dies für die Veränderung von Rollen und Strukturen und für die Ressourcenverteilung bedeutet. Dazu kommen traditionelle Altlasten, nämlich die ungewohnte Situation für einen Schulstandort, selbst als Organisation Entscheidungen zu treffen. Es geht auf eine lange Tradition im Schulbereich zurück, daß solche Initiativen letztlich informell bleiben, ohne nachhaltige Auswirkungen auf die Entwicklung der Schule als Organisation. In dieser Tradition kommen und gehen innovative Aktionen wie Wellen, und wenn sie vorüber sind, stellt sich der alte Zustand wieder ein. Dies kann man auch am Umgang mit Ressourcen ablesen. Investitionen in die Entwicklung der eigenen Organisation sind Zusatzaktivitäten in der Freizeit, die Organisation kann sich noch nicht dazu entschließen, einen Teil ihrer Geldmittel dafür einzusetzen.

Ein sehr häufiges Symptom dafür findet sich in den Selbstbeschreibungen von Lehrerkollegien, bei denen die Unterscheidung von „engagierten" und „nicht engagierten" Lehrern eine zentrale Rolle spielt. Schulentwicklungsprojekte laborieren häufig an dem Faktum, daß nur eine kleine Gruppe das Projekt wirklich betreibt und der gesamte Lehrkörper weitgehend unbeteiligt bleibt. Das Problem, mit dem die Schulen intern in der derzeitigen Situation kämpfen, lautet: Wie können sie aus diesem tradierten

Muster, aus der Spaltung zwischen formeller Starre und informeller Vielfalt, zwischen engagierter Gruppe und „Bremsern" herauskommen und Schritte im Sinn einer Weiterentwicklung der Organisation setzen?

Eine Schlüsselrolle kommt dabei der Schulleitung zu, die in ganz besonderer Weise gefordert ist, die eigene Rolle im Sinn eines Auftraggebers von Projekten weiterzuentwickeln und für den Transfer von Erfahrungen, die man in Projekten gewonnen hat, in den Schulalltag zu sorgen.

Wir haben auf einzelne Signale hingewiesen, die einen grundlegenderen Wandel ankündigen. Doch fordert ein solcher Wandel neue Rollen und neue Qualifikationen: Aufgaben, die in ihrer Schwierigkeit von den Betroffenen innerhalb des Systems meist unterschätzt werden, obwohl sie diese Defizite deutlich zu spüren bekommen. Was ist Sache einer Einzelschule, was ist Sache der Schulbehörde? Diese Frage ist neu zu beantworten. So kann z.B. die Frage, inwiefern unsere Schultypenstruktur mit der derzeitigen Bevölkerungsstruktur und ihren Bildungsinteressen und Bildungsbedürfnissen übereinstimmt oder nicht übereinstimmt, nicht von einem Schulstandort beantwortet werden. Die Entwicklung verläuft auch nicht linear, Schritt für Schritt, sondern neue Regelungen spießen sich mit alten, und auch unter Behördenvertretern, Schulleiterinnen und Lehrern mischen sich neue Haltungen mit alten Denkmustern: Das erzeugt Widersprüche in den Regelungen, zwischen den Akteuren und innerhalb der Personen. Der Anspruch, mehr Verantwortung für die eigene Organisation zu übernehmen, sich überhaupt als Organisation zu verhalten, erfordert Veränderungsprozesse auf der Ebene von Regelungen, in den Beziehungen und in den Köpfen.

Engagement und Erfolg im Team, aber die Organisation lernt nichts daraus – ein Fallbeispiel

Ein Beispiel aus der Praxis mag illustrieren, wie ungewohnt und schwierig es für die Schule ist, als Organisation zu lernen: Vom Pädagogischen Institut (PI) – zuständig für die Lehrerfortbildung – wurde ein Projekt „Soziales Lernen" gestartet. Lehrer einer Klasse wurden eingeladen, sich als Team zu konstituieren und durch verstärkte Zusammenarbeit das „Soziale Lernen" in ihrer Klasse zu fördern. Methodisch wurden ihnen als Unterstützung ein Dreitagesseminar zu Schulbeginn und über zwei Schuljahre hin monatliche Sitzungen mit einem externen Berater[3] sowie eine Broschüre „Soziales Lernen" angeboten. Über die Schulleitungen einer größeren Anzahl von Schulen wurde dieses Angebot an die Lehrer herangetragen. Diese Vorgangsweise erwies sich als ansprechend: Sie enthielt ein Angebot (Fortbildung und Beratung) und motivierte zur Zusammenarbeit. Schon kurze Zeit später, zu Beginn des folgenden Schuljahres, saß eines der Teams, die sich gemeldet hatten, beim Seminar. Alle waren recht begeistert und freuten sich auf die Zusammenarbeit. Bisher hatte es keine so intensive Kooperation von Klassenlehrern gegeben, obwohl von den Lehrern selbst immer wieder Anläufe dafür unternommen worden waren. Im Rahmen dieses Projektes war Zusammenarbeit eingeplant und dadurch aufgewertet, für das Anfangsseminar gab es sogar Dienstfreistellungen. Die Lehrerin, die den Kontakt mit dem PI hergestellt hatte, erinnerte nochmals an die Rahmenbedingungen und erwähnte, daß die Gruppe in der Ausgestaltung ihrer Arbeit große Freiheit habe, das PI wolle lediglich einen kurzen Bericht am Ende des ersten Schuljahres.

Mit Hilfe des Beraters ging die Gruppe motiviert daran, die Erwartungen auszutauschen und gemeinsame Zielsetzungen für das Projekt zu formulieren, doch der Hinweis des Beraters, Ziele schon zu Beginn auch mit dem PI und der Schulleitung zu ver-

---

3 In der offiziellen Diktion sprach man von einem „Begleiter". Die Bezeichnung „Projektsupervisor" wäre sachlich treffender gewesen, doch tut sich die Schule schwer in der klaren Bezeichnung von externen Experten.

einbaren, stieß auf Unverständnis. Die Teammitglieder hatten sich aus Neugierde an dem Projekt und aus Interesse an Zusammenarbeit gemeldet. Die Anliegen des PI und des Schulleiters kannte man nicht und wollte sich daher auch gar nicht mit ihnen beschäftigen. Im übrigen war man – wohl nicht zu Unrecht – davon überzeugt, daß besagte Personen selbst ebenfalls keine klaren Zielvorstellungen mit dem Projekt verfolgten. Die Lehrerinnen hatten sich eben erst als Gruppe gefunden – eine für den an Einzelarbeit gewohnten Lehrer nicht alltägliche Gelegenheit im Schulsystem –, und nun sollten sie sich gleich zu Beginn mit den übergeordneten Instanzen beschäftigen: eine emotionale Zumutung! Nach längerem Argumentieren entschloß sich die Gruppe dennoch, den Direktor zu einer Sitzung im Rahmen des Einstiegsseminars einzuladen, um seine Erwartungen an das Projekt kennenzulernen. Nach dieser Besprechung fühlte sich das Team bestätigt: Der Vorgesetzte zollte dem Engagement des Teams große Anerkennung und zeigte auch seine Freude darüber, doch Vorstellungen darüber, was er konkret von diesem Projekt erwarte, waren aus ihm nicht herauszubekommen.

Hier zeigten sich bereits die ersten Auswirkungen der feldtypischen Mängel, wie dieses Projekt von der Schulbehörde und dem PI an die Lehrer herangetragen wurde. Das Projekt kam allein durch die Selbstorganisation der Lehrergruppe zustande, zusätzliche Auswahlkriterien – etwa Vorqualifikationen der Lehrerinnen in bezug auf das „Soziale Lernen" – von seiten des PI gab es nicht. Im Austausch zwischen PI und Lehrerteam begnügte man sich mit dem Instrument bürokratischer Berichtspflicht zu Schuljahrsende. Einen direkten Kontakt zwischen Verantwortlichen am PI als Auftraggeber, den betroffenen Schulleitern und Vertretern der Lehrergruppe gab es nicht. Sowohl das PI als auch die Schulleitungen hatten keine inhaltlichen Vorstellungen und Zielsetzungen für das Projekt eingebracht, mit denen sich das Lehrerteam hätte auseinandersetzen können. Die Frage nach dem Erfolg des Projektes konnte also nicht beantwortet werden, da sie von den relevanten Stellen nie gestellt wurde. Dadurch konnten auch innerhalb des Lehrerteams keine tragfähigen und verbindlichen Erfolgskriterien formuliert werden, da diese Vorgangsweise den Lehrerinnen nicht vertraut war und sie die fehlende Resonanz in ihrer schulischen Umwelt verspürten. Die mangelnde Einbindung und Positionierung des Schulleiters hatte auch geringe Beachtung des Projektes innerhalb des Lehrkörpers zur Folge. Dieser registrierte es zwar mit Wohlwollen, unterließ es jedoch, eigene Zielsetzungen einzubringen und das Projekt als experimentelles Modell auf Transfermöglichkeiten zu testen. Das Lehrerteam wähnte sich schon glücklich, wenn sich die stichelnden Bemerkungen von nicht am Projekt beteiligten Kolleginnen nicht im erwarteten Ausmaß einstellten. Zu einer produktiven Auseinandersetzung mit dem Projekt kam es an der Schule nicht, ob aus Toleranz oder Ignoranz, macht im Resultat keinen Unterschied: Das Projekt läuft, obwohl vom PI offiziell organisiert, Gefahr, eine Liebhaberangelegenheit der betroffenen Lehrer zu bleiben, ohne Lerneffekt für die Organisation Schule, unbeschadet dessen, daß es eine Stange Geld gekostet hat.

Das mögliche Ziel eines solchen Projektes, eine neue dezentrale, am Arbeitsprozeß orientierte Struktur zu testen und für den Regelbetrieb zu adaptieren, die Rolle des Klassenvorstands als Leitungskraft formell wie auch inhaltlich auszubauen und dafür geeignete Qualifizierungsschritte zu setzen, kam zunächst nicht in Sicht. Hier zeigt sich auch ein Mangel an Ressourcenbewußtsein: Projekte werden finanziert, ohne daß ernsthaft nach Ergebnissen gefragt wird; sie laufen aus und werden bei Gelegenheit durch neue ersetzt.

Aufgabenfelder für Supervision

Die Kerneinheit Unterricht war schon immer im Blickfeld supervisorischer Arbeit. Doch kommen in der Bearbeitung von Problemen mit Schülern sehr häufig auch die Kooperationsbeziehungen der Lehrerinnen untereinander und das Verhältnis zur Schulleitung ins Spiel. Eigene langjährige Erfahrungen mit Lehrersupervision zeigen, daß etwa die Hälfte der von Lehrern in Supervisionssitzungen vorgebrachten Probleme mit Kollegen und Direktoren zu tun haben. Der „Lehrer und seine Organisation" ist somit ein eigener für die Supervision relevanter Kontext. Im Zug der skizzierten Entwicklung der Schule gewinnen neue Formen der Kooperation in Klassenlehrerteams oder in Teams, die in Schulentwicklungsprojekten zusammenarbeiten, an Bedeutung.

Ein neues, noch wenig erschlossenes, aber in Anbetracht der aktuellen Entwicklung besonders wichtiges Anwendungsfeld von Supervision ist die Unterstützung von Schulleiterinnen durch Coaching. Wir sehen, daß die Organisationsbrille für die Supervision mit Lehrern häufig gefragt ist. Im folgenden wollen wir auf die einzelnen Kontexte noch etwas genauer eingehen, wobei die Organisationsdimension besonders beleuchtet werden soll.

Das Management des komplexen sozialen Systems „Unterricht" braucht Strukturkompetenz

Die Kerntätigkeit des Lehrers heißt Unterrichten, eine Arbeit in einem sehr komplexen System, in dem der Lehrer unter permanentem Handlungsdruck steht und als einzelner nur über wenige Möglichkeiten und Freiräume der Beobachtung dessen verfügt, was er tut und wie sich dies im Umgang mit den Schülerinnen auswirkt. Durch die Einzelarbeit ist er der Gefahr ausgesetzt, seine eigene Brille für die Sichtweise schlechthin zu halten – angesichts dieses emotional sehr dichten Geschehens ein gravierendes Manko. Um eine Möglichkeit zu distanzierender und entlastender Reflexion zu bekommen, ist Supervision das Instrument der Wahl.

Sicherlich werden dabei die psychodynamische Dimension und die Beziehung zwischen Lehrerin und einzelnem Schüler eine wichtige Rolle spielen. Doch sind Strukturkompetenz und die Steuerung von sozialen Prozessen wichtige Dimensionen, und daher ist ein kompetenter Einsatz der „Gruppenbrille" durch die Supervisorin sehr gefragt. „Der Lehrer als ein Struktursetzer und was er damit bewirkt" ist ein wichtiger Fokus bei Analyse und Lösungssuche in der Fallbearbeitung. Lehrerinnen haben wohl eine bunte Palette an methodischen Instrumenten im Unterricht – Partner- und Gruppenarbeit, Rollen- und andere Interaktionsspiele –, doch ist der Blick auf die soziale Komplexität dieser Lernarrangements wenig ausgeprägt. Die Frage, welches Unterrichtsdesign welche Kommunikationsmöglichkeiten eröffnet und fördert und welche dadurch behindert werden, wird selten gestellt, geschweige denn konsequent beantwortet. Doch sind diese Fragen und Antworten eine wichtige Voraussetzung für die Lehrerin, um die Wirkungen von bestimmten interaktiven Methoden einigermaßen abschätzen zu können und auch die Schüler nicht zu überfordern, sondern ihnen die schrittweise Entwicklung sozialer Kompetenzen zu ermöglichen. Hilfen auf dieser Ebene werden daher sehr gerne angenommen.

Eine andere Variante der Überforderung und der mangelnden Berücksichtigung sozialer Kontexte kommt in der Supervision zutage, wenn Fälle mit schwierigen Schülerinnen vorgebracht werden, die meist in Zusammenhang mit desolaten Familienverhältnissen stehen. Nur zu gerne lassen sich Lehrer durch ihre Anteilnahme dazu verführen, ihre Rolle zu überdehnen und entweder Ersatz für einen Elternteil sein zu wollen oder in die Familie zu intervenieren. Hier fehlt es an einer realistischen Einschätzung der Autonomie von sozialen Systemen wie etwa der Familie. In der Sichtweise der Lehrerinnen wird das Kind mit seinen Verhaltensweisen und Schwierigkeiten zwar im Kontext der Familie gesehen, die Schulklasse als ein eigenständiger sozialer Kontext wird aber oft ausgeblendet, obwohl es gerade dieser Kontext ist, auf den Lehrer Einfluß haben. So werden in bezug auf die Familie die eigenen Möglichkeiten überschätzt und zugleich die Chancen zur Veränderung im eigenen Haus, nämlich der Schulklasse, ausgeblendet und verspielt. In diesen Fällen kann Supervision sehr unterstützen, indem der Blick vom einzelnen Problemkind und seinen Familienverhältnissen weg und hin auf den sozialen Kontext der Schulklasse gelenkt sowie das Verhalten des Kindes aus der Gruppendynamik in der Klasse interpretiert wird. Daraus ergeben sich meist viele Interventionsmöglichkeiten in der Klasse.

Der Lehrer ist heute stärker gefordert, sich in seiner Organisation bewußter zu positionieren

Etwa 50% der Fälle, die in Supervisionsgruppen von Lehrerinnen thematisiert werden, hängen mit der Kooperation unter Lehrern und der Beziehung zur Schulleitung zusammen. Nimmt man alle jene Fälle hinzu, die zunächst von einem Problem zwischen Lehrerin und Schüler ausgehen, in denen aber im Lauf der Fallarbeit andere Lehrer als Mitakteure aufscheinen, so machen sie weit mehr als die Hälfte aus. Supervision – oft angesehen als ein Stützungsinstrument gegen Burnout im Umgang mit den Schülerinnen – wird von den Betroffenen selbst sehr stark dazu genutzt, dem organisationsbedingten Burnout zu entgehen.

In den letzten Jahren hat sich besonders diese Problemebene verschärft. Schülerrückgang, Überkapazitäten bei der Lehrerzahl und Sparpolitik haben den Schulen gravierende Personalprobleme gebracht. Große dienstrechtliche Differenzen zwischen pragmatisierten Lehrern und solchen, die lediglich eine Teilzeitbeschäftigung mit einem befristeten Vertrag haben, sowie die damit verbundenen Unterschiede in Arbeitssicherheit und Arbeitsqualität haben zu enormen Spannungen in den Lehrkörpern geführt, zumal diese Probleme die Schulen und Direktionen unvorbereitet treffen. Transparente Kriterien und vertretbare Entscheidungsverfahren müssen rasch aufgebaut und etabliert werden. Die laufenden Veränderungen der Schülerzahlen und ihre Folgen auf die Beschäftigungssituation bringen zusätzlich eine permanente Unsicherheit in die Organisation. Lehrerinnen sind mit ihrer Organisation konfrontiert.

Als Supervisor wird man mit einem Bündel komplizierter Beziehungsgeschichten und Intrigen überschüttet. Entscheidungen über Lehrfächerverteilung, Stundenplan und, in Krisenzeiten, mitunter auch über Weiterbeschäftigung hängen dann zu einem guten Teil davon ab, wie man es sich im informellen Auf und Ab von Freund- und Feindschaften gerichtet hat. Solche Arbeitsbedingungen haben einen entwürdigenden Charakter und verschlingen ungeheuer viel Energie. Die oft zu beobachtende Aversion der Lehrer gegenüber formellen Strukturen wirkt sich letztlich negativ für sie aus. Organisation wird oft als starre Bürokratie mißverstanden, und es wird nicht gesehen, daß es zwischen Bürokratie und informellen Beziehungen noch etwas ganz Entscheidendes gibt: die Organisation, die vor Ort gestaltet wird.

Organisationsbezogene Supervision kann auch in der Beratung einzelner Lehrerinnen hilfreich sein, wenn sie die Betroffenen darin bestärkt, ihre eigene professionelle Rolle, die Grenzen ihrer Aufgaben klarer für sich zu definieren und das auch deutlicher in die Organisation hineinzuspielen. Eine Belastung, die ein einzelner Schüler oder eine Schulklasse auslöst, hängt oft mit selbstüberfordernden Rollenzuschreibungen zusammen. Die Einsicht, daß man, wenn man etwas gut machen will, nur Begrenztes gut machen kann, und die Fähigkeit, das auch gegenüber anderen Lehrern, Direktion und Eltern zu transportieren, sind hilfreiche Potentiale zur eigenen Positionierung und Heilmittel gegen Selbstüberforderung, die gerade in unsicheren und unklaren Situationen blüht.

Der Supervisor kann neben der Suche nach passenden Deutungen, die den Status quo verstehbar machen und es dem Fallbringer erleichtern, sich besser abzugrenzen, auch kreativ an Interventionsmöglichkeiten zur Veränderung dieser Problematik auf der Ebene der Organisation arbeiten. Generell zielen solche Interventionen darauf ab, bei den (Konflikt-)Partnern durch klare Anfragen *Entscheidungen zu provozieren*, die die Interessen, Rollen und Kompetenzen offenlegen und klären.

Dazu ein Beispiel: Eine Lehrerin beruft in Eigeninitiative die Lehrer der ihr als Klassenvorstand anvertrauten Klasse ein, dazu noch den Beratungslehrer, der einige besonders unterstützungsbedürftige Schüler psychologisch betreut. Ziel dieser mehrmals einberufenen Treffen ist die bessere Integration ebendieser schwierigen Schüler, die ohne Absprachen und intensivere Kooperation der Lehrerinnen das Lehrziel nicht erreichen würden. Schon an diesem Punkt fällt auf, daß die Schulleitung zunächst nicht „behelligt", d.h. zumindest durch Information einbezogen wurde. Die Initiative agiert recht erfolgreich, wird jedoch vom Schulleiter eher argwöhnisch betrachtet. Die Lehrerin lädt daher bei einem der Treffen auch den Direktor ein, um ihm dieses Konzept und die Bilanz der Erfolge zu präsentieren. Der Direktor sagt sein Kommen zu, erscheint jedoch bei dem Treffen nicht. Die Lehrerin kommt enttäuscht und gekränkt in die Supervision und möchte „alles hinschmeißen". Nach der Supervisionssitzung ist sie entschlossen, dem Direktor ein Protokoll der Lehrersitzung zukommen zu lassen und ihn um eine Stellungnahme zu ersuchen. Aus der persönlichen Kränkung konnte eine Strategie entwickelt werden, die das Versäumnis, den Direktor schon zu Beginn einzubeziehen, korrigierte und es ihm nicht ersparte, sich zu deklarieren. Die Fallbringerin konnte ihren Anteil an der Kränkung sehen, ließ es aber nicht dabei bewenden und faßte Mut für einen neuen Schritt. Das Beispiel zeigt auch, wie sehr der Blick der Lehrerin auf die persönliche Beziehungsebene („der Direktor mag mich nicht") ausgerichtet war und organisationsrelevante Faktoren – das Einbeziehen der Schulleitung in selbst gesetzte Initiativen – übersah.

Teams sind gefragt – mit speziellen Aufträgen der Organisation

Ein besonders interessantes und relativ junges Aufgabengebiet für Supervision in der Schule stellt die Unterstützung von Teams dar. Wir haben auf das generelle Defizit an geeigneten Kommunikationsstrukturen hingewiesen. Die Schule ist aus ihrer Tradition her nicht gewohnt, bestimmte Aufgaben als gemeinsame zu definieren oder, um es genauer zu sagen, herauszuarbeiten, welche Aufgaben in der Kompetenz von einzelnen liegen, welche Subsystemen und welche der Gesamtorganisation anzuvertrauen sind. Doch sind Teams neuerdings auch in der Schule gefragt, sie können supervisorische Unterstützung sehr gut gebrauchen und nutzen sie in der Regel auch gern.

Setting und Auftrag spielen dabei eine zentrale Rolle. Die Bildung eines Teams ist eine Intervention in den gesamten Lehrkörper, die sehr sensibel registriert wird. Teambildung bedeutet den Zusammenschluß einiger unter Ausschluß aller anderen. Da offizielle Teambildung für die Schule etwas sehr Ungewohntes darstellt, muß mit Skepsis und Mißtrauen bei jenen gerechnet werden, die sich ausgeschlossen fühlen. Daher sind der Zweck, die Aufgabe und die Zusammensetzung eines Teams – mit Regeln des Ein- und Austritts – besonders akkurat und transparent handzuhaben, will man nicht sofort Gegner auf den Plan rufen.

Ein besonders organisationsangemessenes Beispiel ist ein Klassenlehrerteam, da es sich um einen konkreten Kooperationszusammenhang handelt. Wir haben oben von einer Schulklasse mit ihren Lehrerinnen wie von einem relativ autonomen Subunternehmen gesprochen. Sicherlich ist dieses Modell einer dezentralen Organisation noch weiterzuentwickeln, da Lehrer nur beschränkte Kapazitäten haben, in verschiedenen Teams mitzuarbeiten, bestimmte Fachlehrer jedoch in sehr vielen Klassen unterrichten. Dieses Problem müßte durch eine weitere Ausdifferenzierung in Kern- und Gesamtteams bewältigt werden. Hier kann sich eine Lehrergruppe nicht nur in der Supervision Entlastung und Unterstützung holen, indem über gemeinsame Schwierigkeiten und Probleme gesprochen wird, sondern die Gruppe hat als gemeinsam handelnde auch gegenüber den Schülern ganz andere Einflußmöglichkeiten als der vereinzelte Lehrer. Dieses Potential sehen Lehrerinnen selten. Für die Supervision stellen sich große Herausforderungen, denn der Erfolg hängt stark davon ab, wie sehr es gelingt, tradierte Kommunikationsbarrieren zu überschreiten. So fällt es den Betroffenen sehr schwer, offen und konstruktiv über ihre wechselseitigen Einschätzungen im Umgang mit den Schülern zu sprechen. Ein Siebenmeilenschritt ist getan, wenn es z.B. gelingt, Unterschiede im Durchsetzungsvermögen und in der Akzeptanz bei den Schülerinnen zu thematisieren und damit konstruktiv umzugehen.

Auch im Rahmen von Schulentwicklungsprojekten oder anderen innovativen Aufgaben werden Teams gebraucht. Transparenz über Auftrag, Ziel, Dauer und Zusammensetzung ist, wie schon erwähnt, eine grundlegende Erfolgsvoraussetzung. Sowohl die interne Kommunikation als auch die Kommunikationslinien nach außen, vor allem zu Schulleitung und Lehrkörper, brauchen sorgfältige Pflege. Supervision kann dazu einen wichtigen Beitrag leisten, zumal für die Betroffenen diese Kooperationserfahrungen meist neu und daher besonders anfällig für blinde Flekken sind. Vor allem das Auseinanderdriften von Team und Gesamtorganisation – eine Gefahr für alle Projekte – braucht eine bewußte Gegensteuerung.

Coaching: den Wandel in der Identität von Leitungskräften begleiten

Eine weitere Variante von Supervision in der Schule bietet das Coaching für Leitungskräfte oder auch Leitungsteams. Die Leitungsproblematik an Schulen und den enormen Veränderungsbedarf haben wir schon dargestellt. Hier ist der Organisationsbezug ganz offensichtlich, denn es geht in der Supervision darum, den Leiter in der Arbeit, die Organisation zu führen, zu unterstützen. Sicherlich kann ein Coaching eine Führungskräfteschulung nicht ersetzen, sondern lediglich gut darauf aufbauen.

Direktoren sind heute strukturell und qualifikatorisch überfordert: Knappe Ressourcen, eine prekäre Beschäftigungssituation,

Freisetzungen, Teilzeitbeschäftigungen, Versetzungen und Kampf um Schülerzahlen sind nur einige der Probleme, die in den letzten Jahren dazugekommen sind. Dies heißt: Strukturen für die Entwicklung von Projekten einrichten, transparente Entscheidungsstrukturen für unterschiedliche Aufgaben aufbauen und aktives Konfliktmanagement betreiben. Aus der Sicht vieler Lehrerinnen halten sich Schulleiter bei Konflikten gerne bedeckt, und oft sind Konflikte bereits Resultat eines Führungsvakuums. Anstehende Entscheidungen werden nicht getroffen bzw. es wird kein dem Problem angemessenes Entscheidungsverfahren eingerichtet. Ein Vakuum in der Wahrnehmung der formellen Leitungsfunktionen provoziert informelle Machtrangeleien, Geheimnistuerei und Cliquenbildung im Lehrkörper. In einer großen Anzahl der Fälle, die in unseren Supervisionen vorgebracht werden, spielt diese Dynamik eine wichtige Rolle.

Auf die isolierte Position – einer gegen alle – und ihre Folgen für die psychische Disposition des Direktors und den Wirkungsgrad seines Führungshandelns haben wir schon hingewiesen.

Hilfreiche Settings und eines, das nicht funktioniert

Anhand der Problemkontexte, die gut supervisorisch bearbeitet werden können, sind implizit auch einige Settings benannt worden. Coaching von Leitungskräften und Supervision für spezielle Teams bezeichnen sinnvolle Settings. Doch muß sich Supervision nicht auf diese beiden beschränken, und so stellt sich die Frage: Welche anderen Settings lassen sich noch empfehlen, und welche sind weniger erfolgreich?

Ein beliebtes und erfolgreiches Setting ist sicher die Gruppensupervision. Lehrerarbeit ist, wie schon erwähnt, eine sehr isolierte Tätigkeit, was dazu führt, daß die Bewältigung der Aufgaben und Schwierigkeiten den einzelnen Lehrerinnen überlassen wird und Formen der gemeinsamen Bearbeitung von Problemen, wie sie in Supervisionen passieren, im Schulsystem kaum etabliert sind. Jeder Lehrer muß selbst damit fertigwerden. Davon leben in gewisser Weise auch die Gruppensupervisionen, weil die Teilnehmerinnen an ihrer eigenen Schule diese Möglichkeit zu einer offenen, den Problemen angemessenen Besprechung und Bearbeitung nicht haben. In der Resonanz von Supervision bei Lehrern hat dieser Aspekt, mit Kolleginnen und Kollegen in angstfreier Atmosphäre mit ausreichend Zeit über die eigenen Schwierigkeiten reden zu können und diese Isolation aufzubrechen, vorderste Priorität.

Nicht erfolgversprechend ist eine Gruppensupervision mit interessierten Lehrern und Lehrerinnen einer Schule. So erfreulich das Interesse an Supervision unter Lehrern für die Supervisorin sein mag – als konstitutiver Faktor für eine Supervisionsgruppe taugt es nicht. Als Teil eines Lehrkörpers können in einer solchen Gruppe keine Probleme bearbeitet werden, die die Schule oder den Lehrkörper insgesamt betreffen, denn dazu fehlen die anderen Betroffenen. Die Erfahrung lehrt jedoch, daß die an Supervision Interessierten sich oft deshalb zusammentun, weil sie sich davon erhoffen, die Kommunikationsstruktur im Lehrkörper durch die Supervision zu verbessern. Exakt dieses Ziel erreicht man mit diesem Setting nicht, sondern eher das Gegenteil.

Aber auch, wenn es deklariertermaßen um Probleme und Aufgaben aus dem Umgang mit Schülern und Eltern geht, stellt sich z.B. heraus: Die Englischlehrerin hat das Problem, daß in dieser Klasse in Mathematik viel Druck ausgeübt wird und die Schüler in Englisch daher nichts lernen. Der nicht-teilnehmende Mathematiklehrer steht im Mittelpunkt. Es läßt sich nicht vermeiden, daß permanent über Nichtanwesende kommuniziert wird – ein Faktum, das die nicht-teilnehmenden Lehrer sehr wohl erahnen, und sie reagieren entsprechend darauf: mit Ignorieren oder Mißtrauen. Damit wird Supervision in diesem Setting zu einer sehr problematischen Intervention in den Lehrkörper. Sowohl für die Beteiligten als auch für den Lehrkörper insgesamt ist das mit einer Reihe von Problemen verbunden, die zu lösen die Supervision teilweise angetreten ist, aber in diesem Setting nicht lösen kann. Die Wahrscheinlichkeit ist also nicht gering, daß diese Supervision mehr Probleme in die Organisation trägt, als sie löst, und daß damit die Kosten-Nutzen-Rechnung negativ ausfällt. Sie ist sicher Teil des Problems; ob sie auch Teil der Lösung sein kann, ist zu bezweifeln.

Settings für die Supervision in Schulen

- *Gruppensupervision mit Lehrern aus unterschiedlichen Schulen*

  - *gute Arbeitsbedingungen*

  - *Umsetzung liegt bei den einzelnen Teilnehmerinnen*

  - *kann auch Symptom für fehlende Kommunikation zur Problembearbeitung in den Schulen sein*

- *Gruppensupervision mit interessierten Lehrerinnen aus einer Schule*

  - *ungeeignetes Setting, da die Rücksichtnahme auf die Beziehung zu nichtanwesenden Kollegen, die in die Fallgeschichten involviert sind, die Arbeit stark behindert*

  - *fördert informelle Cliquenbildung im Lehrkörper und Skepsis gegenüber dem für Außenstehende intransparenten Supervisionsgeschehen*

- *Teamsupervision mit Lehrergruppe, die eine gemeinsame Aufgabe hat*

  - *wirkungsvolles und zukunftsversprechendes Setting*

  - *erfordert von der Schulleitung einen klaren Arbeitsauftrag für das Team und die Supervision*

  - *die Teambildung, der Auftrag und die Funktion der Supervision müssen im Lehrkörper transparent gemacht werden*

- *Coaching für Direktorinnen*

  - *wichtiges und wirkungsvolles Setting, das noch stark verbreitet und ausgebaut werden sollte*

  - *Supervisor braucht Kompetenz in Organisations- und Leitungsfragen*

Eine Kultur des Verbergens macht es schwer, von externer Unterstützung zu lernen

Supervision als externe Ressource hat es schwer mit der Schule. Denn dieses System erkennt den Gewinn nicht, den externe Expertise bringt. Im System Schule arbeiten meist nur interne Supervisoren, die aber nicht, wie in anderen Feldern, mit externen kooperieren. Dazu lassen sich zwei Hypothesen formulieren:

Erstens die Tradition des Schulsystems, alles selbst zu machen, Berührungsschwierigkeiten und Ängste sowie das Bemühen, sich von Externen nicht in die Karten schauen zu lassen. Das beginnt beim Lehrer, der Schwierigkeiten hat, seine Kollegin in seinen Unterricht einzuladen und um Feedback zu bitten. Das hat Inspektionscharakter, ist nur Vorgesetzten erlaubt und daher entsprechend negativ besetzt. Diese Einstellung wird durch die in der Schule besonders ausgeprägte Angst, Fehler zu machen oder gar zu zeigen, noch verstärkt. Die Schule beobachtet die Wirklichkeit mit der Unterscheidung „richtig/falsch" und ist zu einem guten Teil ihrer Arbeit damit beschäftigt, Fehler aufzudecken und zu ahnden. Der herrschende Anspruch, immer alles „richtig" zu machen, unterstellt, daß es zu allem eine eindeutig richtige Lösung gibt. Dies ermutigt nicht zum Offenlegen des eigenen Tuns und zum Lernen über Selbstreflexion, wie es in der Supervision praktiziert wird. Dieses Muster findet sich auf anderen Ebenen wieder; das System als ganzes hat ein unausgesprochenes Gebot des Verbergens. Die Einstellung, daß ein guter Lehrer das Richtige weiß und tut und daher keine Problembesprechungen braucht, hat ein Lehrer gegenüber einem Supervisionsangebot so auf den Punkt gebracht: „Bei mir sind Sie mit der Supervision an der falschen Adresse, ich bin eine gefestigte Persönlichkeit."

Der zweite Grund für die interne Rekrutierung von Supervisoren liegt darin, daß vielfach Lehrerinnen zusätzlich zu ihrer Lehrertätigkeit halbberuflich als Supervisorinnen arbeiten wollen. Die Lehrerfortbildungseinrichtungen haben volle Seminare, wenn sie Ausbildungen für spezielle Tätigkeiten anbieten: für Beratungslehrer, Praxisberater oder Supervisionsbegleiter etc., die damit verbundenen Einschränkungen von Einsatzmöglichkeiten und Qualität liegen auf der Hand. Es fehlen meist Vergleichserfahrungen mit anderen Feldern – eine für Supervisoren unerläßliche Ressource, um Distanz zu gewinnen und Unterschiede einführen zu können; vor allem aber stehen die so intern ausgebildeten Supervisorinnen zum Klientensystem außerhalb der Supervision in einer für sie existentiell sehr bedeutsamen Beziehung und Abhängigkeit. Die Rücksichtnahme auf diese Beziehungsebene schlägt auf die Supervision zurück. Das erweist der Supervision keinen guten Dienst.

7. Supervision im Krankenhaus

RALPH GROSSMANN

Das Gesundheitswesen ist nicht nur quantitativ ein sehr interessantes Arbeitsfeld für Supervision geworden. In Deutschland sind im Gesundheitswesen mehr Menschen beschäftigt als in der Automobilindustrie. In vielen österreichischen Städten ist das Krankenhaus der größte Betrieb am Ort. In Wien sind allein die kommunalen Krankenhäuser Arbeitsumwelt für mehr als 30.000 Beschäftigte. Österreich setzt in diesem Sektor rund 10% des Bruttoinlandsproduktes um. Das System der medizinisch-pflegerischen Versorgung ist organisatorisch sehr stark in Bewegung geraten. Insbesondere das Krankenhaus als zentrale Organisation des Gesundheitssystems ist wachsendem Veränderungsdruck ausgesetzt. Die Arbeit in der Organisation ist schon im Routinebetrieb äußerst anspruchsvoll und belastend und läßt eine professionelle Unterstützung des Personals in unterschiedlichen Kontexten sinnvoll erscheinen. Die derzeit zu bewältigenden organisatorischen Veränderungen konfrontieren System und handelnde Personen mit zusätzlichen und neuartigen Anforderungen.

Wir werden zunächst die Struktur und das generelle Anforderungsprofil der Arbeit im Krankenhaus sowie seine spezielle innere Organisationsdynamik beschreiben und im Anschluß daran die neuen Umweltanforderungen skizzieren, die die Organisation und ihre Mitarbeiter zu bewältigen haben. Vor diesem Hintergrund wiederum gilt es, die Frage zu beantworten, worauf Supervision hier die passende Antwort darstellt, in welchen Settings Supervision sinnvoll einzusetzen ist und worauf Supervisoren in dieser Organisation besonders zu achten haben. Eine ausführliche Auseinandersetzung mit der Arbeitslogik, den Widersprüchen und den Entwicklungen in der Organisation scheint mir wichtig, um in der Supervisionsarbeit eine Grundlage für die eigene Fokussierung zu haben.

Komplexität, die alltäglich zu bewältigen ist

Das Krankenhaus zählt zu den komplexesten Dienstleistungsbetrieben moderner Industriegesellschaften. Es hat zumeist mehrere gesellschaftliche Funktionen zu erfüllen, die jeweils einer unterschiedlichen Fach- und Kommunikationslogik folgen, nämlich Patientenversorgung, Ausbildung und sehr oft Forschung. Krankenhäuser müssen im Routinebetrieb eine große Anzahl von Patienten durch die Organisation schleusen. Das bedeutet z.B. für ein Wiener Schwerpunkt-Krankenhaus, pro Jahr rund 30.000 Patienten mit einer durchschnittlichen Verweildauer von zehn Tagen je Patient stationär zu betreuen und zusätzlich 250.000 ambulante Interventionen durchzuführen. Aus der Perspektive einer bettenführenden Station oder Abteilung, dem häufigsten Einsatzort von Supervision, heißt das unter anderem: Es ist ein hochspezialisierter Arbeitsprozeß zwischen zumindest zwei Berufsgruppen zu koordinieren, nämlich den Ärzten und den Pflegekräften. Meist sind noch einige weitere Berufe wie medizinisch-technische Fachkräfte, Psychologen und Sozialarbeiterinnen beteiligt. In einem vollkontinuierlichen Arbeitsprozeß sind viele Patienten gleichzeitig und mit einer breiten Palette von Bedürfnissen rund um die Uhr zu versorgen. Dabei sind sehr technikintensive mit interaktionsorientierten Interventionen zu verbinden. Die Leistungen der bettenführenden Stationen sind zudem mit zahlreichen anderen Leistungserbringern abzustimmen: mit anderen Organisationseinheiten des Krankenhauses – wie Küche, Röntgen, Labor, Operationsbereich oder Konsiliarärzten –, aber auch mit externen Einrichtungen wie z.B. niedergelassenen Ärztinnen und ambulanten Pflegediensten.

Die Mitarbeiter haben also sehr unterschiedliche interne und externe „Kunden" mit ganz unterschiedlichen Wünschen zu betreuen: andere Abteilungen und Kolleginnen, die auf Dienstleistungen warten; Patienten und Angehörige in äußerst sensiblen Lebenslagen; Professionelle in Ausbildung, die für ihre berufliche Entwicklung profitieren wollen; Interessenten an der Forschung, die Gegenleistungen für ihre Investitionen erwarten; andere Einrichtungen in der „Kette der Krankenversorgung", die Patientinnen an das Krankenhaus weiterleiten oder mit ihren Leistungen an die Angebote des Krankenhauses anschließen.

Die Arbeit ist grundsätzlich sehr kommunikationsintensiv

Die Arbeit konfrontiert mit sehr unterschiedlichen Kommunikationssituationen, die jeweils eine andere Sprache erfordern und von unterschiedlichen Erfolgskriterien geleitet werden: die Verständigung in einer hochspezialisierten Fachsprache innerhalb der Profession, medizinisch-technisch, knapp, auf Reduktion und Standardisierung ausgerichtet, notwendigerweise distanzierend; der fachliche Austausch mit anderen Professionen, die eine grundsätzlich andere Vorqualifikation und Fachsprache aufweisen; Kommunikation mit Patienten in einer Situation mit stark regressiven Tendenzen, begleitet von großer Angst und starkem Sicherheitsbedürfnis; die Auseinandersetzung mit Angehörigen, ebenfalls in einer prekären psychosozialen Verfassung, mit großem Informationsbedarf und oft überzogenen Erwartungen; der Diskurs mit Auszubildenden, in dem es gilt, komplexe Sachverhalte einfach zu vermitteln, und zwar integriert in den alltäglichen Arbeitsprozeß; der Kontext von Forschungsarbeiten, in dem wissenschaftliche Denk- und Kommunikationsmuster genutzt werden; Verhandlungen mit den administrativen Fachkräften der Organisation, notwendigerweise wiederum in einer anderen Sprache und mit völlig anderen Kriterien des Erfolgs. Dazu kommt noch die wachsende Bedeutung der technisch vermittelten Kommunikation. Die intendierte Autonomie und die ökonomische Verantwortung der Krankenhäuser erweitern die Parameter der Kommunikation noch erheblich, und zwar um betriebswirtschaftliche, personalpolitische und strategische Dimensionen.

„High-tech" und „High-touch"

Die Qualifikationen und professionellen Orientierungen der Ärztinnen sind stark technikorientiert. Die Erfolgskriterien in der medizinischen Fachwelt und die Karrieremuster haben sich immer deutlicher in diese Richtung verschoben. Der Arzt zumindest im Akutkrankenhaus ist zum biotechnischen Spezialisten geworden. Die Medizin greift neue technische Entwicklungen schnell auf und stimuliert ihrerseits die Technikentwicklung. Andererseits muß das Krankenhaus den Personenbezug gewährleisten, Ärztinnen und Pflegekräfte sollten höchstpersönlich auf die einzelnen Patienten eingehen, informieren, pflegen, ermuntern, aktivieren; nicht zuletzt, um den Heilungsprozeß zu unterstützen. Es ist dieser unterschiedliche professionelle Bezug zu Patientinnen, der die Arbeit im Krankenhaus schon von der Tätigkeitsstruktur her so anspruchsvoll macht. Der Patient wird in der einen Arbeitssituation wie ein „Werkstück" behandelt, etwa während einer Operation oder bei der Anwendung von technischen Diagnoseverfahren. Die Objektivierung und Distanzierung ist hier auch eine notwendige Voraussetzung erfolgreicher Interventionen. Der Patient ist in anderen Situationen ebenso notwendig als Subjekt, als „Co-Therapeut". Er ist Gast in einem Betrieb, der ihn rund um die Uhr versorgt, in einer existentiellen Krisensituation, in der er weitgehend auf die Bedürfnisbefriedigung durch die Organisation angewiesen ist. Diese widersprüchlichen Anforderungen machen auch sehr unterschiedliche Qualifikationen notwendig: technikbezogene Fertigkeiten, kommunikative Kompetenz und organisationsbezogene Qualifikationen.

Angst und Unsicherheit sind zu bewältigen

Die Arbeit im Krankenhaus ist mit großer Unsicherheit verbunden. Die Krankenbehandlung ist immer ein Unternehmen mit ungewissem Ausgang, abhängig vom Krankheitsgeschehen und der Verfassung des Patienten, abhängig auch von dessen sozialem Umfeld und von den Interventionen anderer professioneller Systeme. Die Arbeit ist notwendigerweise fehleranfällig und von Pannen begleitet. Eine Paradoxie der medizinisch-technischen Entwicklung besteht darin, daß die erweiterten Möglichkeiten der technischen Beherrschung somatischer Prozesse diese Fehleranfälligkeit gleichzeitig drastisch erhöhen. Das treibt wiederum die Bemühungen an, die technische Beherrschung auszubauen. Die Reichweite medizinischer Interventionen wird ständig erweitert. Nur der Tod setzt den Bemühungen definitiv eine Grenze und bringt die nachhaltigsten Erfahrungen des Scheiterns mit sich. In der Organisation Krankenhaus muß sehr viel an fachlicher und persönlicher Unsicherheit absorbiert werden. Die Konfrontation mit Leiden und Tod, in den Arbeitsbeziehungen präsent, aber selten thematisiert, schafft spezielle Tabuzonen in der Kommunikation (vgl. Heller 1994).

Die medizinische und pflegerische Arbeit ist mit komplexen Entscheidungen verbunden, mit existentiellen Folgen für die Patienten und oft von großer ökonomischer Relevanz. Auch in den Entscheidungen hat die medizinisch-technische Entwicklung die Komplexität ständig erhöht, auch wenn die Technik Entscheidungen erleichtern und damit tendenziell die Verantwortung durch technische Verfahren ersetzen soll. Gleichzeitig werden aber die Fragen nach dem sinnvollen Einsatz von Technik immer komplexer und die Entscheidungen über die Grenzziehung von therapeutischen Maßnahmen schwieriger. Zusätzlich werden in der arbeitsteiligen Medizin und Pflege die alltäglichen Entscheidungen auf der Ebene der Arbeitsorganisation und des Personaleinsatzes kontinuierlich anspruchsvoller.

Hohe Organisationsleistung, aber zu Lasten des Personals

Die Funktionstüchtigkeit der Organisation ist, gemessen an der Vielschichtigkeit der Aufgabe und den damit verbundenen Anforderungen, beeindruckend. Die Mitarbeiterinnen verfügen über viel praktische Erfahrung und Routine im Managen der alltäglichen Organisationsaufgaben. Gleichzeitig gibt es viel Reibungsverlust durch wenig funktional durchdachte Arbeitsabläufe oder unklare Regelungen. Diese Defizite müssen durch informelle Informationsleistungen der Mitarbeiter ausgeglichen werden. Das ist mit vielen zusätzlichen Belastungen und in der Folge mit Unzufriedenheit verbunden, was sich wiederum in konflikthaften Arbeitsbeziehungen ausdrückt, seine Wurzeln aber in Organisationsdefiziten hat.

Die Arbeit im Krankenhaus steht ständig unter Zeitdruck – einem Druck, der in vielen Situationen der Aufgabenlogik zuzurechnen ist, wenn etwa viele Patientinnen mit wenig Personal versorgt oder Operationen rasch durchgeführt werden müssen und der Betrieb rund um die Uhr aufrechterhalten werden muß. Aber diese ständige Hektik, die permanente Erreichbarkeit und Verfügbarkeit der Personen ist auch ein Teil der Organisationskultur, mitproduziert von den handelnden Personen. Ein erheblicher Teil der Hektik entsteht durch den Mangel an bewußter und zielgerichteter Organisationsgestaltung. Das alltägliche Chaos-

Management ist charakteristisch für stark personalisierte, informelle Organisationsleistungen. Die spezifische Rastlosigkeit muß auch zu tun haben mit den notwendigen Verdrängungsleistungen gegenüber der ständigen Anfechtung durch menschliches Leiden und Tod, angetrieben auch von den Risiken und der Verantwortung.

Charakteristisch ist daher auch die Tendenz zu einer permanenten Überforderung der Beschäftigten. Meiner Erfahrung nach vollbringen die meisten Krankenhäuser ihre Organisationsleistungen überproportional zu Lasten der handelnden Personen, häufig noch mit ungleicher Belastungsverteilung zwischen den Berufs- und Statusgruppen. Es muß auf dieser personenbezogenen informellen Ebene vieles gemanagt und aufgefangen werden, wofür die formellen Arbeitsstrukturen nicht existieren, nicht ausreichend funktional durchdacht oder nicht genügend operativ etabliert sind.

Krankenhausarbeit ist sehr organisationsintensiv. Funktionale organisatorische Lösungen zu erarbeiten und weiterzuentwickeln ist ein konstitutiver Bestandteil der professionellen Arbeit. Nach meiner Beobachtung ist das Krankenhaus aber eine Organisation ohne „quality-time", d.h. eine Organisation, in der sehr wenig Zeit investiert wird, um die Funktionalität oder Disfunktionalität von Arbeitsabläufen und Regelungen zu überprüfen. Das ergibt sich zum Teil aus der Aufgabe des Krankenhauses. Der durchlaufende Betrieb und die Notwendigkeit, eine angemessene Patientenversorgung zu gewährleisten, lassen nicht viel zeitlichen Spielraum dafür, die Organisation zu überarbeiten. Andererseits drückt sich darin auch ein bestimmtes kulturelles und fachliches Verhältnis zu den organisationsbezogenen Anteilen in der professionellen Arbeit und ein Erfahrungsmangel hinsichtlich der Auswertung und Entwicklung der Arbeitsorganisation aus.

Zentrale Widersprüche in der Organisation

Es lassen sich deutlich einige zentrale Widersprüche identifizieren, die in der Alltagsarbeit und der Organisationsentwicklung des Krankenhauses zu bearbeiten sind. Diese Organisationswidersprüche und die Konflikte, die in der Alltagsarbeit daraus resultieren, spielen auch in der Supervisionsarbeit regelmäßig eine wesentliche Rolle.

* *Der Widerspruch zwischen Fach- und Professionssystem einerseits und Organisation andererseits;*

* *der Widerspruch zwischen der fortschreitenden Arbeitsteilung und Spezialisierung und dem Bedarf an fach- und berufsgruppenübergreifender Kooperation in den Leistungsprozessen;*

* *der Widerspruch zwischen der ausgeprägt hierarchischen Kultur und dem Angewiesensein auf sehr selbständige und eigenverantwortliche Arbeit;*

* *der Widerspruch zwischen der Eigendynamik und Autonomie der Fachbereiche und dem Bedarf an Integration und Handlungsfähigkeit der Gesamtorganisation.*

Professionelle Entwicklung und die Entwicklung der Organisation sind zu synchronisieren

Der Widerspruch zwischen Professionssystem und Organisation ist charakteristisch für sogenannte Expertenbetriebe. Zugespitzt formuliert, stellt sich das Krankenhaus als ein hochprofessioneller Expertenbetrieb mit einer immer noch „archaischen" Sozialorganisation dar. Die Professionssysteme, allen voran das der Medizin, sind in ihren Entscheidungen und fachlichen Prioritäten nicht primär auf die Entwicklungsbedürfnisse der Organisation Krankenhaus bezogen. Wie in anderen Expertenbetrieben auch, etwa den Universitäten und Schulen, sind die Ärzte und die anderen Gruppen des medizinisch-technischen Fachpersonals im Krankenhaus mehr ihrer Professionalität verpflichtet, also den Inhalten der Arbeit und den darauf bezogenen fachlichen Standards, Werten, Erfolgskriterien und Karrieremustern. Die „Organisation" hat aus ihrer Sicht die Rahmenbedingungen für eine inhaltlich befriedigende und erfolgreiche Arbeit bereitzustellen. Die Befassung damit ist eine Zusatzarbeit zur „eigentlichen professionellen Arbeit".

Professionelle haben ein instrumentelles und zutiefst ambivalentes Verhältnis zu Organisationen. Autonomie, einerseits gegenüber Klienten und andererseits gegenüber der Organisation, ist ein historisch konstitutives Merkmal der gesellschaftlichen Position und beruflichen Orientierung von Professionen (vgl. Schaeffer 1994; Grosz 1985). Angesichts des hohen Organisationsgrades professioneller Tätigkeit und der inhaltskonstitutiven Bedeutung der Organisationsdimensionen ist der Professionsbegriff aber neu zu fassen (vgl. Kap. 1 und 2). Professionelle Autonomie ist durch die Mitgestaltung der Organisation zu gewinnen, und Qualität der Arbeit ist durch eine entsprechende Strukturierung der Arbeitsorganisation zu sichern. Das professionelle System Medizin steht in einem wechselseitigen Abhängigkeitsverhältnis zur Organisation Krankenhaus. Ein Krankenhaus braucht, um erfolgreich zu sein, eine professionell hochentwickelte Medizin, und die Medizin braucht zur professionellen Entwicklung die Ressourcen des Krankenhauses. Aber erfolgreiche Entwicklung der Medizin bedeutet noch nicht erfolgreiche Organisationsentwicklung des Krankenhauses.

Die Diskrepanz zwischen Fach und sozialem System bringt auch Schwierigkeiten in der Selbstbeobachtung und Selbstthematisierung der Organisation mit sich. In dieser Trennung von Fach- und Organisationsbezug liegt auch eine Wurzel für die geringe Umweltsensibilität der Expertenorganisationen, verbunden mit der Schwierigkeit, strategische Orientierungen in die Arbeit einzuführen. Experten reagieren sensibel auf fachliche Entwicklungen, zumindest in der Bandbreite der eigenen Spezialisierung, aber weniger auf neue Anforderungen an die Organisation. Neue Inhalte werden aus dem Fachhorizont, den medizinisch-technischen Möglichkeiten definiert, und weniger in bezug auf Umweltanforderungen an die Organisation Krankenhaus.

Bei dem Widerspruch Professionssystem/Organisation geht es ja auch um die immer interessanter werdende Frage der Verbindung von Wissen und Organisation. Willke beobachtet, daß die Entwicklung einer Gesellschaft – inbesondere ihre Selbsttransformationsfähigkeit – im zunehmenden Maß davon abhängt, ob sie in der Lage ist, ihre kollektive Wissensbasis permanent zu erneuern, wobei er zu Recht auf die Dynamik der Wissensbestände von Organisationen verweist (Willke 1992, S. 132). Was für die Gesellschaft gilt, gilt auch für die Organisationen selbst.

Die praktische Entwicklung der Organisation Krankenhaus hat dabei mit dem Problem umzugehen, daß Organisationsarbeit nur sehr bedingt an hauptberufliche Führungskräfte oder Stabsfunktionen delegiert werden kann, und gleichzeitig müssen die Fachleute von organisationsbezogenen Aufgaben auch entlastet werden, um erfolgreich arbeiten zu können. Mit diesem Widerspruch ist bewußt umzugehen, und es sind dafür wiederum organisatorische Lösungen zu finden. Das betrifft vor allem die Leitungskräfte: den Arzt, der zugleich Chefoperateur ist, verantwortlich für Ausbildung und Forschung, und organisatorischer Leiter einer Einheit mit mehreren Stationen und vielen Mitarbeitern.

Einerseits ist die Organisationskompetenz aller Beschäftigten, insbesondere der Leitungskräfte, zu fördern, andererseits sind hier auch funktionale Differenzierungen einzuführen, indem z.B. die fachliche Verantwortung für die Arbeit in einer Organisationseinheit von der Managementfunktion, diese Organisationseinheit zu leiten, getrennt wird. Auf diese Weise könnten Fach- und Leitungskarrieren eröffnet werden, auch auf der nächsten Führungsebene, indem sich z.B. Oberärztinnen für eine dieser beiden Karrieren entscheiden könnten.

Das Krankenhaus ist eine stark segmentierte Organisation

Die Organisation ist mehrfach segmentiert, sowohl horizontal als auch vertikal. Die Dynamik der Spezialisierung und professionellen Entwicklung findet ihren Ausdruck in der organisatorischen Gliederung des Krankenhauses. Die Organisationsdynamik wird einerseits von sehr autonom agierenden Organisationseinheiten (Abteilungen, Institute) bestimmt, die um die medizinischen Fachrichtungen und professionellen Interessen herum gebaut sind und die Kerneinheiten bilden. Sie sind die Motoren der fachlichen Entwicklung und auch der Erhöhung der Kosten. Die fachliche Spezialisierung führt zu einer ständigen Ausdifferenzierung dieser Organisationseinheiten. Das durchschnittliche Krankenhaus stellt sich organisatorisch als ein „Netzwerk von Fürstentümern" mit einer institutionell schwachen Zentralgewalt dar. Die Fachbereiche verfolgen ihre professionellen Interessen und ihre Ressourcenpolitik und sind sehr stark nach außen orientiert, an ihren fachlichen Beziehungen und institutionellen Ansprechpartnern außerhalb des Krankenhauses.

Neben der Dominanz der Abteilungen wird die Organisationsdynamik von dem Neben-, Mit- und Gegeneinander der Berufsgruppen mit ihren unterschiedlichen professionellen Traditionen und Kulturen geprägt. Diese sind stark hierarchisch strukturiert und organisatorisch in parallelen Hierarchien verfaßt. Medizin, Pflege, Verwaltung und Technik bilden die Hauptgruppen, aber das Geflecht der Berufe ist noch differenzierter. Medizinisch-technische Fachkräfte, Physiotherapeutinnen, Psychologen und Sozialarbeiterinnen repräsentieren wachsende Berufsgruppen im Krankenhaus und bemühen sich um eine eigenständige berufliche Identität sowie um eine stärkere organisatorische Verankerung. Um im historisch-politischen Bild zu verbleiben: Das Krankenhaus weist eine ständische Organisation auf, mit mindestens vier parallelen Hierarchien und einer kollegialen Führung, die oft als eine Art von Ständerepräsentanz und nicht als integrierendes „general management" funktioniert.

Von der ständisch-hierarchischen Organisation zur interprofessionellen Teamarbeit

Die Leistungsfähigkeit einer medizinischen Abteilung ist in hohem Maß abhängig von der selbständigen Handlungsfähigkeit und der fachlichen Kompetenz der einzelnen Mitarbeiterinnen. Der kontinuierliche und vielschichtige Arbeitsprozeß macht ein hohes Maß an Selbststeuerung durch die jeweils diensthabenden Pflegekräfte und Ärzte notwendig. Trotz der wachsenden Bedeutung von Technologien im Krankenhaus kann der Arbeitsablauf – wie auch in anderen Expertenbetrieben – nur sehr begrenzt durch technische und administrative Maßnahmen gesteuert werden. In der Krankenhausarbeit ist sehr viel Know-how, fall- und erfahrungsbezogenes Wissen an der Basis angesiedelt, bei denjenigen, die die Patientinnen rund um die Uhr betreuen und beobachten, v.a. auch bei den Pflegekräften. Die Qualität der Arbeit hängt davon ab, daß bestimmte fachliche Standards mitgetragen und eigenverantwortlich umgesetzt werden. Das setzt Akzeptanz dieser fachlichen Orientierungen voraus, und diese Akzeptanz kann in einer personenbezogenen Dienstleistung mit soviel Handlungsspielraum wie der medizinischen und pflegerischen Patientenbetreuung nur sehr bedingt erzwungen werden.

Daran knüpft sich eine Reihe von Problemstellungen für die Organisation und ihre Entwicklungsfähigkeit: Wie kommen die Beschäftigten in ihren Arbeitsbeziehungen mit der Spannung von Autonomie und gegenseitiger Abhängigkeit zurecht – innerhalb der einzelnen Berufsgruppen, aber insbesondere auch zwischen den Berufsgruppen? Wie gelingt es, das Potential der Mitarbeiterinnen in unterschiedlichen Positionen für die Entwicklung der Organisation zu nutzen? Wie müssen die Arbeitsbedingungen gestaltet werden, daß die Leistungsfähigkeit und die Motivation der Mitarbeiter auch längerfristig gesichert werden können?

An diesem Punkt gerät die traditionelle Organisationsstruktur und -kultur des Krankenhauses in einen deutlichen Widerspruch zur fachlichen Anforderungslogik der Tätigkeit.

So ist in der defensiven Kooperation der Berufsgruppen viel Energie gebunden. Das Verhältnis zueinander ist von Abgrenzung und gegenseitiger Abhängigkeit, aber auch von Abwertung bestimmt. Bei Schwierigkeiten, die nur kooperativ gelöst werden können, wird oft versucht, die Verantwortung auf andere Berufsgruppen abzuschieben. Jedoch braucht der größte Teil der täglich anfallenden Fach- und Organisationsfragen die Einbeziehung unterschiedlicher Perspektiven.

Durch eine radikale Umstellung auf Interprofessionalität ist die faktische gegenseitige Abhängigkeit im Alltag in konstruktive Zusammenarbeit zu übersetzen. Dies ist nur durch das bewußte Einrichten von interprofessionellen Arbeitsstrukturen in den „Kerneinheiten" und in der Steuerung der Gesamtorganisation zu erreichen. Eine Verbesserung der Zusammenarbeit zwischen den Berufsgruppen ist letztlich nur mit einer Enthierarchisierung zu erreichen. Die traditionellen Status- und Einkommensunterschiede, die professionelle Dominanz der Mediziner machen eine Aufhebung der „defensiven Routinen" im Umgang der Berufsgruppen unwahrscheinlich, wenn diese Asymmetrie nicht durch bewußt gestaltete und glaubwürdig orientierte Teamarbeit ergänzt wird. Vergleichbares gilt für die Beziehung zu Berufsgruppen aus Administration und Technik. Interprofessionalität bleibt ein Schlagwort, solange der Beitrag dieser Gruppen zum Outcome des Krankenhauses nicht wirklich gesehen und anerkannt wird und sie als „fachfremde" Verwaltungsleute fachlich und sozial abgewertet werden. Das Problem der Enthierarchisierung stellt sich auch innerhalb der Berufsgruppen. Es wird als Abwertung von Wissen und Erfahrung und damit der eigenen Person erlebt, wenn man dieses Wissen nur indirekt und gleichsam informell einbringen muß, ohne daß es als solches anerkannt und für die Gestaltung der Arbeitsorganisation genutzt wird. Ich habe in Supervisionen und Beratungen oft erlebt, daß der Mangel an Mitsprache und anerkannten Mitgestaltungsmöglichkeiten von Ärzten und Pflegekräften ohne Leitungsfunktion als schwere Belastung und Kränkung erlebt wird. Der Konflikt zwischen der tätigkeitsspezifischen Notwendigkeit zu selbständiger Arbeit und faktischer Organisationsgestaltung und dem Mangel an direkter Mitsprache wird alltäglich hautnah erfahren.

Andererseits eröffnen diese Widersprüche auch wiederum Autonomiespielräume. Sie ermöglichen es, sich informelle Autoritätspositionen zu sichern und damit den Mangel an formellen Einflußmöglichkeiten persönlich zu kompensieren. Sie erleichtern es auch, sich fachlichen Erwartungen in gewissem Umfang zu entziehen und eigene Wege zu gehen. Das ist auch charakteristisch für das Verhältnis der Berufsgruppen zueinander. Im Bewußtsein der gegenseitigen Abhängigkeit setzen die Pflegekräfte häufig auf solche faktischen, eher informellen Einflußmöglichkeiten und betonen gleichzeitig die Abgrenzung und Autonomie der eigenen Berufsgruppe.

Für die Arbeitsorganisation und Kultur ergeben sich daraus zwei Entwicklungsziele:

• Die Umstellung auf eine stärker beteiligungsorientierte Arbeit, die geeignet ist, die Qualifikationen und Erfahrungen der Mitarbeiter besser auszuschöpfen und anzuerkennen und auf diese Weise auch Motivation zu sichern.

• Die Arbeit an einer systematischen Verknüpfung der Berufsgruppen und ihrer fachlichen Beiträge.

Es gilt also, Teamorientierung in zweifacher Hinsicht durchzusetzen – einmal gegenüber hierarchischen Strukturen und zum anderen in bezug auf Interprofessionalität. Das ist ein anspruchsvoller Prozeß. Die Krankenhausarbeit ist fachlich und von der Verantwortungsstruktur her unvermeidlich auch mit sehr autoritativ gestalteten Arbeitssituationen verbunden, etwa bei der Leitung einer Operation, bei medizinischen Interventionen im Notfall oder bei der verantwortlichen Entscheidung für Therapien. Häufig sind Entscheidungen unter Zeitdruck zu treffen, und die Arbeitssituation verlangt eindeutige Anordnungsstrukturen. Die medizinisch-pflegerische Arbeit braucht gleichzeitig auch offene, partizipative Arbeitsformen. Erfolgreiche Krankenhausarbeit braucht selbständige Arbeit und gleichzeitig hohe Verbindlichkeit und Verläßlichkeit in der Einhaltung von fachlichen Standards. Die fachlich notwendigen und gewünschten Kriterien sind daher auch mit der nötigen Autorität und Verbindlichkeit zu implementieren. Da das aber letztlich nur durch Selbstbindung zu erreichen ist, braucht es ein beteiligungsorientiertes Arbeiten, in dem ein stabiles gemeinsames Verständnis von Qualität und Erfolgskriterien entstehen kann bzw. Unklarheiten und Abweichungen bearbeitet werden können.

Auch die Kooperation der Berufsgruppen ist keineswegs ein triviales Problem. Es sind unterschiedliche Subsysteme mit ihren spezifischen Qualifikationsprofilen und Arbeitstraditionen, ihrer rechtlichen Selbständigkeit und der fachlichen Außenorientierung zu verknüpfen. In formeller, dienstrechtlicher Hinsicht kann man meist nicht von einer einheitlichen Leitung der Abteilung oder Station, sondern muß von zwei oder mehreren parallelen Leitungsstrukturen ausgehen. Eine produktive Zusammenarbeit der Berufsgruppen setzt voraus, diese Unterschiedlichkeit und die fachlichen Beiträge zur Gesamtleistung anzuerkennen. Sie braucht gleichzeitig fachliche Autonomie und Integration. Organisatorisch braucht es dazu eine formelle Verknüpfung der Teilsysteme im Rahmen einer gemeinsamen Arbeitsorganisation und der fachlichen Entwicklung der Organisationseinheit. In vielen Abteilungen und Instituten ist die Arbeit derzeit durch ein Nebeneinander von faktischer Kooperation, informeller Einflußnahme und parallelen „Teamentscheidungen" geprägt. Hier gilt es vor allem, von Entweder/Oder-Positionen wegzukommen. Die Arbeit im Krankenhaus braucht professionelle Autonomie und Integration.

Ein Schlüssel für die Kooperation der Berufsgruppen ist die Zusammenarbeit der Leitungskräfte. Gelingt es hier, kooperative Formen der Wahrnehmung von Leitungsfunktionen zu entwikkeln und – unbeschadet der berufsspezifischen Funktionen – auch ein kollegiales Leitungssystem zu etablieren, so ist das für die Entwicklung des Gesamtteams ebenso fachlich wie psychologisch bedeutsam.

Die Spannung von Geregeltem und Ungeregeltem

Diese Spannung durchzieht häufig die gesamte Arbeitsorganisation einer Abteilung. Viele fachspezifische Abläufe sind genau geregelt. Ärzte und Pflegekräfte haben Kompetenz und Routine erworben, fachliche Interventionen wie die Vorbereitung und Durchführung einer Operation, einer Untersuchung oder einer Pflegesequenz mit sorgfältig abgestimmten Handlungsschritten zu erledigen. Darauf wird auch in der Ausbildung und Einarbeitung großer Wert gelegt. Andere Prozesse scheinen wiederum nur sehr notdürftig geregelt. Auffällig ist ein hoher Grad an Implizität der „geltenden Regelungen", beginnend bei den fachlichen Erwartungen an die Mitarbeiter. Die Verhaltenserwartungen von leitenden Ärztinnen gegenüber den medizinischen Mitarbeitern oder insbesondere die Erwartungen, die die Berufsgruppen aneinander haben, werden häufig nicht deutlich formuliert oder zu wenig in konkrete Handlungsschritte übersetzt. Regelungen haben sich oft mehr faktisch eingespielt, als daß sie ausgearbeitet und in Kraft gesetzt wurden.

Das hat sehr unterschiedliche Wirkungen. Es produziert einerseits Verhaltensunsicherheit, fachliche Mißverständnisse und

Konflikte auf der Ebene der Kooperation, andererseits sichert es jedoch auch Autonomie und Handlungsspielräume. Meiner Erfahrung nach sind aber die mit einem Regelungsdefizit verbundenen Belastungen für das Personal höher als der Gewinn. Allerdings werden die persönlichen Gewinn- und Verlustbilanzen unterschiedlich aussehen. Eindeutigere Regelungen, etwa solche über Zuständigkeiten, Entscheidungs- und Informationspflichten, können eine Umverteilung von Arbeitsbelastung mit sich bringen; z.B. zu den Führungskräften, schon allein dadurch, daß sie sich um die Entwicklung und Implementierung von brauchbaren Regelungen kümmern müssen, oder von den Pflegekräften zu den Ärzten, wenn diese mehr an Koordinations- und Informationsaufgaben übernehmen müssen.

Charakteristisch für das System ist, daß die zentralen Leistungsprozesse oft nicht ausreichend genau in Handlungsketten durchdacht und formuliert bzw. die einmal eingespielten Handlungsabläufe selten auf ihre Funktionalität und Disfunktionalität überprüft werden. Auftretende Störungen werden ad hoc gelöst, sich ergebende Konflikte auf der Beziehungsebene ausgetragen. Aber auch befriedigende Arbeitsabläufe werden nicht genügend herausgearbeitet und organisatorisch bekräftigt. Weiters ist charakteristisch, daß vor allem diejenigen Prozesse, die der Steuerung des Systems und ihrer Weiterentwicklung dienen, wenig ausgearbeitet und etabliert sind.

Die Arbeit an einem passenden Regelwerk für die Selbststeuerung der komplexen Arbeitsabläufe braucht auch eine dazu geeignete Sprache und Denkweise. In medizinischen Fachtermini sind Zuständigkeits- und Konfliktregeln nicht auszudrücken. Dazu ist ein begriffliches Instrumentarium notwendig, das es ermöglicht, Strukturen und Prozesse in den Blick zu bekommen und entsprechende Handlungsschritte zu formulieren (Grossmann/Prammer 1995) – wobei es nicht so sehr um ein semantisches Problem geht, sondern um einen Wechsel in der Beobachtungsperspektive. Dieser Perspektivenwechsel von einer naturwissenschaftlich orientierten, sehr technisch ausgerichteten bzw. einer auf Individuen und Einzelfälle zentrierten Sichtweise zur Beobachtung von sozialen Beziehungen und den Beziehungen von Systemen ist radikaler als vielfach angenommen.

Wenig Selbstbeobachtung als Organisation

Im Krankenhaus wird die Auswertung der Arbeit vor allem innerhalb der Professionen und im jeweiligen Fachhorizont praktiziert. Die Medizin hat eine Tradition der fachlichen Selbstbeobachtung, und in vielen medizinischen Abteilungen sind entsprechende Instrumente verankert. Auch in der Pflege haben Dokumentation und konzeptgeleitete Reflexion der täglichen Arbeit kontinuierlich an Bedeutung gewonnen. Aber das Krankenhaus hat wenig Erfahrung mit der Selbstbeobachtung und Selbstauswertung als Organisation und hat in der Regel dafür auch keine entsprechenden Verfahren etabliert. Das gilt für die einzelnen Organisationseinheiten ebenso wie für bereichsübergreifende Leistungsprozesse und das Krankenhaus als Gesamtorganisation. Die Tendenz, die fachliche Bedeutung von organisatorischen Strukturen und Regelungen zu unterschätzen, ist evident. Mit der in den letzten Jahren forcierten Implementierung von Projekten zum Qualitätsmanagement wird auf diese Situation reagiert (Köck/Ebner 1994).

Veränderte Umweltbedingungen und die neuen organisatorischen Herausforderungen für das Krankenhaus

Der Expertenbetrieb Krankenhaus ist als Organisation gefordert. Die Krankenhäuser und ihre Trägersysteme sind gleichzeitig in fachlicher und in ökonomischer Hinsicht unter Druck geraten. Das medizinische Versorgungssystem ist ein äußerst expansives System, angetrieben von einem prinzipiell unbegrenzten Bedarf an Heilung in der Gesellschaft sowie von den eigenen Erfolgen in der Bekämpfung von Krankheiten und der Verlängerung des Lebens. Wie andere Systeme auch, reagiert es dabei in erster Linie auf sich selbst, orientiert an den eigenen Erfolgskriterien und internen Entwicklungsbedürfnissen. Ausgestattet mit gut funktionierenden Anschlüssen zum Wirtschaftssystem im Bereich der Technologieentwicklung – Geräte und Medikamente –, produziert das System immer rascher neue und kostenintensive Verfahren. Die Basis dieses Erfolgs bildet die Spezialisierung.

Mit der erfolgreichen Spezialisierung und fachlichen Ausdifferenzierung und ihrer organisationsförmigen Bearbeitung im Krankenhaus geht eine enorme Ressourcenkonzentration einher und schafft auch eine ganz dominante Stellung der Organisation im System der Krankenbehandlung. Sie wird durch Forschungs- und Ausbildungsfunktion noch verstärkt. Das entlastet zwar andere Subsysteme – Politik, Familie, Betriebe –, aber gleichzeitig gerät die Organisation gesellschaftsseitig unter mehrfachen Problemdruck.

Begrenzung der Kosten und neue fachliche Anforderungen

Die steigende Lebenserwartung, nur sehr begrenzt ein Resultat von Medizin, und eine rasch fortschreitende Veränderung der Lebensformen in den entwickelten Industriegesellschaften in Richtung Individualisierung konfrontieren das Krankenhaus mit einer wachsenden Zahl von Patients. Die Dominanz der chronisch degenerativen Krankheiten in der Bevölkerung erfordert andererseits eine neue Kombination von technik- und interaktionsintensiven Leistungen, die auf Mobilisierung der Gesundheitspotentiale der Patienten gerichtet sind und sich an Konzepten der Prävention und Frührehabilitation orientieren. Das erfordert fachliche Neuorientierungen in den medizinischen Abteilungen der Akutkrankenhäuser, aber v.a. eine neue Verknüpfung zwischen Akutkrankenhaus und Rehabilitationseinrichtungen, zwischen stationärer Versorgung und alltagsnahen, ambulanten und semi-stationären Diensten. Immer noch werden aus Mangel an organisatorischen Alternativen im durchschnittlichen öffentlichen Akutkrankenhaus viele Pflegebedürftige behandelt, die fachlich passender und kostengünstiger in darauf spezialisierten Einrichtungen stationär und ambulant betreut werden könnten (vgl. Badura/Feuerstein/Schott 1993; Badura/Feuerstein,1994; Grossmann 1995a, 1995b; Heller 1994).

Gleichzeitig gerät die Organisation, was ihren expansiven Selbstlauf „Kosten" betrifft, unter Druck des Politiksystems, weil in unserer Gesellschaft die Kosten letztlich durch politisch zu legitimierende Budgets zu tragen sind und das Politiksystem angesichts knapper werdender finanzieller Ressourcen seinerseits

175

unter Legitimationsdruck steht. Aber auch die Zweifel über die inhaltliche Sinnhaftigkeit des Mitteleinsatzes sind gewachsen. Über Jahrzehnte hinweg schien die Legitimationsfähigkeit des Systems unbegrenzt – das hat sich geändert. Daher wird der Druck in Richtung Effizienzsteigerung und Kostenbegrenzung einerseits und Qualität andererseits stärker werden. Die Bereitschaft, diesen „Markt ohne Sättigungsgrenze" zu akzeptieren, ist gesunken. Es ist diese spezifische Doppelanforderung, Rationalisierung zu bewältigen und Qualitätssteigerung zu ermöglichen, die die derzeitigen Organisationsveränderungen im Gesundheitswesen besonders auszeichnet (vgl. Heimerl-Wagner/Köck 1996).

Die Krankenhäuser müssen sich als Organisation verhalten

Aus dieser Not heraus ist in Politik und Verwaltung in den letzten Jahren die Einsicht gewachsen, daß die Steuerung und Entwicklung dieser komplexen Organisationen mit den Mitteln staatlicher Verwaltung, also mit zentralistisch-bürokratischen Formen, schlecht zu bewerkstelligen ist. Es wurde daher damit begonnen, die Krankenhäuser aus der öffentlichen Verwaltung oder einer vergleichbaren Trägerschaft – teilweise – auszugliedern und zu eigenverantwortlichen Organisationen zu machen. Die Krankenhäuser sollen in die wirtschaftliche Mitverantwortung für die Kostenentwicklung genommen und – längerfristig – in die Lage versetzt werden, die dazu notwendigen Entscheidungen zu treffen und ihre innere Entwicklung weitgehend selbst zu gestalten. Diese Veränderung bringt erhebliche organisatorische Umbauprozesse mit sich. Die Entscheidungs- und Managementkompetenzen zwischen zentraler Trägerorganisation und den einzelnen Krankenhäusern sind neu aufzuteilen. Personelle und logistische Ressourcen sind in die Krankenhäuser zu verlagern, und beide Seiten brauchen neue Leitungsstrukturen und Qualifikationen, um sich auf Selbstorganisation einzustellen und sie handhaben zu können. Die relative Autonomie und ökonomische Verantwortung der Krankenhäuser zwingt diese auch, sich zum ersten Mal als Gesamtorganisation zu verhalten. Die Organisationsdynamik der Krankenhäuser war und ist, wie skizziert, von den sehr autonom agierenden medizinischen Fachbereichen (Abteilungen,

Kliniken, Institute) bestimmt, die sich primär und zumeist expansiv an der inneren Logik der medizinisch-professionellen Entwicklung ausgerichtet haben und gewohnt waren, ihren Ressourcenbedarf sehr direkt gegenüber den zentralen Stellen in Politik, Verwaltung, Verbänden und Kirchen durchzusetzen. Mit den Vorgaben von Budgetrahmen und fachlichen Schwerpunkten für das Krankenhaus insgesamt entsteht ein erheblicher Koordinationsbedarf zwischen der Gesamtleitung und den einzelnen Fachbereichen sowie zwischen diesen Organisationseinheiten. Das Organisationsproblem besteht darin, vor allem die Subeinheiten in die Lage zu versetzen, in ihrer autonomen fachlichen Arbeit die Belange des Ganzen mitzudenken und im Sinn der Selbstorganisation, orientiert an der Qualität und Effektivität der Arbeit, Funktionen mitzuübernehmen, die bisher von Verwaltungsstellen der einzelnen Krankenhäuser oder der Trägerorganisationen wahrgenommen wurden, z.B. Aufgaben des Personalmanagements oder Budgetcontrollings. Die Steigerung der Selbstorganisationsfähigkeit der Krankenhäuser und ihrer Subeinheiten ist damit zu einer zentralen Entwicklungsaufgabe geworden.

Worauf ist Supervision im Krankenhaus die passende Antwort?

Die spezifischen Leistungen von Supervision sind auf die zentralen Widersprüche der Organisationen zu beziehen, die ich beschrieben habe. Supervision ist ein hilfreiches Instrument, um:

- die Verbindung von Fach- und Organisationsebene herzustellen;

- die Handlungen und Befindlichkeiten von Personen zu den situativen Bedingungen, den Strukturen der Organisation in Beziehung zu setzen;

- unterschiedliche fachliche Ressourcen und professionelle Zugänge zu nutzen und damit die Kooperation der Berufsgruppen zu unterstützen.

Aufgaben von Supervision im Krankenhaus

- *Mitarbeiter in bezug auf die Verarbeitung schwieriger und belastender Situationen unterstützen;*

- *Kooperationsprobleme im Team bearbeiten und Teamentwicklung fördern;*

- *die Arbeit im Team inhaltlich auswerten und Qualitätsstandards erarbeiten;*

- *Arbeitsabläufe überarbeiten und dabei Erwartungen, Rollen, Kompetenzen und Regeln klären;*

- *Führungskräfte bei der Reflexion und der Gestaltung ihrer Leitungsrolle beraten – Leitungsteams in ihrer Konstituierung und Entwicklung fördern;*

- *Prozesse der organisatorischen Veränderung und Entwicklung unterstützen, z.B. durch Supervision für Qualitätszirkel oder Projektteams.*

„Teamentwicklung" als Angelpunkt von Qualitätssicherung, Personal- und Organisationsentwicklung

Der hauptsächliche Einsatzort von Supervision im Krankenhaus sind „Teams" in bettenführenden Stationen bzw. Abteilungen oder „Teams" in Instituten oder zentralen medizinischen Einrichtungen wie Röntgen oder Labors. Und hier, in den „Kerneinheiten" der Organisation Krankenhaus, kann Supervision auch am stärksten wirksam werden. In den medizinischen Abteilungen überschneiden sich die fachlichen, medizinisch-pflegerischen und die organisationsbezogenen Dimensionen der Arbeit am deutlichsten. Hier muß und kann die Verknüpfung von fachlich-professioneller Entwicklung mit Dimensionen wie Qualitätssicherung, Personalentwicklung oder inhaltlich strategischer Ausrichtung der Arbeit am nachvollziehbarsten geleistet werden. Die Fachbereiche sind ein ganz wesentlicher Kontext für die Gestaltung der Arbeitsorganisation und der Arbeitsbedingungen; hier wird die Arbeitskultur wesentlich geprägt und erfahrbar. Die Zusammenarbeit zwischen den Berufsgruppen ist am unmittelbarsten und nachhaltigsten wirksam und gestaltbar. Hier ist auch das Management der alltäglichen Schnittstellen zu zentralen Dienstleistungen – wie Versorgung mit Essen, Krankentransport, Reinigung, administrative Erfassung von Mitarbeitern und Patientinnen – zu bearbeiten. Der größte Teil der Kommunikation mit Patienten und Angehörigen sowie die fachliche Auseinandersetzung mit externen Einrichtungen sind ebenfalls hier zu bewältigen. Die Entwicklung der Fachbereiche zu organisatorisch handlungsfähigen „Geschäftseinheiten" ist auch der Schlüssel für die Handlungsfähigkeit der Gesamtorganisation. Die Motivation der Professionellen, sich mit der Entwicklung der Organisation zu befassen, ist in den Abteilungen und Instituten am ehesten zu aktivieren.

Die Kooperationskultur in den „Teams" hat große Bedeutung für die Bewältigung von Anforderungen und Belastungen.

Die Befunde der Streßforschung haben die Bedeutung von sozialer Unterstützung und Partizipation für das Bewältigen schwieriger Arbeitssituationen und eine gesundheitsförderliche Verarbeitung von Arbeitsbelastungen aufgezeigt. Arbeit ist eine wesentliche Grundlage der psychischen Gesundheit. Stressoren, die mit der Arbeit verbunden sind, können aber auch in hohem Maß die psychische Gesundheit beeinträchtigen. Wesentlich für die Entwicklung psychischer Gesundheit ist die Balance zwischen motivierender Anforderung und destruktiver Überforderung, zwischen Belastung und Entlastung. Supervision hat in unserem Verständnis fachlich gute Anschlußmöglichkeiten an die moderne Streßforschung – vor allem, indem beide Konzepte den Blick nicht nur auf Stressoren richten und fragen, wie Belastungen und Risiken in der Arbeit beseitigt werden können, denn mit der Krankenhausarbeit sind unvermeidlich viele Anforderungen und Belastungen verbunden. Sie fragen nach den Möglichkeiten, Arbeitsprozesse und Arbeitsbedingungen so zu gestalten, daß auch schwierige und belastende Arbeitssituationen gesundheits- und motivationserhaltend verarbeitet werden können. Die dazu wichtigen „Ressourcen" (vgl. Frese 1985) sind sehr eng mit „Teamarbeit" verbunden und können durch Supervisionsarbeit gefördert werden. Auf der Ebene der Personen gehört dazu Wissen: Wissen um wichtige Informationen am Arbeitsplatz und im Umfeld des unmittelbaren Arbeitseinsatzes; die Fähigkeit zu einer gewissen Selbstdistanz, zu Selbstbeobachtung und Selbstreflexion; Kompetenzen zur Verständigung und Kooperation der Arbeitskollegen, zum Einbringen von Interessen und zur Einflußnahme auf die Arbeitssituation. Auf der Organisationsebene gehören dazu vor allem: soziale Unterstützung, die direkte Hilfe in der Arbeit, Akzeptanz und Verankerung in einem Sicherheit bietenden Netz sozialer Beziehungen am Arbeitsplatz; Handlungsspielraum, also die Möglichkeit zu selbständiger Arbeitsgestaltung; sowie Einflußmöglichkeiten auf die Arbeitsbedingungen, die Mitsprache in der Arbeitsorganisation.

Was heißt „Team" im Krankenhaus?

Von Team oder Gruppenarbeit im engeren Sinn können wir sprechen, wenn eine Gruppe von Mitarbeiterinnen einen komplexen Arbeitsprozeß kooperativ und in Eigenverantwortung bearbeitet. Dieser Zuschnitt von Teamarbeit, wie er sich z.B. in Form von autonomen oder teilautonomen Arbeitsgruppen in der Automobilindustrie durchgesetzt hat, ist im Krankenhaus kaum etabliert. Das Konzept der Gruppenpflege, in der eine bestimmte Gruppe von Patienten von einem Pflegeteam kooperativ und nicht funktional spezialisiert betreut wird, geht in diese Richtung, aber eben nur auf die Pflege bezogen und nicht als integrativer medizinisch-pflegerischer Leistungsprozeß.

Die Krankenhausarbeit ist grundsätzlich ein hoch arbeitsteiliger und funktional differenzierter Prozeß, in dem viele Schnittstellen zu managen sind – zwischen spezialisierten Leistungen innerhalb einer Berufsgruppe, zwischen den Interventionen verschiedener Berufsgruppen innerhalb einer Zeiteinheit, zwischen den jeweiligen Funktionsgruppen bei Übergabe an eine andere „Schicht". Charakteristisch für die vorherrschende Krankenhausarbeit ist ein hohes Maß an Selbststeuerung und Schnittstellenmanagement durch die jeweils anwesenden Personen und Gruppen ohne formelle Eigenverantwortung und personelle Kontinuität als Team.

Häufig werden im Krankenhaus mit „Team" die Mitglieder einer Berufsgruppe in einer Organisationseinheit bezeichnet: das Pflegeteam, das Ärzteteam. Die Problematik der Fachkräfte, die in der Organisationseinheit, in der sie arbeiten, keine solche soziale und fachliche Heimat haben, wird dabei sofort deutlich. Das ist häufig das Schicksal von Physio- und Ergotherapeutinnen, Psychologen und Sozialarbeitern, aber auch von Sekretärinnen und Reinigungskräften.

Mit „Team" kann auch die Gesamtheit der Mitarbeiterinnen bezeichnet werden, die dauerhaft einer Organisationseinheit zugeordnet sind, die also einen relativ stabilen und überschaubaren fachlichen, sozialen und organisatorischen Zusammenhang bilden, also z.B. die Mitarbeiter einer bettenführenden Station. Hier kann es Doppelmitgliedschaften geben, wenn bestimmte Fachkräfte mehrere Stationen einer Abteilung bedienen, und häufig gibt es Rotation, z.B. bei den leitenden Ärztinnen, was vielleicht im Sinn der persönlichen fachlichen Entwicklung und der Verbreiterung der Know-how-Basis der Berufsgruppe sinnvoll ist, aber die Entwicklung eines Teamzusammenhangs erschwert.

Ein sehr relevantes, aber eher selten „kultiviertes Team" könnten die Leitungskräfte einer Organisationseinheit als kollegiales Steuerungssystem bilden. Dazu ausführlicher weiter unten.

Oft werden mit Team auch die Teambesprechungen bezeichnet, die eine Funktion in der Steuerung der Arbeit erfüllen. Hier ist wiederum eine Differenzierung angebracht: Der Krankenhausalltag ist sehr kommunikationsintensiv. Das Schnittstellenmanagement ist mit zahlreichen kurzen Besprechungen verbunden, die auf die Bewältigung der unmittelbaren fachlichen Aufgaben ausgerichtet sind. Dieser Besprechungstypus ist meist auch gut etabliert und wird effizient gehandhabt. In manchen Abteilungen gibt es eine entwickelte Tradition von Fallkonferenzen, in denen einzelne besonders interessante oder schwierige Patientengeschichten besprochen werden, oft auch in Verbindung mit Aus- und Weiterbildungsfunktionen. Allerdings gibt es oft Unklarheiten darüber, was in welcher Besprechung sinnvoll zu behandeln ist. Tendenziell gibt es eine Überladung der Besprechungen einerseits, andererseits fehlen Kommunikationsarrangements für zentrale Themen. Meist weniger gut etabliert und abgegrenzt sind Besprechungen, die nicht der operativen Bewältigung der Aufgaben, sondern der Reflexion über die Arbeitssituation und damit der Selbstorganisation und Entwicklung einer Berufsgruppe oder Organisationseinheit dienen. Wenn solche Besprechungen eine inhaltlich orientierende strategische, fachlich und sozial integrierende Funktion auf der Ebene der Organisationseinheiten erfüllen sollen, werden sie notwendigerweise interdisziplinär zusammengesetzt sein müssen. Solche berufsgruppenübergreifenden Besprechungen gehören nach unserer Erfahrung noch nicht zum festen Bestandteil der Organisationskultur von Krankenhäusern.

Die Entwicklung von Teamarbeit kann sich also beziehen auf:

- die Einrichtung echter eigenverantwortlicher Gruppenarbeit;

- die Konstituierung eines fachlichen und organisatorischen Subsystems;

- die Steuerung und Entwicklung der Zusammenarbeit und der Arbeitsabläufe durch geeignete Besprechungsarrangements.

Die Abgrenzung, Ausdifferenzierung und Weiterentwicklung geeigneter Besprechungsformen ist selbst ein zentraler Gegenstand von Supervisionsarbeit.

Das berufsübergreifende Team als integratives Setting

Die Entscheidung für eine gemeinsame Supervision als berufsgruppenübergreifendes Team einer Organisationseinheit ist selbst schon eine wichtige Intervention in die Arbeitsorganisation und Kultur dieser Organisationseinheit, mit dem Ziel der fachlichen, sozialen und organisatorischen Integration. Häufig werden im Krankenhaus Supervisions-Settings angeboten, die bestehende professionelle und organisatorische Trennlinien bekräftigen.

Nur in einem interprofessionellen Team einschließlich der Leitungskräfte ist es möglich,

- die Kommunikationsstrukturen des Teams real weiterzuentwickeln,

- an der Kooperation der Berufsgruppen mit unterschiedlicher Problemsicht wirksam zu arbeiten,

- Leistungsprozesse und Arbeitsorganisation der Einheit unter Einbeziehung aller fachlichen Perspektiven zu entwickeln,

- die unterschiedlichen Interessen der Personen und professionellen Gruppen auf die Entwicklung der Organisationseinheit und ihre wichtigen Umweltbeziehungen zu fokussieren (vgl. Grossmann 1995b).

Nur in einem solchen Setting läßt sich sinnvoll an Qualitäts- und Erfolgskriterien der Organisationseinheit oder an ihrer fachlich strategischen Ausrichtung arbeiten. Soziale Systeme wie Stationen, Institute und Verwaltungseinheiten können sich letztlich nur als Ganzes unter Einbeziehung aller relevanten Elemente des Systems entwickeln.

Erfolgsbedingungen für Supervision im Krankenhaus

*Die Entwicklung von Personen und Strukturen
ist gleichgewichtig zu berücksichtigen*

Das Interesse an Supervision wird zumeist an Kooperationsproblemen festgemacht, auch wenn die angesprochene Problematik bei näherer Betrachtung wesentlich mit der Organisation der Arbeit zusammenhängt. In den Handlungen der Personen und in ihren Beziehungen werden Strukturdefizite wirksam und sichtbar, und das Krankenhaus exportiert seine Probleme in besonders ausgeprägter Weise auf die Ebene der Personen. „Der Mensch steht im Mittelpunkt."

Die Arbeit an Strukturen umfaßt:

- Handlungsketten in der täglichen Aufgabenerfüllung exemplarisch zu rekonstruieren und ihre Funktionalität zu überprüfen;

- die Besprechungen und andere Kommunikationsformen, in denen wichtige Entscheidungen getroffen sowie Informationsaustausch und Verständigungsprozesse geleistet werden müssen, zu analysieren und Optionen für ihre Verbesserung zu eröffnen;

- an den gegenseitigen Erwartungen zu arbeiten und gemeinsame oder unterschiedliche Erfolgskriterien transparent zu machen;

- wichtige Rollen zu formen, die unterschiedlichen auf sie gerichteten Erwartungen zu verdeutlichen und damit verbundene Konflikte zu bearbeiten;

- die Art und Weise, wie Entscheidungen getroffen werden, und die Umsetzung der Entscheidungen im Alltag zu reflektieren.

Dabei gilt es, den Leidensdruck und die Interessen der beteiligten Personen ernstzunehmen, belastende Arbeitssituationen thematisierbar zu machen und emotionelle Entlastung zu ermöglichen, aber gleichzeitig auch die Energie auf die Gestaltung der Strukturen zu lenken.

Formelle Kommunikation stärken

Vieles wird im Krankenhaus informell geregelt. Das ist manchmal höchst funktional, aber wenn es um Punkte geht, die für die Entwicklung des Systems bedeutsam sind, braucht es formelle Kommunikation, in der Verbindlichkeit erzielt werden kann. Das Team als soziales System entwickelt sich, so wie größere Systeme auch, über seine formelle Kommunikation. Nur das, was in die formell anerkannte arbeitsbezogene Kommunikation Eingang findet, erfährt Verbindlichkeit für die weitere Arbeit. Es gilt daher, diese Unterscheidung bewußt zu machen und die formelle Kommunikation aufzuwerten – z.B. in Teambesprechungen. Die Arbeit an der Qualität der Kommunikationsarrangements ist daher auch eine wichtige Aufgabe in der Supervision. Angesichts der vielfältigen Kommunikationsanforderungen in der Krankenhausarbeit sind die sorgfältige Abgrenzung und eine effiziente, aber funktionsgerechte Gestaltung der Besprechungen keineswegs triviale Aufgaben.

Sprache für Organisationsentwicklung

Die Verständigungsprobleme zwischen Ärztinnen und Pflegekräften oder Psychologinnen und Medizinern oder zwischen medizinisch-pflegerischen Fachkräften und den Vertretern von Haustechnik und Administration haben auch viel mit Sprache und Dominanz von Fachsprache zu tun. In den Besprechungen für Aufgaben und Qualitätskriterien eine gemeinsame Sprache zu finden, ist ein häufiger Arbeitsschwerpunkt von Supervision. Gleichzeitig gilt es, Fragen der Organisationsgestaltung thema-

tisierbar zu machen und dafür eine geeignete Begrifflichkeit einzuführen, in der Entscheidungsprozesse, Kompetenzfragen und
Arbeitsabläufe gut besprechbar sind.

Neutralität gegenüber unterschiedlichen Teilen und Perspektiven des Systems

Die vielfältigen fachlichen und organisatorischen Trennlinien und
die Konflikte, die damit verbunden sind, bedeuten oft, daß die
Allparteilichkeit der Supervisorin einer ziemlichen Belastungs-
probe unterzogen wird. Sich hier nicht in einseitige Sichtweisen
und Loyalitäten einbeziehen zu lassen ist wichtig und ein Schlüssel zum Erfolg in der Supervisionsarbeit. Es geht hier ja auch um
eine beispielhafte Kommunikation, die ermutigend sein soll, daß
sich das Ringen um eine Arbeitskultur lohnt, in der unterschiedliche professionelle Zugänge und Rollen ihren Platz und Einfluß
haben. Neutralität in diesem Sinn ist vor allem dann schwierig,
aber besonders notwendig, wenn wichtige Teile des Systems in
der Supervision nicht anwesend sind, aber die Arbeit an realistischen Handlungsoptionen einzelner Mitarbeiter es notwendig
macht, die Abwesenden und ihre Perspektiven mitzudenken.

Aktive Strukturierung und Offenheit

Zeit ist im Krankenhaus besonders kostbar, und die Professionellen sind in ihrer Alltagsarbeit eher zupackend und ergebnis-
orientiert eingestellt. Das ist eine ihrer Stärken und macht die
Beratungsarbeit im Krankenhaus auch angenehm. Im Gegensatz
zu vielen operativen Handlungsabläufen sind aber die planerisch
oder reflektierend ausgerichteten Besprechungen nicht so gut
strukturiert und effizient gemanagt. Das ist nicht nur ein Thema
für Supervision, sondern Supervisionsarbeit kann hier beispielgebend wirksam werden, was die Strukturierung von Besprechungen betrifft. Andererseits ist die Arbeit im Krankenhaus ständig
durch operative Anforderungen überdeterminiert und reflexive
Distanz schwer zu gewinnen. Daher ist eine gewisse Offenheit
im Prozeß ein anderer wichtiger Wert, den Supervision fördern
kann: Offenheit für Gefühle und Befindlichkeiten, für Angst,
Unsicherheit, aber auch Freude und Erfolgsgefühl, Offenheit für
Nuancen in der Beurteilung einer Situation, Offenheit für latente
Themen und Konflikte. Dazu kommt, daß die Experten in der

Medizin, Pflege, Psychologie etc., wenn sie Vertrauen gefaßt haben, den Expertinnen für Kommunikation und Organisation auch gerne die Strukturierung der Kommunikationsarbeit überlassen, was zwar im Moment nützlich sein kann, aber das System und die handelnden Personen davon entlastet, die eigene Arbeitsweise umzustellen.

Bewahren und Verändern

In der Organisation Krankenhaus ist besonders viel Energie aufzuwenden, um Stabilität aufrechtzuerhalten. Veränderung ist der Regelfall. Die Organisation muß eine Fülle von Veränderungen verarbeiten: täglich neue Patienten und ihr spezifisches Umfeld integrieren, neue Technologien und neue fachliche Prozeduren implementieren, hohe Fluktuation des Personals verkraften. Die psychisch belastende Tätigkeit verlangt nach Sicherheit in den Arbeitsroutinen. Das System hat auch wenig Praxis, sich als Organisation zu reflektieren und zu evaluieren, die Organisation bewußt zu gestalten. Fehler werden im Krankenhaus Personen zugerechnet. Es hat keine fehlerverzeihende Kultur. Entsprechend defensiv ist die Grundhaltung der Mitarbeiterinnen, was Abweichungen betrifft. Es gilt, Fehler zu vermeiden und Abweichungen zu beseitigen. Das ist eine Strategie, um mit der überfordernden fachlichen Verantwortung fertigzuwerden. Es ist auch charakteristisch für die Organisationskultur, daß es wenig Platz gibt, Wertschätzung, Anerkennung und Erfolg formell auszudrücken. Diese Verhaltensweise erschwert die Entwicklung des Arbeitssystems.

Für die Beratung folgt daraus, daß es gilt, Veränderungsdruck zu vermeiden und das Bedürfnis nach Stabilität ernstzunehmen; insbesondere gilt es, die funktionalen und bewährten Teile der Arbeit herauszuarbeiten und zu sichern sowie eine Haltung zu fördern, die den Ausdruck von Wertschätzung und Anerkennung möglich macht. Die negative Abweichungen sanktionierende Alltagskultur ist durch die Verstärkung positiver Abweichungen, die Orientierung an gelungenen Alternativen, an guten Beispielen und Modellversuchen zu ergänzen. Gleichzeitig gilt es, positive Erfahrungen damit zu vermitteln, daß es manchmal Sinn macht, bestimmte Arbeitsprozesse und Regelungen grundsätzlich zu überdenken. Bedarf an Supervision ist oft gespeist von dem Interesse, ein anstehendes Problem möglichst rasch aus der

Welt zu schaffen, ohne an den darunterliegenden professionellen und kulturellen Mustern etwas ändern zu müssen. Die chronische Überlastung und Atemlosigkeit des Betriebes verstärkt dieses Interesse an Veränderung erster Ordnung. Und generell fällt es nicht leicht, Veränderungen zu implementieren. Die Professionals unterschätzen die Anstrengung, die notwendig ist, um intendierte Veränderungen schrittweise und konsequent im Alltag umzusetzen. Es werden normativ mechanistisch orientiert Pläne gemacht und Entscheidungen getroffen, aber die Energie für eine operative Veränderung der Handlungsketten und den Umbau der dazu notwendigen Verhaltensweisen und gegenseitigen Erwartungen freizumachen fällt zumeist schwer. Das Setting Supervision greift für Umbauprozesse in der Arbeitsorganisation auch oft zu kurz.

Zur Konstruktion von Settings im Krankenhaus

Die durch den Supervisor beraterisch unterstützte Konstruktion des Settings ist gerade auch im Krankenhaus eine sehr wichtige Intervention. Häufig werden der Supervisorin Settings angeboten, in denen das Ziel, das die Interessenten anstreben, nur sehr bedingt oder gar nicht realisiert werden kann. Die Grenzen des Settings folgen tendenziell den Berufsgrenzen und den Interessen von Personen, weniger dem Entwicklungsbedarf eines Handlungskontextes bzw. einer Organisationseinheit.

Das Pflegeteam

Immer noch bildet – jedenfalls in östereichischen Krankenhäusern – die Gruppe der Pflegekräfte einer Station oder Teile derselben, die Teamsupervision anstreben, das häufigste Setting. Zweifellos können in einer Gruppe von Pflegekräften die pflegespezifischen Fragen des Arbeitsprozesses, die Kooperationsbeziehungen in der Pflegegruppe und dergleichen bearbeitet werden. Aber das, was Pflegekräfte meist am stärksten belastet bzw. interessiert – nämlich wie sich die Kooperation mit den Ärzten gestaltet, ihre Stellung und Einflußnahme im gemeinsamen Leistungsprozeß –, kann nur sehr indirekt behandelt wer-

187

den. Als Supervisorin wird man das Interesse der anfragenden Pflegekräfte ernstnehmen, aber auf die Grenzen dieses Settings hinweisen und die Möglichkeiten einer berufsgruppenübergreifenden Teamsupervision ausloten, eventuell auch im Sinn einer späteren Veränderung des Settings in diese Richtung. Die Pflegekräfte sind ja auch als Mitarbeiterinnen Teil eines Systems Station oder Abteilung; daher ergibt sich die Frage, wie die anderen Berufsgruppen informativ an den Supervisionsprozeß angeschlossen werden. Den Mitarbeitern, hier den Pflegekräften, ein selbständiges Recht auf Supervision zuzuerkennen, unabhängig von der Mitwirkung anderer Berufsgruppen und der Leitungskräfte, ist eine Sache; auf Settings hinzuarbeiten, die günstiger für die Bearbeitung der zentralen Aufgabe und der Widersprüche der Organisation sind, ist die andere Seite. Die Supervisorin kann auch, ohne den Auftrag gleich abzulehnen, in diese Richtung intervenieren, indem sie Informationsveranstaltungen für alle interessierten Mitarbeiter des Systems anregt oder auch vorschlägt, den Supervisionsvertrag für Leitungskräfte und andere Subgruppen transparent zu machen; manchmal auch, indem sie einen Auftrag nicht annimmt.

Unvollständige Teams

Ein häufiges Settingsproblem bilden unvollständige Teams und die diesbezüglichen Spielregeln für die Supervision. Mit einem Teil der Mitarbeiterinnen einer Berufsgruppe oder einer Organisationseinheit Teamsupervision zu machen, ist grundsätzlich wenig sinnvoll. Es wird häufig über Abwesende verhandelt und nicht selten eine Spaltung im Team verschärft. Konsequenzen der Supervision sind dann oft schwerer umsetzbar als ohne Supervision. Scheitern und eine nachfolgende Abwertung der Supervision sind vorprogrammiert. Teamsupervision meint grundsätzlich „Arbeit mit dem Gesamtteam". Trotzdem ist auf der Ebene von Anwesenheitsregeln eine gewisse Flexibilität angebracht. Fluktuation ist im Krankenhaus, bedingt durch Diensteinteilung, Notfälle etc., ziemlich unvermeidlich. Aber es macht einen großen Unterschied, ob ein Kommen und Gehen in der Supervision mit allen Konsequenzen der Selbstabwertung der Kommunikation grundsätzlich akzeptiert oder ob auf klare Regeln und Verbindlichkeiten gedrängt und Flexibilität im Umgang mit Ausnahmesituationen gezeigt wird – durchaus beispielgebend für andere Teambesprechungen.

Beauftragte Teams

In manchen Fällen kann es eine sinnvolle Konstruktion sein, daß Teile eines Teams in Absprache mit den anderen Mitarbeitern und der Leitung oder mit explizitem Auftrag supervisorisch einzelne Problemstellungen bearbeiten – z.B. wenn es darum geht, bestimmte Fragen der Arbeitsorganisation zu analysieren und auszuwerten oder Planungen vorzubereiten oder wenn nur Teile der Mitarbeiterinnengruppe einer Einheit von einer bestimmten Frage betroffen sind. In diesem Fall wären die entsprechenden Rückkoppelungen an das Gesamtteam bzw. an die Leitungskräfte vorzusehen. Auch in größeren Einheiten, deren „Team" für eine Supervisionsgruppe zu groß ist, oder wenn es um inhaltlich abgrenzbare Problemstellungen geht, bietet sich diese Vorgangsweise an. Settingsgestaltung ist eine bewußte Definitionsarbeit, in der die Konsequenzen der gewählten Konstruktion zu bedenken sind.

Team ohne Leitungskräfte

Ein weiteres Beispiel „häufig gewünschter Unvollständigkeit" ist die Abwesenheit der Leitungskräfte. Teamsupervision ohne Leitungskräfte macht grundsätzlich wenig Sinn, es sei denn, es handelt sich um die Bearbeitung von speziellen Fragen, die mit Zustimmung oder im Aufrag der Leitungskräfte von einer Gruppe bearbeitet werden. Wo eine gemeinsame Supervision trotz entsprechender Anregungen nicht möglich oder vielleicht auch nicht sinnvoll erscheint, wären zumindest Schritte, die die Integration des Systems unterstützen, ins Auge zu fassen: etwa gemeinsame Vorbesprechungen, in denen die unterschiedlichen Sichtweisen und Erwartungen in bezug auf die Supervision versammelt werden und Rückkoppelungen der Erfahrungen vereinbart werden können. Letztlich bleibt wiederum die Entscheidung, den Auftrag nicht anzunehmen. An diesem Punkt wird besonders deutlich, daß Supervision in den hier besprochenen Organisationen oft als Ersatz für Leitungsarbeit und fehlende Instrumente der Personalentwicklung herhalten muß. In vielen Fällen, in denen Teamsupervision oder ähnliches gemacht wird, wäre eine Supervision der Leitungskräfte angebracht.

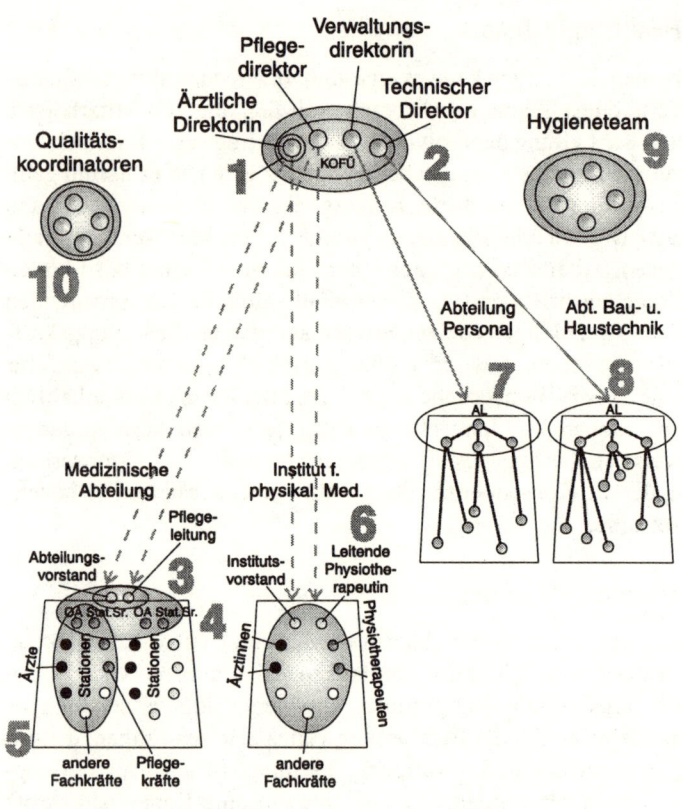

Abbildung 12: Settings für Supervision im Krankenhaus

Setting 1: Coaching einer Direktorin
Setting 2: Teamcoaching mit Kollegialer Führung
Setting 3: Coaching mit Leitungskräften (LK) einer Abteilung
Setting 4: Supervision mit LK einer Abteilung
Setting 5: Supervision mit einem Stationsteam
Setting 6: Teamsupervision mit interdisziplinärem Institutsteam
Setting 7: Teamsupervision mit Führungskräften (FK) einer
            Verwaltungsabteilung
Setting 8: Teamsupervision mit FK einer technischen Abteilung
Setting 9: Teamsupervision mit Hygieneteam
Setting 10: Teamsupervision mit Qualitätskoordinatoren

Coaching der Leitungskräfte im Krankenhaus

Die leitenden Ärzte und Pflegekräfte, aber auch die Leiterinnen in den Bereichen Verwaltung und Technik haben sehr anspruchsvolle Rollen zu spielen, die sich parallel zu den Veränderungsprozessen der Organisation wandeln und gleichzeitig eine wesentliche Bedingung für die Bewältigung des organisatorischen Wandels darstellen. Die Führungskräfte in Medizin und Pflege haben fast durchwegs Mehrfachrollen wahrzunehmen. Sie sind in der Regel die verantwortlichen Leiter in der jeweiligen Fachdisziplin, sie zeichnen letztlich verantwortlich für die Ausbildung und die Forschungsleistungen, und sie sind Leiterinnen einer Organisationseinheit. Im Zug der Veränderung der Krankenhäuser zu relativ selbständigen Organisationen mit Kompetenzen in ökonomischen und personalpolitischen Bereichen gewinnt die Rolle des Leiters der Organisationseinheiten an Bedeutung. Die Doppelanforderung der fachlichen Entwicklung als Expertin und der Steuerung einer komplexen Organisationseinheit ist sehr fordernd und macht vielen Leitenden zu schaffen. Die eigene Ausbildung wurde ganz von der fachlichen Seite bestimmt, die beruflichen Kontakte sind ebenfalls überwiegend auf diese fachliche Dimension ausgerichtet. Die in Zusatzausbildungen für Krankenhausmanagement erworbenen Qualifikationen müssen schrittweise in den Krankenhausalltag integriert werden. Viele dieser Weiterbildungsangebote vernachlässigen gerade auch die Vermittlung von Kompetenzen für die praktische Steuerung von kooperativen Arbeitsprozessen und Teams. Die Parallelität der Leitungshierarchien erfordert zusätzliche Koordinationsleistungen, die meist viel Fingerspitzengefühl verlangen.

Die Ausdifferenzierung der Leitungsrollen ist innerhalb der Organisationseinheiten sehr unterschiedlich weit gediehen. Während die Führungslinien in der Pflege – von der Pflegedirektion über Leitungskräfte auf Abteilungsebene zu den leitenden Pflegekräften in den einzelnen bettenführenden Stationen – durchstrukturiert sind, ist die Rolle der leitenden Oberärzte, zumindest in weiten Bereichen des österreichischen Krankenhaussystems, noch nicht einmal auf rechtlicher Ebene befriedigend geklärt.

Die Verwaltungsstellen des Krankenhauses und die Fachkräfte der Technik müssen den Wandel vom verlängerten Arm der bürokratischen Verwaltung unterschiedlicher Trägerorganisationen – wie Gemeinden, Bundesländer, Orden, Wohlfahrtsverbände – zu internen Dienstleistern bewerkstelligen, und das verlangt nicht nur ein neues Rollenverständnis aller Mitarbeiterinnen, sondern ist meist auch mit einer Erweiterung des Aufgabenspektrums verbunden. Für diese neuen Aufgaben sind die personellen Ressourcen oft zu knapp, oder es muß Personal aus den Zentralstellen transferiert und integriert werden. Die Verwaltungseinheiten sind insgesamt unter Kosten- und Effizienzdruck geraten. Wenn die Krankenhäuser mit begrenztem Globalbudget auskommen müssen, geraten die Leistungen dieser Berufsgruppen auch innerhalb der Organisation unter Konkurrenz- und Legitimationsdruck. Die Leitungskräfte dieser Dienststellen sind meist als Verwaltungsfachkräfte und nicht als Führungskräfte ausgebildet und mehr als Verwalter denn als Gestalter sozialisiert. Erstaunlicherweise wurde in die Qualifizierung und fachliche Unterstützung dieser Gruppe von Leitungskräften bisher weniger investiert, obwohl ihnen – bezogen auf die Gesamtorganisation – in den organisatorischen Veränderungsprozessen sehr verantwortungsvolle Funktionen zukommen.

Einzel- oder Teamsupervision der Leitungskräfte ist daher eine mehr als sinnvolle Investition in die Professionalisierung der Leitungsrollen und die Unterstützung der organisatorischen Veränderungsprozesse; beginnend bei den Mitgliedern der kollegialen Führung über Leiter der medizinischen Fachbereiche, Leiterinnen von Stationen oder Teams, die spezielle Funktionen zu erfüllen haben, bis zu den Abteilungs- und Referatsleitern in Verwaltung und Technik. Die Inanspruchnahme von Beratung wird zur Zeit, abgesehen vom allgemeinen Informationsmangel über unterschiedliche Beratungsformen, von der weitverbreiteten Einschätzung erschwert, daß es Ausdruck des Scheiterns ist, Beratung zu brauchen – was selbst als Ausdruck des Professionalisierungsgrads von Leitungsarbeit gelten kann.

Die Supervision von Leitungsteams ist das innovativste Setting im Krankenhaus

Auch wenn es zunächst paradox klingen mag: Die Selbstorganisationsfähigkeit von Krankenhäusern hängt wesentlich davon ab, wie es gelingt, die Qualität der Führungsarbeit zu entwickeln. Führung und Selbstorganisation sind keine Gegensätze. Die Führung in Organisationen mit stark dezentraler Verantwortung, mit sehr selbständiger und eigenverantwortlicher Arbeit braucht entsprechende Steuerungskonzepte und Interventionen. Die Arbeit der Führungskräfte ist daher als ein wesentlicher Faktor in die Qualitätsarbeit der Organisationen einzubeziehen. Die berufsgruppenübergreifende Entwicklung der medizinischen Fachbereiche, der Abteilungen, Stationen und Institute kann nur dann zustande kommen, wenn die Führungskräfte in interdisziplinären Leitungsteams die notwendigen Koordinationsleistungen erbringen und eine gemeinsame Vorstellung von der fachlichen und organisatorischen Zukunft der Einheiten erarbeiten. Die Integration der Gesamtorganisation Krankenhaus und die Steigerung seiner Leistungs- und Entwicklungsfähigkeit kann nur gelingen, wenn die kollegiale Führung zu einem gemeinsamen Verständnis der Steuerung und zu einer entwickelten Form von Kooperation findet.

In Organisationen mit stark dezentraler unternehmerischer Verantwortung gilt es, die Eigenständigkeit und Leistungsfähigkeit der einzelnen Einheiten zu fördern und gleichzeitig den Rückbezug auf die Interessen der Gesamtorganisation sicherzustellen. Das bedingt anspruchsvolle Aushandlungsprozesse zwischen den Führungskräften der Subeinheiten und den Leitungskräften der Gesamtorganisation. Das Krankenhaus als ein Unternehmen, bestehend aus selbständigen, lose untereinander verbundenen Einheiten, ist in seiner Steuerbarkeit darauf angewiesen, daß zwischen den Führungsebenen funktionierende vertrauensgestützte Kommunikationsbeziehungen existieren (Wimmer 1996). Die spezielle Situation, daß es sich hier jeweils um interdisziplinäre Teams mit einer langen organisationskulturellen Tradition der Abgrenzung und Rivalität handelt, erschwert diese Aufgabe. Es geht also einmal um die Entwicklung der Leitungsteams einer Führungsebene und zum anderen um den Aufbau hierarchieübergreifender Leitungsarbeit.

Auf der Ebene der medizinischen Abteilungen und Institute bedeutet das, die ärztlichen und pflegerischen Führungskräfte der Abteilung und der Stationen zu solchen hierarchieübergreifenden Führungsteams zu konstituieren. In der Abstimmung zwischen den Organisationseinheiten und der kollegialen Führung gälte es, innovative Formen der Leitungsbesprechung in interdisziplinär besetzten und themenspezifischen Subgruppen zu entwickeln, ergänzt durch wenige plenare Leitungssitzungen – eine anspruchsvolle Aufgabe für die kollegiale Führung.

Fokus dieser Leitungssupervision muß es sein, Führungsarbeit nicht länger auf der Ebene persönlicher Eigenschaften und individueller Qualifikationen zu sehen, sondern als Arbeit an Strukturen und Prozessen in der Steuerung von Systemen. Gleichzeitig gilt es, Führung einer komplexen Organisation nicht länger als Einzelarbeit, sondern als kooperative Leistung von Teams in der Steuerung von Teams zu begreifen und zu gestalten. Es gilt, Führungsarbeit von Hierarchie- und Statusdenken zu befreien und als wesentliche Dienstleistung in einer Organisation zu profilieren.

Coaching-Arrangements können in dieser Hinsicht eine effiziente Antwort sein, die persönliche Entwicklung der Leitungsarbeit, Teamentwicklung und Arbeit an realen Koordinationsaufgaben zu verbinden.

Von Supervisoren wird in allen Coachingprozessen eine ziemliche fachliche Breite verlangt, geht es doch darum, die Führungskräfte nicht nur in der persönlichen Bewältigung der Leitungsrollen auf emotionaler Ebene zu unterstützen oder Leitungsteams in der Gestaltung ihrer Gruppendynamik zu beraten, sondern auch in der inhaltlichen Vorbereitung auf die unterschiedlichen Führungsfunktionen – z.B.: Arbeit an Strategie und Leitbildern, Design und Evaluation von Besprechungs- und Entscheidungsprozessen, Leitung von kooperativen Besprechungsarrangements, Aufbau eines geeigneten Konfliktmanagements, Einrichten und Steuern von Projekten, Entwickeln und Implementieren von Instrumenten des Personalmanagements. Der Coach ist hier, bei aller Abstinenz in fachlichen Details des Betriebes, auch als Experte für Führungsaufgaben tätig.

Supervision und Organisationsentwicklung (OE)

Supervision als personenbezogene Beratungsform unterstützt die Professionellen in der Bewältigung ihrer Aufgabe, die passenden Organisationsstrukturen zu finden. Häufig reicht das Setting Supervision, auch wenn es flexibel gehandhabt wird – z.B. längere Arbeitseinheiten oder eine Ausdifferenzierung, die Subgruppen mit speziellen Aufgabenstellungen vorsieht –, nicht aus, um die Kommunikationsstrukturen einer Einheit oder bestimmte Leistungsprozesse gründlich zu untersuchen und gemeinsam Alternativen zu entwickeln. Ein sorgfältig abgegrenztes Supervisionssetting schließt meist wichtige Umwelten des Teams aus, die aber relevante Mitspieler wären, wenn es darum geht, die fachliche Ausrichtung einer Station, vorhandene Besprechungsstrukturen einer Abteilung, Rollendefinition und Kooperation von Leitungskräften zu bearbeiten. Ein Stationsteam kann in einer Teamsupervision die Funktionalität bestimmter Strukturen und Arbeitsprozesse exemplarisch analysieren oder Handlungsoptionen für die gestaltende Einflußnahme der Mitarbeiterinnen eröffnen; wenn es aber um den Umbau zentraler Strukturen geht, wird das ohne Einbeziehung der Abteilungsleitung und der benachbarten Stationen nicht sinnvoll bearbeitbar sein. Meines Erachtens bräuchten viele Organisationseinheiten im Krankenhaus eine gründliche Analyse und Überarbeitung ihrer meist sehr personenbezogen und historisch gewachsenen Strukuren in Form eines OE-Projektes und eine regelmäßige Standortbestimmung in Form von Teamklausuren oder Mitarbeitergesprächen, die der periodischen Auswertung der Arbeit und der Arbeitsbeziehungen dienen.

Supervision wird häufig angefragt, wenn die Personen Leidensdruck oder Veränderungsbedarf spüren, aber eine Veränderung des Systems – unbewußt – nicht gewollt oder vorstellbar erscheint. Supervision kommt grundsätzlich der Tendenz der Organisation zur Personalisierung von Problemlagen entgegen. In manchen Fällen wäre es daher – von außen betrachtet – für das Klientensystem inhaltlich stimmiger und effizienter, einen anderen Beratungszugang zu wählen, ein Projekt zur Organisationsentwicklung aufzusetzen und Organisationsberatung zuzuziehen.

Entscheidend für die Wahl und die Konstruktion des Settings ist aber natürlich die Frage, für welches Ziel der Auftraggeber sich entscheidet. Wenn an der Überprüfung und Verbesserung der Strukturen des Systems gearbeitet wird, dann sind Organisationsentwicklung und Organisationsberatung die Instrumente der Wahl. In einem Organisationsentwicklungsprojekt ist das System als ganzes der Klient, und als Auftraggeber werden die zuständigen Leitungskräfte – in Abstimmung mit anderen Ebenen der Organisationseinheit – tätig. Die Interventionen werden dann nicht nur Reflexionssitzungen des Teams, sondern z.B. projektförmige Arbeitsweisen sein (Grossmann/Scala 1994). Supervisoren werden immer häufiger vor der Entscheidung stehen, Auftraggebern zu empfehlen, Supervisionsprozesse fortzusetzen oder sich für einen anderen Zugang zu entscheiden. Was allerdings von außen angebracht erscheint, muß noch nicht dem internen Entwicklungsstand entsprechen. Und Supervision als Möglichkeit, die Arbeit schrittweise zu verbessern, die Leistungsfähigkeit und das Wohlbefinden eines Teams zu fördern, wird in vielen Fällen ebenso sinnvoll wie legitim sein.

Die unterschiedlichen Informations- und Beratungsformen können auch gut in produktiven Kommunikationen genutzt werden. Häufig wird der Bedarf an OE des Systems im Rahmen von Supervisionsprozessen deutlich, und eine Entscheidung für ein OE-Projekt kann in der Team-Reflexion reifen und vorbereitet werden. In umgekehrter Reihenfolge gedacht, kann es in hohem Maß funktional sein, die alltägliche Umsetzung der Ergebnisse aus OE-Klausuren durch Supervision fachlich zu unterstützen. Oder es wird im Rahmen einer OE-Klausur ein spezieller Beratungsbedarf einzelner Teams oder Rollenträger herausgearbeitet und durch ein Supervisionsangebot aufgegriffen.

Supervision kann, als Möglichkeit der Reflexion von Entscheidergruppen und Projektteams, auch einen wichtigen Stellenwert im Rahmen von Organisationsentwicklungsprozessen erhalten. Viel zu oft werden Projektgruppen mit schwierigen Aufgaben betraut, ohne daß in ihre Entwicklung und Arbeitsfähigkeit investiert wird.

Ebenso ist das Verhältnis von Supervision und Qualifizierung sorgfältig zu bestimmen. Häufig werden in Supervisionsprozessen Qualifikationsdefizite deutlich, z.B. der Leitungskräfte in bezug auf ihre Organisations- und Leitungskompetenz. Supervision ist als Instrument aber nicht dazu geeignet, systematische Qualifizierungsprozesse zu ersetzen. Ein betriebsspezifisches Qualifizierungsprogramm für interessierte Leitungskräfte wird hier die Intervention der Wahl sein. Eine passende Auswahl und Abstimmung von internen Entwicklungsschritten und externer Beratung ist ein Schlüssel zum erfolgreichen Management.

Die aktuellen Veränderungsprozesse in der Organisation Krankenhaus erfordern einen bewußten und flexiblen Einsatz von Beratungsformen, die über die bekannten Settings von Supervision hinausgehen. Einige Beispiele, die den Zusammenhang von Managementleistungen, beratenen OE-Prozessen und Supervision zeigen, möchte ich noch skizzieren:

• Im Rahmen eines größeren Modellprojekts zur Gesundheitsförderung entscheidet sich ein Krankenhaus, ein Projekt zur Implementierung von berufsgruppenübergreifenden Teambesprechungen auf Stationen oder in Verwaltungseinheiten zu starten. Eine Projektgruppe „Gesundheitsförderung am Arbeitsplatz" hatte zuvor den Mangel an solchen Kommunikationsgelegenheiten als ein zentrales Gesundheitsrisiko der Ärzte und des Pflegepersonals identifiziert. Das Projekt wurde im Krankenhaus ausgeschrieben, interessierte Stationen, Institute und Verwaltungseinheiten wurden eingeladen, sich zu bewerben. Die Zustimmung der Leitungskräfte, die interne Akzeptanz unter den Mitarbeiterinnen und die Nominierung eines interdisziplinären Leitungsteams für die Gestaltung der neuen Besprechungsstruktur waren die wesentlichen Voraussetzungen für die Teilnahme am Modellversuch (Grossmann 1996; vgl. Pelikan/Lobnig/Nowak 1995).

Den Leitungsteams der ausgewählten Organisationseinheiten wurde ein spezielles Qualifizierungsangebot gemacht, um sich auf die neue Aufgabe persönlich vorzubereiten und auch gemeinsam die Qualitätsstandards und notwendigen Rahmenbedingungen für solche Teambesprechungen zu erarbeiten. Die Unterstützung der Implementierung erfolgte dann in mehreren gemeinsamen Supervisionssitzungen dieser Leitungsteams, in denen die Erfahrungen mit den ersten Teamsitzungen aufgearbeitet und Optionen für ihre Weiterentwicklung formuliert wurden.

- Ein Krankenhausträger startet ein Pilotprojekt zum Qualitäts-management. In den Pilotspitälern wird mit externer Beratung eine entsprechende Infrastruktur für Qualitätsmanagement aufgebaut: eine hauptberufliche Qualitätsmanagerin, eine Qualitätskonferenz, einzelne Qualitätsgruppen oder -zirkel und Qualitätskoordinatoren, die diese Zirkel betreuen. Eine Gruppensupervision für die Qualitätsmanagerinnen der Pilotspitäler, um die Arbeit in dieser schwierigen neuen Rolle zu unterstützen, oder mit den Qualitätskoordinatoren in einem Krankenhaus wären sehr sinnvolle Settings für Supervision.

- Eine Krankenhausleitung ortet große Probleme im „OP-Betrieb", sowohl was die interne Differenzierung und Kooperation im OP-Pflegeteam als auch die Koordination mit den operierenden medizinischen Abteilungen betrifft. Unterstützt von Beratern, wird im Rahmen eines OE-Projektes die Situation gründlich analysiert, neue Rollen und Regeln werden erarbeitet. Unter anderem wird als neue Koordinationsinstanz ein interdisziplinäres OP-Management eingeführt. Der längerfristige Erfolg der Reorganisationsmaßnahme wurde dadurch geschmälert, daß der Transfer in die Alltagsorganisation zu wenig unterstützt wurde. Hier wäre z.B. eine zeitlich begrenzte Beratung des neuen OP-Teams im Rahmen eines Supervisionssettings oder ein Coaching für die neue leitende Pflegekraft des OPs, die in einer besonders schwierigen Situation ihr Amt antreten mußte, sehr wertvoll gewesen.

8. Supervision in Sozialeinrichtungen

Klaus Scala

Sozialeinrichtungen können als eine Geburtsstätte von Supervision bezeichnet werden. Sie sind mit diesem Instrument vertraut und setzen es vielfältig ein. In größeren Organisationen gibt es meist festgeschriebene Regeln, wer in welcher Form und in welchem Ausmaß Supervision in Anspruch nehmen kann. Diese Regelungen und der gewohnte Einsatz von Supervision hinken jedoch in vielen Fällen hinter der aktuellen Entwicklung nach, die auch die Sozialeinrichtungen durchmachen. Der Prozeß der zunehmenden Verselbständigung, die damit verbundene Eigenverantwortung und die steigende Notwendigkeit, im Kampf um die knappen Ressourcen die eigenen Leistungen nachzuweisen, verändern die Problemlandschaft für diese Organisationen. Damit verschiebt sich auch der Bedarf an externer Beratungsexpertise; zur Unterstützung in der Arbeit mit den Klienten kommen weitere Aspekte hinzu, oder der soziale Kontext, in den die Arbeit mit den Klienten eingebettet ist, wird komplexer. Man kann jedoch als Supervisorin nicht voraussetzen, daß diese Veränderungen im Beratungsbedarf von den Klientensystemen immer bewußt vollzogen werden. Supervision ist in Sozialeinrichtungen als Allheilmittel bekannt, und man ruft danach, noch ehe man genau weiß, woran es fehlt und ob Supervision die Methode der Wahl ist. Es liegt daher an den Supervisorinnen, ihr Angebot neu zu spezifizieren, den Zusammenhang zwischen fachlicher Arbeit und den organisationsbezogenen Veränderungen zu sehen und dies in den Supervisionsprozeß einzubringen. Dazu ist eine eigenständige Sichtweise betreffs Sozialeinrichtungen als Organisationen und ihrer Probleme hilfreich.

Eine spezielle Organisationstheorie von Sozialeinrichtungen sieht sich zunächst mit dem Faktum konfrontiert, daß es im Unterschied zu Schule und Krankenhaus eine Vielzahl von sehr verschiedenen Organisationen gibt. Sie unterscheiden sich nach Größe, nach Organisationsform, nach Klientengruppen und damit auch nach Funktion und Aufgabe. Daher soll im folgenden zunächst ein Überblick über die Verschiedenheit von Sozialeinrichtungen gegeben werden, um daran anschließend einige wesentliche Gemeinsamkeiten dieses Organisationstypus zu formulieren. Schlußfolgerungen für die Supervisionsarbeit beschließen dieses Kapitel.

Sozialarbeit findet in gänzlich verschiedenen Organisationen mit unterschiedlichen Kulturen statt

Die Landschaft von Sozialeinrichtungen war schon immer recht vielfältig, doch hat diese Vielfalt in den letzten Jahren zugenommen. Auch die Zahl unterschiedlicher Professionen hat sich verändert. Die Professionalisierung und Spezialisierung der Sozialarbeit ist gewachsen, und andere Berufe wie Lehrer, Pädagoginnen, Psychotherapeutinnen, Psychologen sind vermehrt in diesem Feld tätig; multiprofessionelle Teams sind in vielen Organisationen etabliert. Dies macht es nicht leicht, relevante Subgruppen zu identifizieren, zumal – wie schon erwähnt – die Unterschiede mehrere Ebenen betreffen: Es gibt große und kleine Organisationen, staatliche Einrichtungen, Vereine mit einem gesetzlichen Auftrag, Vereine und Initiativen, die spezifische Lücken in der Palette von Sozialarbeit abdecken, Sozialeinrichtungen als Unternehmen, Organisationen mit kirchlichen Trägern. Ebenso vielfältig wie die Organisationsform und Trägerschaft ist das Spektrum der Klienten: Arbeitslose aller Altersgruppen und Bildungsschichten, Jugendliche, Alte, Menschen mit Behinderungen, Straffällige, Drogenabhängige. In der folgenden Gruppierung wird versucht, vor dem Hintergrund der genannten Differenzen Sozialeinrichtungen mit ähnlichen Arbeitssituationen sowie ähnlichen Problemfeldern und Widersprüchen zusammenzufassen.

Öffentliche Einrichtungen wie
Sozial- und Jugendämter

Charakteristisch für diese Institutionen sind der Widerspruch zwischen der rechtlich-bürokratischen Steuerung und der sozialarbeiterischen professionellen Arbeit sowie der Konflikt zwischen Betreuungs- und Kontrollfunktion. Die Leitungs- und Entscheidungspositionen sind oft nicht mit Fachkräften der Sozialarbeit besetzt und daher in ihrem Führungsstil der Logik von Verwaltung und Kontrolle verpflichtet. Das macht die Spannungen zwischen Leitung und Fachkräften zu einem Dauerbrenner im Arbeitsalltag. Diese Konflikte nehmen in den letzten Jahren an Schärfe zu, zum einen, weil durch die Delegation vieler sozialarbeiterischer Leistungen an private bzw. aus der öffentlichen Verwaltung ausgelagerte Vereine und Institutionen die „ungeliebteren" Arbeitsbereiche bei den öffentlichen Einrichtungen verbleiben, zum anderen, weil das Aufgabenspektrum und die fachliche Kompetenz zunehmen und die Verwaltungslogik als Organisationsprinzip immer weniger dazu passen. Der Trend zur Ausgliederung bewirkt auch einen schmerzlichen Imageverlust für die staatlich-öffentlichen Einrichtungen.

In der Supervision stehen beide Themen – Betreuung versus Kontrolle und Verwaltung versus Professionelle – im Vordergrund. Zweiterer Konflikt kann jedoch im etablierten Setting der Teamsupervision nicht konkret bearbeitet werden, da Supervision als Unterstützung für die fachliche Arbeit in der Regel ohne die Leitungskräfte stattfindet. Der Supervisor kann also den Klagen des Teams Verständnis entgegenbringen und es auch beraten, wie es sich mit möglichst geringer Frustration und möglichst erfolgreich gegenüber der Leitung positioniert; er kann der empathischere „Leiter" werden. Der Versuch, das Setting zu ändern und die Leitung in die Supervision einzubeziehen, um so das Problem bei der Wurzel zu packen, hat mehrere Hürden und Risiken einzukalkulieren, denn für eine erfolgreiche Konfliktlösung braucht es den deklarierten Willen beider Seiten zur Konfliktlösung. Darüber hinaus muß sich der Supervisor vergewissern, ob das Problem innerhalb einer Supervision lösbar ist oder ob eine umfangreichere Qualifizierungsmaßnahme der Leitung angemessener wäre.

Größere Vereine mit einem gesetzlichen Auftrag

Zu dieser Gruppe gehören in Österreich z.B. der Verein für Bewährungshilfe oder der Verein für Sachwalterschaft und Patientenanwaltschaft. Sie teilen mit der ersten Gruppe den Konflikt Betreuung versus Kontrolle, denn die Kontakte mit ihren Klienten sind – mit Ausnahme der Patientenanwaltschaft – durchwegs Zwangskontakte. Die Kontakte sind andererseits durch ihre lange Dauer charakterisiert, woraus sich die speziellen Chancen und Risiken dieser Arbeit ergeben: Einerseits besteht die Möglichkeit einer befriedigenderen Beziehungsgestaltung, andererseits gibt es größere Schwierigkeiten, die nötige Distanz aufrechtzuerhalten. Damit ist auch eine größere persönliche Verletzbarkeit bei Rückfällen und Mißerfolgen verbunden.

Der gesetzliche Auftrag mit klaren, an den Bedürfnissen der Klienten orientierten organisatorischen Rahmenbedingungen bildet ein gutes Rückgrat und hebt den Widerspruch zwischen Betreuungsarbeit und Verwaltungslogik weitgehend auf. Mit dem Personalitätsprinzip ist auch die Kontinuität der Beziehung zwischen Betreuer und Klient geregelt, also ein günstiger Rahmen für die konkrete Arbeit geschaffen. Die Identität der Professionellen und der Organisationen ist ganz besonders durch die Spannungen mit jenen Institutionen geprägt, mit denen sie zugleich „konkurrieren" und kooperieren: mit der Justiz und, im Fall der Bewährungshilfe, auch mit dem Strafvollzug und der Polizei.

Im Unterschied zur ersten Gruppe haben diese Sozialeinrichtungen ein eigenständiges Management ausgebildet. Dieses steht als Mittler in einem konfliktreichen Spannungsfeld zwischen den Geldgebern und den Professionellen. Eine Geschäftsführung hat eine schwierige Beziehungsarbeit zu leisten, sie muß zwei unterschiedliche Organisationskulturen überbrücken: auf der einen Seite ein Verein, in dem sich die Mitarbeiter und das ganze System an der fachlichen Aufgabe ausrichten; auf der anderen Seite ein Ministerium, das der Patron dieses Vereins ist und sich auch als Eigentümer sieht, als jemand, der lediglich Kompetenzen ausgelagert hat. Es handelt sich zwar um gesetzlich festgeschriebene Aufgaben und nicht um freiwillige Leistungen; sie werden aber nicht von einer nachgeordneten Dienststelle, sondern von einem eigenständigen professionellen Körper bearbeitet. Dennoch verhalten sich aus der Sicht der Geschäftsführung die zuständigen Beamten im Ministerium tendenziell wie Vorgesetzte und Eigentümer und haben ihre eigenen Vorstellungen darüber, wie zu arbeiten ist, ohne jedoch über genügend Fachwissen zu verfügen. Es ist ein wichtiges und schwieriges Aufgabengebiet, diesen Kulturunterschied zu überbrücken. Man kann sich nicht darauf beschränken, Budgets abzugeben und Subventionen zu empfangen, sondern es gilt, dafür auch Vorbereitungen zu treffen. In der Auseinandersetzung mit den Beamtinnen muß nicht nur ein angemessenes Bild von den Problemen und Nöten der Organisation hergestellt, sondern ihnen auch vermittelt werden, was man dieser zumuten kann und was nicht. Ebenso bedeutet es für die Verantwortlichen im Ministerium eine gravierende Veränderung in der Steuerungskonzeption. Es geht weniger um die Überwachung von Regeln, sondern mehr um das Setzen von Impulsen, die eigenständige Organisationen gut aufgreifen und mit ihren Potentialen umsetzen können.

Es ist schwierig, seinem Verhandlungspartner gegenüber nicht in ein unproduktives Beziehungsmuster zu verfallen und trotz großer Mentalitäts- und Auffassungsunterschiede eine konstruktive Gesprächsbasis zu erhalten. Weder hilft ein rein formell-sachlicher Kontakt, noch kann eine persönlich gute Gesprächsbasis die Widersprüche überwinden. Man muß einerseits auf Konsens und gemeinsames Grundverständnis verzichten und darf andererseits nicht durch Rückzug auf den Austausch amtlicher Mitteilungen einen Beziehungsabbruch riskieren, sondern es gilt, die Beziehung trotz Dissens systematisch aufrechtzuerhalten und zu festigen. Dabei müssen auch die emotionalen Bedürfnisse beider Seiten berücksichtigt werden; gleichzeitig muß diese Beziehung – ohne sie jedoch nur als eine taktische zu sehen – funktional ausgestaltet werden.

Dazu kommt, daß die Vereine in der Regel einen ehrenamtlichen Vereinsvorstand haben, der für diese politische Ebene eigentlich zuständig ist, aber fachlich darum kümmern muß sich der hauptberufliche Geschäftsführer. Wenn der Vorstand gut arbeiten soll, braucht er auch von der Geschäftsführung eine entsprechende Betreuung. Ein ehrenamtliches Gremium, das sich relativ selten trifft, kann nicht die Komplexität des alltäglichen Geschehens in einer solchen Einrichtung nachvollziehen und hinkt daher in der

Aufarbeitung der anfallenden Probleme nach. Man kann daher nicht erwarten, daß der Vorstand aus eigenem Antrieb diese Vertretungsaufgaben rechtzeitig sowie mit genügend Kenntnis und Schlagkraft wahrnimmt. Der Vorstand muß daher sehr gebündelt an die Arbeit angeschlossen werden, um als Vorstand überhaupt handlungsfähig zu sein. Dies ist charakteristisch für das Verhältnis von ehrenamtlicher und professioneller Struktur.

Ein weiterer typischer Problemkreis für Sozialeinrichtungen dieser Größenordnung betrifft die Teamkooperation und die Leistungsfähigkeit der Geschäftsführung als ganzer, bestehend aus Geschäftsführer, Bereichsleiter und Stabstellen wie Presse, Bildungsreferat, Rechnungswesen und Personaladministration. Wie kann die Leistungsfähigkeit dieses Körpers in sich selbst und in Relation zu den einzelnen Dienststellen gestaltet werden? Wie funktional sind die vorhandenen Besprechungsstrukturen?

Besondere Aufmerksamkeit erfordert auch das Verhältnis der Geschäftsführung zu den dezentralen Einheiten. Dies inkludiert eine Reihe von Themen: Wie wird in den dezentralen Einheiten Leitung wahrgenommen, wie erfolgt die Rückbindung an die Geschäftsführung? Welche Funktion können dabei Strategie- oder Auswertungsklausuren haben? Wie soll sich das Profil der Leitungskräfte in den dezentralen Einheiten entwickeln?

Vereine und Initiativen als soziale Dienstleister

Soziale Dienstleistungen werden in immer stärkerem Ausmaß ausgelagert. Beratungs- und Bildungsaufgaben, insbesondere Schulungsmaßnahmen zur Qualifizierung auf dem Arbeitsmarkt, werden weniger von staatlichen Einrichtungen übernommen, sondern an eigene Organisationen delegiert. Gleichzeitig entstehen neue soziale Dienstleistungen, die von diesen Trägern entwickkelt und angeboten werden. Es werden nicht wie bei der vorher dargestellten Gruppe vom Staat festgeschriebene Leistungen an die Klienten herangetragen, sondern die Einschätzung eines aktuellen Bedarfs – nicht selten unterstützt durch eine eigene Bedarfserhebung – bildet die Grundlage für die Entwicklung eines Dienstleistungsangebots. Die Ursachen für diesen Rückzug der öffentlichen Einrichtungen scheinen in erster Linie in der Erwar-

tung von Kosteneinsparungen zu liegen, doch gibt es auch tie-
ferliegende Gründe: Der Staat erreicht mit seinen Bildungs- und
Sozialeinrichtungen nicht mehr alle Adressaten. Ein bunter Strauß
von Projekten, Initiativen und Vereinen ist besser in der Lage,
unterschiedlichste Bevölkerungsgruppen zu erreichen, schneller
und flexibler auf Veränderungen unter den Klienten zu reagieren
und so Lücken des öffentlichen Sozial- und Bildungssystems zu
schließen.

So entsteht ein Markt, jedoch mit atypischen Marktmechanis-
men, weil der Endverbraucher der Leistung nicht der zahlende
Kunde ist. Die Anbieterorganisationen sehen sich mit dem staatlichen Auftraggeber und den Klienten in einem Dreieck (vgl.
Haider 1995). In dieser relativ jungen Konstellation ist vor allem die Beziehung zwischen Auftraggeber und Dienstleistern in
einer stetigen Entwicklung begriffen. Der wachsende Markt, der
immer neue gesellschaftliche Problemlagen bearbeitet – Frauen-
initiativen, Gesundheitsprojekte, Ausländerintegrationsvereine
etc. –, und die vielfältige Konkurrenz in den Angeboten der beruflichen Aus- und Weiterbildung für Arbeitssuchende zwingen die
staatlichen Einrichtungen dazu, qualifizierte Entscheidungsverfahren zur Ressourcenvergabe zu entwickeln.

Einerseits müssen Anbieter ihr Produkt argumentieren sowie die
Effizienz und Sinnhaftigkeit ihrer Tätigkeit belegen, andererseits
müssen Auftraggeber Standards zur Qualität und Effizienz formulieren und Verfahren zu ihrer Überprüfung entwickeln. Daraus ist ablesbar, welche Aufgaben diese Organisationen neben
der Betreuung der eigenen Klientel zu bewältigen haben, und
man kann sich vorstellen, welche Konfliktherde hier verborgen
liegen. Sozialarbeit ist dort wirksam, wo es ihr gelingt, Menschen zu erreichen, die sich der staatlichen Kontrolle entziehen.
So sind bestimmte Beratungseinrichtungen deshalb erfolgreich,
weil sie nicht im Verdacht stehen, öffentlich kontrolliert zu werden. Ebenso ist in vielen Beratungseinrichtungen die Anonymi-
tät der Klienten Voraussetzung dafür, daß die Beratung angenommen wird. Qualitäts- und Effizienzmessungen sind in diesem Feld nicht nur schwierig, sondern auch heikel.

Eine produktive Gestaltung der Beziehung zwischen Financier
und den Sozialeinrichtungen wird immer mehr zu einer sehr an-

spruchsvollen Aufgabe. In Supervisionen begegnet man oft dem Gefühl, von den öffentlichen Subventionsgebern nicht verstanden zu werden. Die Spannungen in diesem Dreieck können sich jedoch in den Teams und Organisationen spiegeln: Die Arbeitsteilung zwischen jenen, die sich um die Klienten kümmern, und jenen, die die Kontakte zu den Subventionsgebern pflegen, transportiert das Spannungsverhältnis in die Organisation. Dort kann es auch sinnvoll bearbeitet werden, sofern es erkannt wird. An diesem Punkt wird deutlich, wie stark der Einfluß von Strukturen und Rollen auf die persönlichen Beziehungen sein kann. Teams in Sozialeinrichtungen haben einen hohen Anspruch an Integration. Die Aufgabe jedoch, sich auf unterschiedliche Umwelten zu beziehen, schafft Differenzierung, die nur produktiv bewältigt werden kann, wenn Distanz und Differenz nicht auf der Ebene persönlicher Beziehungen gedeutet und zu lösen versucht werden.

In dieser Gruppe von Sozialeinrichtungen spielt daher die Größe der jeweiligen Organisation eine wichtige Rolle. Kleine Vereine – oft aus Initiativen entstanden – suchen sich ein spezielles Arbeitsgebiet, für das man sich meist aufgrund einer Bedürfniserhebung entschieden hat. Sie haben das besondere Problem, die professionelle Arbeit und die hohen Investitionen in die Erhaltung der Organisation – Kontakte mit Subventionsgebern, PR, interne Ausdifferenzierung, Management des oft ehrenamtlichen Vorstands – gleichzeitig betreiben zu müssen. Nicht wenige werden von dieser Doppelbelastung aufgerieben und versuchen daher, bei größeren Vereinen unterzukommen. Diese haben etablierte Ressourcen für das Management und können die Organisation kostengünstiger führen als die Kleinen. So bilden sich „Sozialmultis", die sich wiederum das Problem einhandeln, ihr Leistungsspektrum einzugrenzen. Die Spannung zwischen Organisation/ Management und den Professionellen ist auch hier gegeben, doch organisatorisch deutlicher ausdifferenziert.

Privatwirtschaftliche Unternehmungen

Eine besondere Untergruppe bilden privatwirtschaftliche Unternehmungen mit sozialen Dienstleistungen. Sie sind in ähnlichen Bereichen tätig wie die Vereine und teilen mit diesen auch den

Hauptwiderspruch zwischen der von der professionellen Arbeit geforderten Teamstruktur und der durch die ökonomischen Rahmenbedingungen notwendigen Ausdifferenzierung in Rollen und Funktionen. Sie unterscheiden sich von den Vereinen vor allem durch die eindeutigen Eigentümerverhältnisse, die meist auch in klaren Entscheidungsstrukturen ihren Ausdruck finden.

Kirchliche Einrichtungen

Hauptkonfliktfeld der Sozialeinrichtungen mit konfessionellen Trägern ist die Vermittlung von Professionalität und konfessioneller Identität. Angesichts der Professionalisierung des Feldes wird es immer schwieriger, das Besondere einer kirchlichen Einrichtung zu formulieren und zu realisieren. Welchen Qualitätsunterschied soll es zwischen einer guten und einer konfessionellen Behinderteneinrichtung geben? Konkret betrifft die konfessionelle Komponente Fragen der Auswahl der Mitarbeiter, dienstrechtliche Belange sowie Fragen der Arbeitnehmervertretung.

Eine besondere Herausforderung stellt die Notwendigkeit dar, sich stärker als Organisation zu verhalten. Konfessionelle Sozialeinrichtungen sind zwar „institutionalisierte Barmherzigkeit", doch versucht man, diese Barmherzigkeit in erster Linie durch den Appell an die Opferbereitschaft der Beschäftigten sicherzustellen. Wenn Organisationen unter Druck geraten, versuchen sie, mit den ihnen eigenen Mitteln zu reagieren: mehr vom Gleichen. So ist es nicht verwunderlich, daß kirchliche Einrichtungen mit dem Vorschlag nach mehr Gebeten, nach mehr Andachten, nach mehr Bibel versuchen, „das Christliche" zu retten. Die Tendenz, zunehmenden Legitimations- und Problemdruck auf die Organisationen an die einzelnen Personen weiterzuleiten, ist offensichtlich. Versuche, „das Christliche" partizipativ zu ermitteln und auf die alltäglichen Arbeitsprozesse zu beziehen, sind nur vereinzelt zu beobachten. „Die Herausforderung besteht darin, Christlichkeit nicht als additive persönliche Mehrleistung zu definieren oder in verschiedenen Variationen an Einzelpersonen zu delegieren, sondern organisationsrelevant, ... arbeitsprozeßbezogen, orientierend in Entscheidungen und Handlungen der Gesamtorganisation durchzubuchstabieren" (Heller 1997).

Gemeinsamkeiten von Sozialeinrichtungen

Sozialeinrichtungen stehen im Widerspruch zwischen den Ausgrenzungsmechanismen und der Integrationskapazität der Gesellschaft

Die Klienten von Sozialeinrichtungen sind Randgruppen bzw. Personen, die auf Betreuung angewiesen sind. Die Professionellen im Sozialbereich sind daher einerseits Vertreter der Gesellschaft gegenüber ihren Klienten und versuchen, sie zu integrieren bzw. sie für die Gesellschaft ausreichend angepaßt zu machen, andererseits sind sie Anwälte ihrer Klienten gegenüber den Ansprüchen einer Gesellschaft, die durch die „Gefahr eines Absolutismus ökonomischer Zwecke" (Willke 1995, S. 226) charakterisiert ist. Dieser Widerspruch ist ideologisch nicht aufhebbar. Einerseits brauchen die Mitarbeiterinnen eine Vision einer humaneren Gesellschaft, andererseits können sie die bestehende Gesellschaft nicht verändern und sind gut beraten, mit ihren Ressourcen sorgsam umzugehen und sich nicht an unerfüllbaren Forderungen gegenüber Politik und Sozialverwaltung aufzureiben.

Sozialeinrichtungen sind nur verstehbar, wenn man ihre relevanten organisatorischen Umwelten einbezieht und den Gesamtkontext von Sozialeinrichtung, Financiers, Klientel und komplementären Partnerorganisationen im Auge hat. Der Verein für Bewährungshilfe z.B. hat als Klientel straffällige Menschen zu betreuen, wird vom Justizministerium finanziert und hat mit Polizei, Gerichten und Strafvollzugseinrichtungen als komplementären Organisationen zu tun, in deren Gestalt ihm gleichsam die Gesellschaft gegenübertritt. Das jeweilige Verhältnis, die Konkurrenz bzw. Kooperation zwischen der Bewährungshilfe einerseits und dem Strafvollzug, der Polizei, der Gerichtsbarkeit andererseits, die unterschiedlichen „Glaubenssysteme" dieser Organisationen bestimmen die Identität und damit Denken und Handeln.

Dieser Widerspruch schlägt sich im Mißtrauen gegenüber Organisationen und in der Pflege des Teamgeists nieder

Mitarbeiter von Sozialeinrichtungen verbinden Organisation und formale Strukturen mit Hierarchie, Macht und Machtmißbrauch, nicht zuletzt deshalb, weil die Klienten oft als Opfer von Organisationen erlebt werden. Dies macht es den Sozialeinrichtungen schwer, sich aktiv und konstruktiv in die Gestaltung ihrer Organisation einzubringen. Die Ausdifferenzierung von Einheiten, Funktionen und Rollen wird oft als Hierarchisierung gesehen, d.h. auch als Spiegelung gesamtgesellschaftlicher Differenzierungsprozesse, deren Lasten die Sozialeinrichtungen zu bearbeiten haben. Ihre in der Alltagsarbeit erworbene Kompetenz, Organisationen zu überlisten und Schlupfwinkel im komplexen Regelwerk der Gegner für sich und ihre Klienten zu nützen, wenden sie mitunter auch gegen ihre eigene Organisation an.

Die Mitarbeiterinnen von Sozialeinrichtungen haben ein gutes Gespür für Arbeitsbeziehungen, die emotional stützen und Sicherheit vermitteln. Sie erfüllen mehrere Funktionen: Sie bieten emotionale und fachliche Stützung sowie den Aufbau einer wertschätzenden Kommunikationskultur. Sie sind ein wichtiger Baustein von Coping-Strategien und vermitteln Einheit. Beides ist für die spezielle Arbeitssituation von großer Bedeutung. Die permanente Konfrontation mit Menschen am Rande oder außerhalb der Integrationslinie der Gesellschaft verstärkt den Wunsch nach kompensierenden Kommunikationsformen. Solidarität und Zusammengehörigkeit im Team haben daher einen hohen Stellenwert. Doch sind damit auch Probleme verbunden: Teams haben oft eine nicht so wichtige Funktion für die tägliche Arbeit wie gewünscht, weil die Betreuungsarbeit oft Einzelarbeit und die Gelegenheit zu gemeinsamen „Produkten" beschränkt ist. Als Gegenmodell zur Organisation stehen Teams oft unter der Norm der Gleichheit. Die Entwicklung und Nutzung von Unterschieden wird dadurch behindert: im Team und in der Organisation. Das schlägt besonders in kleinen Vereinen zu Buch, wo Team und Organisation in der personellen Zusammensetzung weitgehend ident sind.

Leitungsfunktionen sind emotional
sehr ambivalent besetzt

Die Funktion von Leitung als eine spezielle Differenzierung von
Funktionen ist eine besonders heikle Angelegenheit. Gegenwärtig ist ein Entwicklungsschub in der organisatorischen Ausdifferenzierung und damit auch in der Professionalisierung von Leitung zu beobachten. Die Unterschiede zwischen den Sozialeinrichtungen sind in diesem Punkt zur Zeit recht groß. Teils gibt es
mit Feuer und Flamme betriebene Modernisierungsmaßnahmen
wie Organisationsentwicklung, Leitbildprojekte, Qualifizierun-
gen von Führungskräften, Einführung von Coaching etc., teils
setzen sich das traditionelle Mißtrauen und das Kontrollbedürf-
nis der Basis auch bei Organisationsveränderungen durch: Leitungskräfte werden nach dem Kriterium geringer persönlicher
Autorität gewählt – „die tut niemandem etwas" –, in kleineren
Vereinen gehen Mitarbeiter in den Vorstand und kontrollieren so
ihren Geschäftsführer, teils werden wichtige Leitungsaufgaben
an die Supervision nach dem Motto delegiert: „Einen – institutionell machtlosen – Chef von außen akzeptieren wir, im Team
sind wir jedoch alle gleich."

Geld und gesellschaftlicher Erfolg
sind ambivalent besetzt

Die Mitarbeiterinnen von Sozialeinrichtungen haben bezüglich
des Selbstwerts eine ausgeprägte Sensibilität und sind gegenüber Erfolg ambivalent. Selbstwert ist ein zentrales und heikles
Thema ihrer Klienten, und als Betreuer der „Letzten" fühlen sie
sich als die Vorletzten. Die Arbeit ist anspruchsvoll, emotional
belastend, oft mit sehr spärlichen Erfolgserlebnissen verbunden
und ökonomisch bescheiden dotiert. Gesellschaftliche Wertschätzung und Anerkennung werden vermißt und sind gleichzeitig auch
nicht erwünscht. Die Solidarität mit ihren Klienten macht es ihnen schwer, Geld und gesellschaftliches Prestige als positiv zu
erleben. Die Probleme, in denen die Klienten stecken, werden
nicht zu Unrecht als Resultat einer beherrschenden ökonomischen
Rationalität gesehen. Von der Bearbeitung dieser Probleme ökonomisch zu „profitieren", bekommt daher leicht den Geruch der

Unanständigkeit. Diese Grundhaltung macht es den Organisationen schwer, auch dort konsequent ökonomisch zu agieren, wo es den inhaltlichen Zielsetzungen nützt. Man muß gleichsam immer am Existenzminimum „herumwursteln" (vgl. Patak 1997).

Erfolg und Mißerfolg entziehen sich der Kalkulierbarkeit und eindeutigen Kriterien

Die Arbeit ist begleitet von einem permanenten, unberechenbaren Wechsel von Erfolg und Mißerfolg. Die Leistungen von Sozialeinrichtungen entziehen sich einfachen Erfolgsmessungen. Die Arbeit verlangt hohe Motivation und Eigenständigkeit der einzelnen Mitarbeiterinnen. Es handelt sich um ein nicht-triviales Geschäft: Die Wirkung des eigenen Engagements und der fachlichen Kompetenz setzt sich nicht linear um, die Klienten behalten ihre Unberechenbarkeit. Rückschläge und Enttäuschungen gehören zur täglichen Arbeit.

Zu diesem Unsicherheitsfaktor in der Beziehung zu den Klienten kommt der verstärkte Legitimationsdruck gegenüber den Financiers. Die Sozialeinrichtungen werden heute von beiden Umwelten in die Zange genommen: von ihren wichtigsten Subventionsgebern und von ihren Klienten. Politik und Subventionsgeber reduzieren oder frieren Ressourcen auf einem gewissen Niveau ein und stellen leistungsbezogene Kriterien für die Finanzierung auf: Damit müssen angemessene Leistungsindikatoren entwickelt und Erfolgskriterien ausgehandelt werden – angesichts der besonderen Qualität der Arbeit ein schwer befriedigend lösbares Problem. Nennenswerte Bemühungen um eine standardisierte Qualitätssicherung in der Sozialarbeit betonen vor allem die Entwicklung von Verfahren durch die betroffenen Fachkräfte: Evaluation als Selbstevaluation. Damit können Evaluationen und Bewertungen nicht nur als Legitimation nach außen, sondern auch als Instrumente qualifizierter Rückmeldung über die eigene Arbeit genützt werden. Die Gratwanderung zwischen inhaltlich aussagekräftigen und gleichzeitig standardisierten Methoden der Bewertung einerseits und einer bürokratischen Dokumentationsflut andererseits stellt dabei eine besondere Herausforderung dar (vgl. Brack 1995).

Die Palette der Widersprüche verschärft sich noch, wenn man die Zahl der „Stakeholder", d.h. der Anspruchsgruppen, erweitert. So ist die Haltung der öffentlichen Auftraggeber und Financiers in sich widersprüchlich: Einerseits möchte der Staat aus wirtschaftlichen Gründen möglichst wenig für die Leistungen der Sozialeinrichtungen ausgeben – nicht zuletzt aus diesen Gründen hat er sich als eigenständiger Dienstleister aus vielen Bereichen zurückgezogen, und andererseits hat er großes Interesse an diesen Leistungen, da sie wesentlich zur politischen Stabilität und zur inneren Sicherheit beitragen. Die Mitarbeiter stehen wiederum in der Ambivalenz, daß sie als kompetente und professionelle Auftragnehmer einem System loyal zuarbeiten, das sie gleichzeitig verändern möchten. Innovatorische Anliegen – z.B. beim Verein für Bewährungshilfe Gesetzesänderungen im Umgang mit Straffälligen – liegen quer zu dem Anspruch, den geltenden gesetzlichen Auftrag optimal zu erfüllen.

So bedeutet Wachstum gleichzeitig Wachstum des gesellschaftlichen Problems, das zu reduzieren man angetreten ist. Beispielsweise ist es das Ziel vieler Einrichtungen der psychosozialen Versorgung, die Klienten möglichst rasch soweit zur Selbständigkeit zu befähigen, daß sie die Betreuung nicht mehr brauchen. Solide professionelle Leistungen und ein gutes Image führen jedoch dazu, daß eine Organisation mehr Zulauf hat bzw. mehr Klienten zugewiesen bekommt. Dies erfordert sowohl ein flexibles Balancieren im Kontakt mit den relevanten Partnerorganisationen als auch, daß intern am Konzept kontinuierlich verhandelt werden muß.

Die Tradition von Supervision eröffnet Möglichkeiten und setzt auch Beschränkungen

Supervision ist in keinem anderen Feld so gut bekannt und so fest verankert wie im Sozialbereich. Doch differenziert sich das Aufgabengebiet von Supervision im Zug der skizzierten Veränderungen erheblich, ohne daß dieser Prozeß in den Organisationen immer bewußt vollzogen wird: Einerseits bleibt Supervision als Reflexionsmöglichkeit für die Betreuer-Klienten-Beziehung erhalten. Doch wird auch bei dieser Aufgabenstellung immer deutlicher, wie sehr organisatorische Regelungen die Klientenbeziehung und die Interventionsmöglichkeiten der Betreuer bestimmen. Dies erfordert, die Organisationsbrille stärker einzusetzen.

Sozialeinrichtungen müssen sich jedoch in stärkerem Ausmaß als Organisation verhalten und können für diese Umorientierung sehr gut externe Unterstützung in Form von Supervision brauchen. Mit diesem Bedarf ist jedoch die Gefahr verbunden, entweder als Supervisorin dazu verführt zu werden, Leitungsfunktionen zu übernehmen, oder dafür herzuhalten, sich gegen die neuen Ansprüche zu schützen. Beide Varianten haben eine Tradition: Supervision soll die Ausbildung und Professionalisierung interner Leitungsfunktionen ersparen – oder Supervision soll eine Stütze der Personen gegen die Zumutungen der Organisation sein. Beides ist gegenwärtig jedoch nicht die Hilfe der Stunde.

9. Implementierung

KLAUS SCALA

Supervision ist kein selbstverständlicher Markenartikel und in den einzelnen Klientenorganisationen unterschiedlich bekannt. In Sozialeinrichtungen ist man bereits seit langem mit diesem Instrument vertraut – Sozialarbeiter lernen es schon während ihrer Ausbildung kennen; in Krankenhäusern und Schulen herrschen oft noch recht vage und widersprüchliche Meinungen vor, gepaart mit einer gewissen Skepsis; in Wirtschaftsorganisationen kennt man vor allem Coaching für Führungskräfte; Organisationen der Verwaltung und Wissenschaft sowie Rechtsinstitutionen beginnen sich erst langsam und vereinzelt dafür zu interessieren. Man kann nicht voraussetzen, daß Anbieter und Kunden dasselbe meinen, wenn sie an Supervision denken. Vom jeweiligen Kenntnisstand hängt es auch ab, wie Supervision organisatorisch verankert wird.

Die Art und Weise der organisatorischen Verankerung bestimmt die Wirksamkeit von Supervision

Die Rahmenbedingungen geben darüber Auskunft, welches Verständnis von Supervision in einer Organisation vorherrscht. An welche Adressatengruppen richtet sich das Angebot? Wie kommen die Interessenten zu einer Supervision? Wann hat man Anspruch auf Supervision? In welchen Settings und in welcher Frequenz wird sie angeboten? Was ist das Procedere bei der Inanspruchnahme? Wie ist die Bezahlung geregelt? In welchem Verhältnis steht Supervision zu anderen Angeboten des Personalmanagements? Woran werden Erfolg oder Mißerfolg gemessen? Wer in der Organisation ist für die Abwicklung, das Marketing, die Qualitätssicherung verantwortlich? Welche Fachkenntnis kann dabei vorausgesetzt werden?

Es braucht transparente Regeln für den Umgang mit Supervision in einer Organisation. Die Qualität von Supervision wird wesentlich vom Verhalten des Auftraggebers mitbeeinflußt. Zur Qualitätssicherung ist einerseits eine innerprofessionelle Standardbildung unter den Supervisorinnen notwendig, andererseits liegt es am Auftraggeber, wie er Supervision in der Organisation implementiert und welche Qualitätsstandards im Rahmen der Implementierung entwickelt werden. Organisationen brauchen dafür ein Verfahren und eine Zuständigkeit, um Kriterien zu entwickeln, mit welchen Supervisoren sie arbeiten und wie sie bezahlt werden. Diese technischen Grundbedingungen sind das Ergebnis von inhaltlichen Entscheidungen und dem Verständnis von Supervision, das in der Organisation vorherrscht.

Im Krankenhaus oder auch in der Schule hat Supervision oft den Touch einer Geheimwissenschaft. Man kennt sich nicht so genau aus, weiß jedoch, daß man danach ruft, wenn Schwierigkeiten auftreten. Supervision ist so auf eine unselige Weise mit der Erfahrung von Defizit und Versagen verknüpft. Daraus erwachsen Widerstände sowohl bei den Klienten als auch bei den Leitungskräften. Sie haben das Gefühl, sich dem Risiko eines Imageverlustes auszusetzen, wenn sie Supervision in Anspruch nehmen. Vielen ist es daher lieber, mit ihrer Arbeitssituation selbst fertigzuwerden und auf supervisorische Unterstützung zu verzichten. Supervision wird lediglich für die Bewältigung besonders schwerer Arbeitsanforderungen gerufen, weil man sich von ihr Entlastung erwartet. Sie gilt als ein Instrument, das Personal psychisch aufzupäppeln und fit für die schwierige und belastende Arbeit zu machen. Sicherlich ist damit eine wichtige Dimension von Supervision benannt, doch wird in dieser einseitigen Sichtweise Supervision immer mit unangenehmen Berufssituationen assoziiert. Als ein geeignetes Instrument der Qualitätssicherung jener speziellen kommunikativen Tätigkeiten, die für Ärztinnen, Lehrer, Sozialarbeiterinnen, Pflegekräfte, Beraterinnen charakteristisch sind, wird Supervision noch seltener gesehen.

Diese Sichtweisen finden ihren Ausdruck in der Art, wie Supervision organisatorisch verankert ist. Wenn im Krankenhaus z.B. nur Pflegekräfte als Adressaten von Supervision gesehen werden und auch die organisatorische Abwicklung und Budgetierung der Pflegedirektion unterstellt ist, so ist damit eine inhaltliche Entscheidung über die Grenzen und Möglichkeiten sowie über das Image von Supervision getroffen. In Wirtschaftsorganisationen sind Führungskräfte Adressaten von Supervision; für die Schule wiederum ist es charakteristisch, daß Lehrende ungern eine Klientenposition einnehmen und angesichts ihrer geringen Karrieremöglichkeiten zahlreiche Lehrerinnen selbst als Supervisorinnen tätig werden wollen. Dies führt einerseits zu einem Übergewicht an Anbietern und andererseits auch dazu, daß man professionelle Qualifikationsstandards für Supervision unterläuft und auch auf Schmalspurangebote wie „Praxisbegleitung", „Praxisreflexion", „Entwicklungsberatung" etc. ausweicht.

Supervisoren sind gut beraten, in die Information des Auftraggebers zu investieren

Der informierte, kompetente Auftraggeber ist ein wichtiges Moment der Qualitätssicherung und erhöht die Chancen für die Supervisoren, ihr Geschäft ordentlich machen zu können. Der gegenwärtige Informationsstand und die daraus resultierenden Formen der Implementierung sind, wie wir oben geschildert haben, noch wenig zufriedenstellend. Es herrscht in mehreren Feldern nach wie vor ein nicht reflektierter Umgang mit dem Instrument vor. Man wird sich als Supervisor nicht nur auf die Arbeit mit den Klienten konzentrieren und sozusagen nur abwarten können, welcher Kontrakt zustande kommt. Organisationsinterne Auftraggebervertreter sind eine wichtige Zielgruppe für Informationsmaßnahmen über Supervision. Eine gezielte Supervisionspolitik wird sich dieser Aufgabe in Zukunft verstärkt annehmen müssen. Dies kann auch nicht den Berufsverbänden allein überlassen werden, sondern Supervisorinnen müßten stärker als bisher aktiv in die Information über Supervision und damit in die Implementierungsfrage investieren.

Auf der anderen Seite müssen auch Auftraggeber, die Interesse haben, Supervision einzusetzen, in die Information und in die Aufklärung über das Instrument investieren. Wie kann ein informierter, bewußt gehandhabter Einsatz von Supervision in der Organisation sichergestellt werden? Was sind ihre Möglichkeiten, was ihre Grenzen? Welche Formen und welche Settings sind sinnvoll anwendbar? Die Antworten auf diese Fragen enthalten ein erhebliches Maß an Information über Supervision. Für Supervision in Organisationen ist es wichtig, daß zusätzlich zum Angebot von Supervision Maßnahmen der Information und Möglichkeiten der Auseinandersetzung mit Supervision in Organisationen geschaffen werden.

Eine solide Informationsbasis über Supervision ist auf mehreren Ebenen der Organisation notwendig

Die Bedingungen einer befriedigenden Implementierung von Supervision liegen zum einen in einem gerüttelt Maß an Informiertheit und Fachkompetenz in Sachen Supervision bei Klient und Auftraggeber, zum anderen in der Art und Weise, wie Supervision in ein Gesamtkonzept von personen- und systembezogenen Entwicklungsmaßnahmen integriert ist. Klient und Auftraggeber sind bekannte Begriffe, doch um die Implementierungsfragen zu klären, können wir uns nicht mit dem Globalbegriff Auftraggeber begnügen. In allen hier angesprochenen Organisationen – Krankenhäusern, Schulen, Sozialeinrichtungen etc. – gibt es unterschiedliche Strukturen und daher unterschiedliche Modelle der Implementierung. Für eine Analyse und Bewertung von Implementierungsformen gehen wir hier modellhaft von einer größeren Trägerorganisation mit einer organisatorischen und personellen Ausdifferenzierung unterschiedlicher Funktionen aus. In kleineren Organisationen werden mehrere dieser Funktionen von einer einzigen Stelle bzw. einer einzigen Person wahrgenommmen werden müssen.

Eine fachlich zuständige Einheit als Koordinationsstelle

Für die konkrete Durchführung und Abwicklung der Supervision braucht es innerhalb der Personalabteilung bzw. der Weiterbildungseinrichtung oder, in kleineren Organisationen, innerhalb der Geschäftsführung eine fachlich kompetente Stelle bzw. Person. Hier wird in der Regel auch die Verantwortung für die Information der Mitarbeiter und für die Auswahl qualifizierter Supervisorinnen liegen. Sie ist meist die Auftraggebereinrichtung und Anlaufstelle für die Supervisoren. Von ihrer fachlichen Qualität und ihrer Positionierung innerhalb der Organisation werden die Akzeptanz und die Wirkung von Supervision sowohl auf der Leitungsebene als auch bei den Mitarbeiterinnen maßgeblich mitbestimmt. Beide Kriterien sind notwendig, werden aber selten erfüllt. Die Qualifikationsanforderungen an diese Stelle betreffen mehrere Ebenen:

- Fachkompetenz in Fragen der Supervision,

- Feldkompetenz und Verstehen der berufsspezifischen Anliegen an die Supervision,

- ein Verständnis für den Einfluß der Arbeitsorganisation auf die Qualität der Arbeit,

- die Kompetenz, notwendiges Wissen über Supervision auf verschiedenen Ebenen innerhalb der Organisation zu vermitteln, und

- die Fähigkeit, die notwendigen Entscheidungen für die Implementierung herbeizuführen und fachlich zu unterstützen.

Es stellt sich auch die Frage, wo eine solche Koordinationsstelle organisatorisch verankert werden soll. Z.B. werden in manchen Krankenhäusern die Agenden der Supervision den Abteilungen für Psychiatrie oder Psychotherapie übertragen – sicherlich keine optimale Lösung: Erstens wird damit Supervision fachlich in die Nähe der Behandlung psychisch Kranker gebracht, und zweitens müssen die verschiedenen Abteilungen auf anderen Ebenen Kooperationsaufgaben bewältigen, die eine klare Anbieter-Klienten-Beziehung beeinträchtigen. So kann es vorkommen, daß ein Stationsteam eine Supervision mit einem Supervisor aus der psychiatrischen Abteilung nur deshalb nicht beendet, weil dies die Beziehung der Abteilungen bzw. ihrer Leitungskräfte beeinträchtigen könnte. Auch die Anbindung an psychologische Dienste, wie sie im Schulbereich, aber auch in anderen Organisationen existieren, hat den Nachteil, daß Supervision in erster Linie

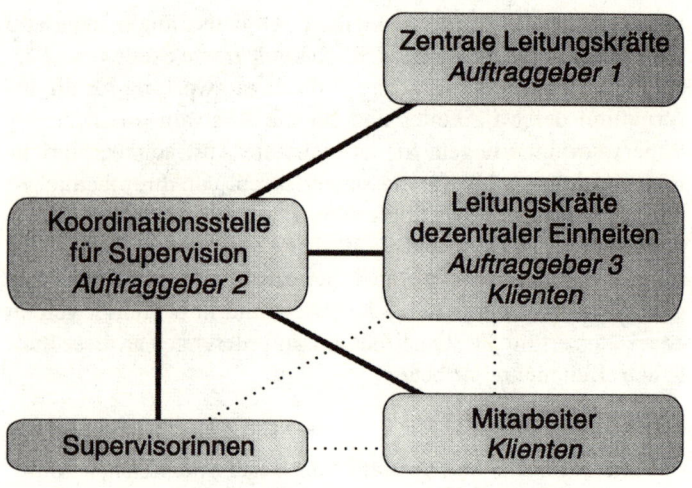

Abbildung 13: Erfolgreiche Supervision erfordert Auftraggeber
auf mehreren Ebenen.

als psychologische Betreuung einzelner hilfsbedürftiger Mitarbeiter gesehen wird, nicht als Stärkung der professionellen Rolle
und auch nicht als Ort, an dem Fragen der Arbeitsorganisation
behandelt werden können. In diesem Sinn ist eine Verankerung
von Supervision im Kontext von Weiterbildung und Personalentwicklungsmaßnahmen zu bevorzugen. Die großen Sozialeinrichtungen haben in der Regel ein Referat für Weiterbildung, das
sich um diese Fragen kümmert, im Schulbereich ist eine schultypenübergreifende Stelle in den Pädagogischen Instituten ein geeigneter Platz.

Zu den relevanten Umwelten einer Koordinationsstelle gehören
innerhalb der Organisation zunächst die zentralen Leitungskräfte: Chefs von Personalabteilungen, Geschäftsführung in kleineren Organisationen, Leiter regionaler Schulbehörden, Leitungen
von Krankenhäusern u.ä. Diese Leitungskräfte müssen soweit
über Sinn und Zweck von Supervision informiert sein, daß sie
dieses Instrument als Baustein im Kontext aller Qualifizierungsund Unterstützungsmaßnahmen von Mitarbeitern wahrnehmen

und plazieren können. Es ist für diese Führungsebene nicht möglich, diese Aufgabe an eine fachlich einschlägig besetzte Koordinationsstelle für Supervision zu delegieren, ohne selbst eine fachlich fundierte Position über die Einsatzmöglichkeiten von Supervision zu haben. In manchen Bereichen ist Supervision als Angebot gesetzlich vorgeschrieben. Bleibt es bei der bloßen Pflicht, dem Gesetz zu entsprechen, ohne eine eigene fundierte Positionierung der Organisation und damit der Führungsebene, so sind die Voraussetzungen für einen produktiven Einsatz von Supervision denkbar ungünstig. Supervision wird zwar betrieben, ohne daß jedoch ein eigenes Anliegen dahintersteht. Sie kostet Geld, ohne daß man einen Sinn darin sieht – geringe Akzeptanz und ein schlechtes Image sind die Folge.

Diese Forderung ist nicht leicht einzulösen, da in den Augen der Führung eine eigene Stelle – zuständig und kompetent für Supervision – dazu dienen soll, die Führungskräfte von dieser Thematik zu entlasten, und es aus der Position von Fachleuten schwierig ist, Vorgesetzte in einen Lern- und Aushandlungsprozeß zu verwickeln. Dies hängt einerseits mit der noch schwach entwickelten Führungskultur zusammen, denn in den Feldern, in denen Supervision hauptsächlich angewendet wird, kümmern sich Leitungskräfte relativ am wenigsten um solche Fragen. Auf der anderen Seite ist auch oft das Konzept von Supervision daran vorbeigedacht.

Diese Implementierungsprobleme haben damit zu tun, daß Supervision historisch als ein Instrument für die „Entrechteten" gegen die Organisation gedacht war. Daraus resultieren Implementierungsformen, die einen Anwalt außerhalb der Organisation oder eine unabhängige Stelle für Supervision zuständig machen. Das greift jedoch zu kurz, wenn nicht die Leitungskräfte dieser Organisation mitspielen und auch zum Mitspielen angehalten werden.

Von der Koordinationsstelle aus ist mit dieser Führungsebene das Konzept zu erarbeiten, das den Auftrag der Führung sowohl an die Supervision als auch im speziellen an die Koordinationsstelle formuliert. Dadurch soll garantiert werden, daß die Führung sich ausreichend mit den fachlichen Fragen zur Supervision auseinandersetzt und sich dazu auch klar positioniert. Dies ist auch Grundlage für den konkreten Auftrag und die Kompetenzen der Koordinationstelle sowie für die Entscheidung über den Einsatz und die Verwaltung der Ressourcen, die für Supervision zur Verfügung gestellt werden. Gelingt es in der Kooperation zwischen zentralen Leitungskräften und der fachlich zuständigen Einheit nicht, ein gemeinsames Grundverständnis über Funktion und Aufgabe von Supervision im Kontext anderer Personalentwicklungsmaßnahmen zu erarbeiten, so sind die Erfolgschancen von Supervision von vornherein limitiert.

Leitungskräfte von dezentralen Einrichtungen

Leitungskräfte dezentraler Einrichtungen sind eine weitere wichtige Bezugsgruppe für die Implementierung von Supervision. Damit sind Abteilungsleiter in Krankenhäusern, Schuldirektorinnen, Geschäftsstellenleiter, Bereichsleiterinnen etc. gemeint. Sie sind besonders wichtig, wenn es – davon muß man in manchen Organisationen ausgehen – eine eigene fachlich kompetente und organisatorisch verantwortliche Stelle, wie wir sie beschrieben haben, nicht gibt. Doch auch bei Vorhandensein und einer optimalen Besetzung einer Koordinationsstelle wird Supervision scheitern müssen, wenn die Leitungskräfte der zu supervidierenden Einheiten nicht selbst informiert mit dem Instrument umgehen.

Es braucht eine Gruppe an der Sache interessierter, engagierter und kompetenter Leitungskräfte. Sie sind unmittelbar von den Auswirkungen der Supervision betroffen und haben einen entscheidenden Einfluß darauf, inwiefern Supervision positive Auswirkungen zeigt oder nicht. Wie schon im Kapitel über die Settings erwähnt, sind sie je nach Problemstellung entweder selbst Teilnehmer an der Supervision oder werden dadurch an den Supervisionsprozeß angeschlossen, daß sie selbst Zielvorstellungen formulieren und über die Ergebnisse, die sie betreffen, informiert werden. Nimmt man den Organisationsbezug von Supervision ernst, so wird man den Informationsfluß zur Leitung über die einzelnen Supervisionen besonders sorgfältig handhaben. Der Supervisor darf hier nicht zum Briefträger werden – dies verbietet nicht allein die Verschwiegenheitsregel –, andererseits wird er aus inhaltlichen Gründen oft einen Austausch zwischen Leitung und Team anregen.

Wenn z.B. ein Abteilungsleiter einer neurologischen Abteilung konstatiert, daß eine Supervision ohne sein Zutun inszeniert wird und er sich denkt, er hätte doch wenigstens gefragt werden können, ob er mittun will, so wird hier unnötig die Supervision abgewertet, indem sie lediglich als Anspruch für die Mitarbeiter vorgesehen ist.

Leitungskräfte sind jedoch auch eine ganz spezielle Kundengruppe von Supervision. Besonders für ein die Organisationsdimension integrierendes Supervisionskonzept wird Leitungssupervision oder Coaching ein eigenes Angebot in der Palette der Supervisionssettings sein.

Mitarbeiter

Die Hauptgruppe der Klienten braucht einerseits Informationen über Supervision, andererseits muß sie an die von einer Koordinationsstelle und Leitungskräften erarbeiteten Regelungen angeschlossen werden. Das Bild, das dabei von Supervision vermittelt wird, entscheidet nicht allein darüber, inwieweit das Angebot angenommen und genützt wird, sondern enthält implizit wichtige Botschaften über das Konzept und die Philosophie der Organisation über Mitarbeiterförderung. Inhalte und Methoden der Informationspolitik sind daher wertvolle Führungsinstrumente. Diese Chance wird jedoch nur wenig wahrgenommen. Supervisoren können dabei wichtige Anregungen geben und als Experten für Auskünfte zur Verfügung stehen.

Die Supervisorinnen

Die Qualität von Supervision wird bestimmt durch das Knowhow externer Supervisorinnen und von interner Kompetenz, Supervision zu nutzen. Die Organisation braucht klare Kriterien für die Auswahl von Supervisorinnen und auch die Kompetenz, diese auszuwählen, ihnen das Konzept zu vermitteln und für einen fachlichen Austausch unter den Expertinnen zu sorgen.

Erfolgreiche Supervision lebt von der Spannung, daß sie *externe* Beobachtung des Systems bleibt und gleichzeitig *intern* sehr bewußt eingesetzt wird. Stehen z.B. Supervisoren selbst in einem Angestelltenverhältnis zur Klientenorganisation, so sind damit spürbare Beschränkungen verbunden. Die dabei oft gepriesene Feldkompetenz steht nicht weitab von der Betriebsblindheit, und es ist schwierig, als Interner das Maß an Fremdheit einzubringen, das für lernförderliche Irritationen notwendig ist. Besonders hinderlich ist jedoch die Doppelbeziehung zwischen Supervisorinnen und ihrer Organisation. Als Angestellte haben sie andere Interessen und eine andere Beziehung gegenüber dem System, die leicht in Widerspruch zur Supervisorenrolle geraten können. Wenn andererseits eine Krankenschwester direkt die Supervisorin kontaktiert und die Supervision so an den Entscheidungsinstanzen und Leitungskräften vorbeimanövriert wird, so bleibt Supervision im doppelten Sinn extern. Die Ergebnisse mögen zwar für die teilnehmenden Personen hilfreich und entlastend sein, doch bleiben sie gegenüber der Organisation äußerlich und beschränken damit auch ihre Wirkung. Diese Problematik führt uns zur inhaltlichen Schlüsselfrage, die wir im folgenden noch etwas genauer beleuchten wollen.

Aufgaben einer Koordinationsstelle

- *Konzepterstellung und Konzeptentwicklung: Einbindung der zentralen Leitungskräfte*

- *Erstellen und Verschriftlichen der Regelungen: gesetzliche Grundlagen, Ziele, Anspruch auf Supervision, Anlässe, Settings, Kontraktbedingungen (Verschwiegenheit, Honorar und Spesenabgeltung, Dauer, Supervision außerhalb oder innerhalb der Dienstzeit der Mitarbeiter)*

- *Information von dezentralen Leitungskräften und Mitarbeiterinnen (schriftlich, durch Veranstaltungen, Klärungsgespräche)*

- *Abwicklung der stattfindenden Supervisionen: Vermittlung, Verrechnung*

- *Evaluation*

- *Entwicklung von Auswahlkriterien und Auswahl von Supervisorinnen*

- *Koordination und Weiterbildung der Supervisorinnen*

Die Qualität der Implementierung hängt davon ab, wie der Grundwiderspruch zwischen Entlastung von Personen und Veränderung von sozialen Strukturen gemanagt wird

Der Grundkonflikt und damit die Schlüsselfrage lautet: Ist Supervision ein Beratungsinstrument, auf das Arbeitnehmer auch ohne Zustimmung ihrer unmittelbaren Führungskräfte Anspruch haben, oder kann Supervision nur wirksam werden, wenn die Führungskräfte entsprechend involviert sind? Ist es ein Entlastungsinstrument, das dem Personal gewidmet ist und potentiell aus der Organisation herausgenommen wird, oder ist es ein Instrument, das als eine Personal- und Organisationsentwicklungsmaßnahme als Bestandteil der Organisation gesehen wird?

Die Kunst bei der Implementierung besteht darin, diesen Widerspruch nicht durch ein Entweder-Oder aufzulösen. Denn es ist sinnvoll, daß Mitarbeiter Anspruch auf Supervision haben, aber gleichzeitig hängt die Sinnhaftigkeit wesentlich davon ab, wie es gelingt, die Leitungskräfte miteinzubeziehen.

Die Brisanz dieses Widerspruchs differiert je nach Setting. Bei Einzelsupervision, Coaching oder Gruppensupervision außerhalb der Organisation kann man sich vorstellen, daß die Leitungskräfte nicht direkt involviert sind. Aber bei einer Teamsupervision sind sie Betroffene und daher auch einzubeziehen. Außer in krassen Konfliktfällen macht es wenig Sinn, Supervision an den Leitungskräften vorbei zu betreiben. Dafür gibt es mehrere Gründe. Die Ergebnisse sind schwer umsetzbar, wenn die Führungskräfte nicht mitspielen. Wie schon die oben erwähnte Verstörung des Chefs einer Neurologieabteilung andeutet, kann eine solche Supervision die Kommunikation zwischen Leitung und Team belasten und damit Konflikte fördern, ohne die Möglichkeit zu haben, sie sinnvoll zu bearbeiten. Die Skepsis von Leitungskräften gegenüber Supervision wird so allemal geschürt.

Das Anspruchsrecht ist sicher sinnvoll, aber man kann nur wenig wirklich Gutes anbieten, wenn die Supervision an der Leitung vorbeigeht und als separat geschützter Raum angesehen wird. Und es ist die Frage zu stellen, ob die Befürchtungen, daß bei einer Einbindung der Leitung dieser Schutzraum nicht mehr ge-

geben sei, wirklich berechtigt sind. Supervision als eine Maßnahme der Mitarbeiterförderung im Sinn von Entlastung und Unterstützung wirkt sich positiv aus, wenn das von der Leitung
auch bewußt gefördert wird.

Noch problematischer ist es jedoch, wenn Supervision dazu bei-
trägt – und dies geschieht oft genug –, die Führungskräfte und
die Organisation zu entlasten, indem Probleme der Arbeitsorganisation als Probleme belasteter Mitarbeiter in die Supervision
ausgelagert werden. Überspitzt kann man formulieren, daß Supervision mit der Zielsetzung, die Mitarbeiter zu entlasten, Gefahr läuft, in erster Linie die Entlastung der Führungskräfte zu
fördern.

Damit wird klar, daß man die Förderung von Mitarbeiterinnen
nicht in die Supervision auslagern kann, sondern sich als Füh-
rungskraft auch selbst darum kümmern muß. Dies kann tendenziell dazu führen, daß in dem Maß, in dem Führungskräfte kompetent und qualifiziert Personalentwicklung betreiben, der Bedarf an Supervision zurückgeht, oder sie wird als Reflexionsset-
ting verbunden mit der Ressource einer externen Perspektive bewußter und effektiver eingesetzt werden. Wenn Supervision die
interne Bearbeitungsfähigkeit des Systems stärken und nicht nur
an ihre Stelle treten soll, so kommen wir letztendlich zu dem
Fazit: *Die Unterstützung des Personals gelingt am besten, wenn
Supervision als Bestandteil einer lernenden Organisation gesehen wird.*

10. Qualifizierung und Professionalisierung von Supervisoren

Ralph Grossmann, Klaus Scala

Die Integration der Organisationsebene in die Supervision verändert die Perspektive, erhöht die Komplexität sowohl in bezug auf Wahrnehmung und Diagnose als auch hinsichtlich der Interventionen und hat daher erhebliche Auswirkungen auf das Qualifikationsprofil von Supervisorinnen. Während sich Supervision noch in dem Prozeß befindet, sich als eigenständige Beratungsform von der Psychotherapie abzugrenzen und die eigene Identität zu festigen, kommt bereits durch die in diesem Buch dargestellten neuen Anforderungen eine weitere Notwendigkeit hinzu, nämlich die, die professionelle Identität neu zu bestimmen. Aufgrund unserer Erfahrungen mit Weiterbildungslehrgängen für Supervisoren zur Organisationsthematik scheinen uns folgende Aspekte für die Qualifizierung und die professionelle Weiterentwicklung besonders relevant.

Der Organisationsbezug in der Supervision bedeutet eine radikale Umstellung

Wenn man sich in der Supervision entscheidet, die Fokussierung auf Kommunikationsstrukturen und Regelungen zum klassischen Fokus auf Personen und persönliche Beziehungen hinzuzunehmen, läßt man sich auf eine folgenreiche Umorientierung ein. Die Hinzunahme ist, genau besehen, keine bloße Hinzunahme, sondern verändert die Perspektive grundsätzlich. Um das im dritten Kapitel verwendete Bild von den drei unterschiedlichen Brillen (Personen-, Gruppen- und Organisationsbrille) aufzugreifen, kann man sich nicht damit begnügen, gelegentlich durch die Organisationsbrille zu blicken, denn es geht um ein Pendeln zwischen diesen Ebenen und um ihre Kombination. Das bedeutet jedoch, daß die einzelnen Perspektiven nicht bleiben, wie sie für sich sind, sondern daß in der Kombination eine neue Sichtweise und eine neue Interventionsrichtung entstehen. Das Pendeln und Kombinieren kann wiederum nicht beliebig geschehen, beides braucht gewissermaßen eine Steuerungsinstanz. Einerseits ist die Unterscheidung der Brillen wichtig, um die unterschiedlichen Ebenen und Einflußfaktoren überhaupt als eigenständig wahrzunehmen, und dennoch kann man die Brillen nicht gesondert einsetzen; sie müssen gleichsam wie Linsen übereinander gelegt werden. In jeder Diagnose und in jeder Intervention kommen alle drei Perspektiven sowie ihr Einfluß aufeinander zum Zug.

Daraus folgt ein ganz anderer Blick auf die professionelle Arbeit; eine Teilnehmerin in unseren Weiterbildungslehrgängen meinte sogar, der Blickwechsel von Beziehungen auf Strukturen sei vergleichbar mit dem Einsatz eines Weitwinkelobjektivs im Gegensatz zu einem Zoom. Die Anforderung ist widersprüchlich. Supervisoren bringen Erfahrungen in der Wahrnehmung und in der Intervention auf psychodynamischer Ebene mit, sie erkennen Spiegelungsphänomene im Gruppenprozeß, und dies alles sollen sie in der Arbeit in Organisationen sowohl behalten und einsetzen als auch gewissermaßen verlernen. Insgesamt handelt es sich also um einen komplexen und mehrschichtigen Lernprozeß. Um ein Stück mehr Transparenz hineinzubringen, wollen wir einige wichtige Stufen kurz skizzieren.

Theoriegeleitete Landkarten von Organisationen sind mit persönlichen Erfahrungen aus Organisationen zu verknüpfen

Für die Entwicklung einer tauglichen Landkarte ist die Auseinandersetzung mit Organisationstheorie hilfreich und notwendig. Dies betrifft sowohl eine allgemeine Organisationstheorie als auch die spezielle Kenntnis einzelner Felder und ihrer Organisationen. Die breite Palette an Theorieangeboten (vgl. u.a. Kasper 1990; Schreyögg 1996) macht es – zum Glück – sehr schwer, sich kumulativ eine Organisationstheorie nach der anderen anzueignen, um so langsam zur vollständigen Wahrheit vorzudringen. Es bleibt einem nicht erspart, immer mitzudenken, was mit einer speziellen Theorie sichtbar gemacht werden kann und was dadurch verdeckt bleibt. Theorien sind wie Brillen: Man sieht damit gewisse Ausschnitte und Entfernungen besser, andere schlechter, andere wiederum gar nicht. Wenn man weiß, wozu man Theorien braucht, kann man sich auch die richtigen aussuchen. Soziologen, Anthropologinnen und Psychologen verwenden daher jene Theorien über Organisationen, die am besten Antworten auf ihre wissenschaftsimmanenten Fragestellungen liefern, Organisationsberaterinnen und Supervisoren werden anders auswählen, und für Führungskräfte innerhalb von Organisationen sind wiederum andere Theorien besonders interessant und nutzbringend. Im dritten Kapitel haben wir daher eine theoriegeleitete, systematische Annäherung an Organisationen entwickelt und darauf aufbauend Landkarten konzipiert, wie sie uns für einen interventionsorientierten Zugang besonders brauchbar erscheinen.

Besonders wichtig erscheint uns eine Fundierung in spezieller Organisationstheorie. Die wissenschaftliche Auseinandersetzung der supervisorischen Fachwelt mit der Organisationsthematik hat in den letzten Jahren deutlich zugenommen (vgl. Buchinger 1996; Fatzer 1996; Fürstenau 1996; Giesecke/Rappe-Giesecke 1997; Gotthard-Lorenz 1996; Pühl 1992, 1994, 1996; Schreyögg 1994), doch findet dabei die Organisationstheorie spezifischer Felder noch zu wenig Beachtung. Die Fachleute beziehen sich einerseits auf allgemeine Organisationstheorie, wobei die aktuelle Thematik der Entwicklungsbedingungen von Organisationen weitgehend ausgeklammert bleibt, und überall dort, wo auf einzelne Organisationen wie Krankenhaus, Sozialeinrichtungen, Schule etc. eingegangen wird, bleibt es bei beispielhaften Illustrationen über feldspezifische Kommunikations- und Verhaltensmuster. Es steht vor allem die Organisation als Sozialisationsfaktor für ihre Klienten und Beschäftigten im Mittelpunkt, letztere sind jedoch nur eine von mehreren Umwelten der Organisation. So wertvoll die Hinweise auf feldspezifische Besonderheiten in den Werthaltungen und Verhaltensmustern sind, so wichtig erscheint es uns, darüber hinaus ein Verständnis für die jeweiligen Organisationen als eigenständige soziale Systeme zu erarbeiten. Dies inkludiert sowohl eine kompakte und komplexe Landkarte als auch einen Sinn für die Entwicklungslogik der jeweiligen Organisation. Der Veränderungstrend hat alle Organisationen erfaßt, und so wird es für Supervisorinnen wichtig, die Klientenorganisationen in Relation zu ihren Umwelten, die diese Veränderungen auslösen, zu sehen und diese Perspektive in die supervisorische Arbeit einzubringen. Es geht also nicht allein um Organisationsdiagnose, sondern vor allem um die Veränderungsdynamik in den Organisationen unterschiedlicher Felder.

Jede Theorie fällt jedoch nur auf fruchtbaren Boden und kann nur dann in konkretes Handeln umgesetzt werden, wenn sie mit dem eigenen Erfahrungshintergrund in Beziehung gesetzt wird. Jede und jeder hat seit Kindergarten und Schuleintritt ein reiches Repertoire an Erfahrungen mit Organisationen, die Einstellungen prägen, bestimmte Bilder von Organisationen schaffen und sich in einer mehr oder weniger bewußten Theorie verdichten. Solange wissenschaftliche Organisationstheorien quasi als fertige Produkte konsumiert werden, findet keine Verknüpfung mit dem eigenen Erfahrungshintergrund statt, und das angelernte Wissen bleibt, bezogen auf das eigene Handeln, wirkungslos. Lernen an Theorien ist also nicht im umgangssprachlichen Sinn „bloß theoretisch", sondern bedeutet einen anspruchsvollen Selbstreflexionsprozeß des eigenen, lebensgeschichtlich entwickelten Zugangs zu Organisationen. Erst die Reflexion der eigenen Bilder macht den Vergleich mit anderen Sichtweisen möglich und schafft damit den Boden, sich neue Perspektiven aneignen zu können. Daher ist die Bearbeitung der emotionalen Beziehungen zu Organisationen ein wichtiger Bestandteil zur eigenen Qualifizierung. Es braucht eine Aufarbeitung der eigenen Organisationserfahrungen, der Bilder und Affekte, die man dabei entwickelt hat.

Direkte Erfahrungen in unterschiedlichen Organisationen

Die Aufarbeitung der eigenen Organisationsgeschichte kann sehr unterschiedliche Formen annehmen. Sie wird für Menschen, die in einer Organisation tätig sind, anders aussehen als für solche, die freiberuflich arbeiten. Erstere bringen zwar in gewisser Weise bessere Voraussetzungen mit, weil sie auf Organisationsthemen eingestellt sind und auch andere Rollen im Verhältnis zu Organisationen eingenommen haben, andererseits aber sind sie von ihrer Organisation geprägt und haben vor allem die Schwierigkeit, sich gegenüber Organisationen, insbesondere gegenüber ihrem Herkunftsfeld, von ihrer gewohnten Rolle abzulösen und eine neue Beziehung als Supervisor aufzubauen. Der Gruppe der Externen fehlt es an professioneller Organisationserfahrung; nicht selten haben sie die freiberufliche Tätigkeit gewählt, um so den Zwängen von Organisationen zu entkommen. Auch sie müssen mögliche Aversionen ins Bewußtsein heben und ihre Beziehung gegenüber Organisationen in produktiver Weise definieren. Dies ist umso schwieriger, als der Mangel an alltäglicher Organisationserfahrung phantasiegeleitete Vorstellungen darüber, wie es in einer Organisation zugeht, nicht korrigieren kann.

Innerhalb von Qualifizierungsprogrammen sollte daher auch die Möglichkeit der direkten Auseinandersetzung mit unterschiedlichen Organisationen durch Beobachtung, Praktika, Projekte und Untersuchungen enthalten sein. Dies eröffnet Freiräume und Gelegenheiten zum direkten Kontakt und zur Beobachtung aus unterschiedlichen Rollen, ohne dem besonderen Handlungsdruck als Supervisorin ausgesetzt zu sein. Das Bewegen in unterschiedlichen Organisationen, mit Vertretern zu verhandeln, die Alltagskultur zu erleben, Abläufe im Betrieb zu erfahren, bringt wertvolle und lernträchtige Erfahrungen.

Systematisch erarbeitete Umsetzung von Organisationswissen in supervisorisches Handeln

Das Transferproblem, d.h., die Lernschritte in Organisationstheorie und Organisationswissen in Handlungen bei der Supervision umzusetzen, nahm in unseren – oben erwähnten – Lehrgängen eine zentrale Stelle ein. Die Teilnehmerinnen haben relativ schnell und stark ihr Diagnoseinstrumentarium erweitert, doch konnte der dadurch erweiterte und komplexere Horizont in den konkreten Interventionen nicht in gleichem Maß genutzt werden (Fürnkranz 1996).

Besondere Aufmerksamkeit verdient die Integration unterschiedlicher Beobachtungsperspektiven und Kompetenzen der Supervisoren. Viele kommen aus der Psychotherapie und arbeiten in beiden Feldern, andere arbeiten als Trainerinnen oder Organisationsberater, andere wiederum haben noch ein anderes zweites

Standbein. Das bringt die schwierige Aufgabe mit sich, eine Doppelidentität zu managen, ohne daß es dabei zur Abwertung der einen oder der anderen Identität kommt, und bringt die Problematik ins Spiel, unterschiedliche Kompetenzen gleichzeitig in ihrer Unterschiedlichkeit zu erhalten und zu integrieren.

Die Schwierigkeit, mitgebrachte Kompetenzen mit neu erworbenen Landkarten zu verknüpfen und in supervisorisches Handeln zu übersetzen, wird meist unterschätzt. Auf dem Weg dorthin gibt es Friktionen und Sprünge. Manche greifen trotz umfangreichen Organisationswissens in der konkreten Arbeit auf ihr ursprüngliches Repertoire zurück, in dem sie sich sicher fühlen, andere wiederum können das neu erworbene Know-how nur so umsetzen, indem sie ihre mitgebrachten Kompetenzen ausschalten. In der Supervision wird dann ganz streng nur mit der Organisationsbrille beobachtet und interveniert. Man weiß z.B., daß die Exploration von Einheiten, Stellen und Rollen wichtig ist, also konzentriert man sich mit einer gewissen Sturheit darauf und läßt andere Aspekte, Wahrnehmungen und Gefühle beiseite.

Die angesprochenen Lernschritte können durch mehrere Lernsettings unterstützt werden. Naheliegend und sinnvoll ist die Supervision der eigenen supervisorischen Arbeit. Doch reicht dies nach unserer Erfahrung nicht aus. Fälle müssen systematischer aufgearbeitet werden, als dies in Supervisionen üblich ist. Dabei können auch die Analyse abgeschlossener Fälle oder von der Lehrsupervisorin eingebrachte Beispiele sehr hilfreich sein. Die einzelnen Schritte in der Supervision sollten genau untersucht werden: Wie wurde bei der Kontrakterstellung vorgegangen? Wie wurde das Setting eingerichtet? Welche Gründe gab es dafür? Welche Interventionen wurden gesetzt? Welche anderen Interventionsvarianten hätte es noch gegeben?

Besonders lernförderlich sind Arrangements von Supervisionsbeobachtung und Co-Supervision, bei denen man Lehrsupervisorinnen direkt im Prozeß erleben kann, womit für eine gemeinsame Aufarbeitung auch eine gemeinsame Erfahrungsbasis gegeben ist.

Designkompetenz für die Arbeit mit Gruppen

Supervisoren bringen in der Regel gewisse Erfahrung in der Arbeit mit Gruppen mit, aus ihrer Ausbildung, aber vor allem aus ihrer supervisorischen Tätigkeit. Dennoch ist die Bandbreite im Umgang mit Gruppen mitunter recht schmal. Wohl findet man eine gewisse Routine in der Strukturierung von Fallarbeit vor, doch ist die Beobachtungsschärfe von Gruppenprozessen generell sehr unterschiedlich entwickelt. Grundlegende Erfahrungen mit gruppendynamischen Lernsettings sollten jedoch zum Standard aller Supervisorinnen werden.

Für die Supervision in Organisationen ist die Kompetenz, Arbeitsprozesse aufgabenbezogen zu strukturieren, gefragt – also Designkompetenz für die Arbeit in Gruppen. Denn es genügt nicht, Spiegelungen und Resonanzphänomene in der Gruppe wahrzunehmen und die Deutungen der Gruppe zurückzuspielen. Das Modell, daß während der Supervision alle im Kreis sitzen, ist in den Köpfen der meisten Supervisoren recht festgefügt, reicht jedoch als Repertoire bei weitem nicht aus. Erfahrungen als Leiter von Trainings und Erwachsenenbildungsseminaren sind dafür eine brauchbare Grundlage, doch hat in Supervisions- und Beratungsprozessen jede Strukturierung (Aufgabenstellung, Differenzierung und Zusammensetzung von Gruppen, Vernetzung der Gruppenergebnisse etc.) einen viel stärkeren Interventionscharakter als in einem seminaristischen Setting, in dem die Teilnehmer ausschließlich zu Lernzwecken zusammengekommen sind.

Design- und Beratungskompetenz im Aufbau von Settings

Die Qualifizierung muß die allgemeine beraterische Kompetenz für soziale Systeme stärken. Wenn man es mit der Gestaltung des Settings als einer besonders wirkungsvollen Interventionsstrategie ernst meint, dann braucht man Sicherheit im Verhandeln und im Annähern an komplexe soziale Systeme. Dies ist auch für erfahrene Supervisoren oft ein neues Feld. Innerhalb eines bereits etablierten Settings souverän führen zu können, ist eine Sache, eine andere jedoch, am Telefon, in den Erstgesprächen kompetent und flexibel zu verhandeln. Die Paradoxie, die in diesen Anfangsphasen zu meistern ist, besteht darin, zu einem Zeitpunkt größter eigener Unwissenheit über das Klientensystem mit Verhandlungsvorschlägen ins Schwarze treffen zu können, konkrete Schritte zu setzen, die anschlußfähig sind, ohne sich damit zu früh festzulegen. Die Abfolge „zuerst die Diagnose, dann die Intervention" entspricht nicht der Realität, denn jeder Kontakt, jeder diagnostische Schritt ist eine Intervention. Das Klientensystem beobachtet die Supervisorin sehr sensibel und erwartet sich Sicherheit in der Vorgangsweise. Vertrauen in die Kompetenz der Supervisorin ist für diese wiederum eine Voraussetzung, um überhaupt wirkungsvoll arbeiten zu können.

Supervision in Organisationen – ein Hochschullehrgang[4]

Die Einschätzung, daß das klassische Instrumentarium von Supervision den gewachsenen Anforderungen nicht mehr entspricht, hat uns dazu bewogen, Hochschullehrgänge zur Supervision in Organisationen für praktizierende Supervisoren zu entwickeln und durchzuführen. Das Programm fokussierte den vielschichtigen Organisationsbezug von Supervision – einerseits für die Arbeit in Organisationen, andererseits auch für die Arbeit mit Klienten, deren Berufssituation durch die Auseinandersetzung mit Organisationen geprägt ist. Als Referentinnen wurden international renommierte Organisationsberaterinnen und Supervisorinnen engagiert. Zwei Lehrgänge sind bislang erfolgreich durchgeführt worden.

Das Design integriert eine Reihe von konzeptionellen Ebenen: Die Inhalte versuchen, das Spektrum an relevanten Kompetenzen abzudecken, methodisch unterschiedliche Lernsettings sollen Lernerfahrungenen auf kognitiver, emotionaler und handlungsbezogener Ebene ermöglichen, die Balance zwischen fix vorgegebenen Einheiten und frei wählbarem Angebot macht sich

---

4 vgl. Fürnkranz/Grossmann/Scala 1993

einerseits die Vorteile einer kontinuierlichen Lehrgangsgruppe mit einem gut verfolgbaren gemeinsamen Lernprozeß zunutze und läßt zugleich ausreichend Spielraum für individuell unterschiedliche Interessen, und zu guter Letzt gibt es eine Reihe von Elementen, die den Praxisbezug und die Umsetzung des Gelernten unterstützen: Förderassessment, begleitende Supervisionsgruppen und viele Fallbesprechungen in den Workshops. Damit war auch ein Prüfstein für die Relevanz der angebotenen Inhalte eingebaut. Eine Projektarbeit als Dokumentation und Reflexion eigener Supervisionspraxis sichert in besonderer Weise die Verknüpfung von Lehrgang und eigener beruflicher Praxis.

- *Workshops – fix im Lehrgang: Förderassessment, Anforderungen und Identität von Supervision in Organisationen, Organisationstheorie, Leiten in Organisationen, Intervention in soziale Systeme, Schlußauswertung*

- *Wahlangebote: Fragetechniken, Gruppendynamik, Spezielle Organisationstheorie für Sozial- und Gesundheitswesen, Aufgabenbezug, Projektmanagement, Projektsupervision, Instrumente der Personalentwicklung*

- *Kontinuierliche Supervisionsgruppen*

- *Besuch bei Wirtschaftsorganisationen, die Coaching implementiert haben, und bei einem Organisationsentwicklungsprojekt im Krankenhausbereich*

- *Beratung bei der Erstellung der Projektarbeit sowie deren Auswertung*

Eine konzeptuelle Weiterentwicklung wird vor allem die Möglichkeiten forcieren, selbst direkte Erfahrungen in und mit Organisationen zu machen, etwa durch Organisationsdiagnosen, die in kleinen Forschungsgruppen bearbeitet werden. Darüber hinaus wird das Angebot an spezieller Organisationstheorie breiter werden.

Die Investitionen in die Rahmenbedingungen professioneller Arbeit gewinnen an Bedeutung

Es wird verstärkt notwendig werden, daß Supervisoren in die Aufklärung und Beratung von potentiellen Auftraggebern investieren. Die Perspektive einer maßgeschneiderten Gestaltung von Settings wird nur realisierbar sein, wenn man sich nicht allein auf die Verhandlungen über einzelne Verträge verläßt, sondern dadurch, daß einem Klientensystem Anregungen für den Umgang mit dem Instrument Supervision gegeben werden. Das bedeutet, in die Veranstaltung von Vorträgen, Workshops und Meetings mit Auftraggebern zu investieren.

Einerseits wird Supervision immer selbstverständlicher und dringlicher im Sinn einer Investition in die Selbstreflexion von Professionellen und Systemen, andererseits bedeutet der wachsende ökonomische Druck und die Budgetknappheit vieler Einrichtungen, daß Supervision eingeschränkt oder zumindest verstärkter Effizienz- und Erfolgskontrolle unterworfen werden wird. Es ist zu erwarten, daß Supervision ihren speziellen Nutzen für einen Klienten verstärkt nachweisen und plausibilisieren wird müssen. Das wiederum verlangt Investitionen in die Selbstreflexion des eigenen Tuns. Supervision braucht zur Qualitätssicherung Supervision.

Vom Einzelanbieter zur Selbstorganisation von Supervisoren

Die Notwendigkeit, ein verstärktes Marketing zu betreiben und unterschiedliche Kompetenzen zu nutzen, legt nahe, die Vereinzelung in der Supervisionsarbeit aufzugeben, mit dem Ziel, eine Organisationsform der eigenen Arbeit aufzubauen, die der Situation auf dem Markt entspricht. Eine Gruppe von Supervisoren kann sich mit einem Krankenhausträger auseinandersetzen, sich als besonders qualifizierte Gruppe für dieses Feld anbieten und sich durch überzeugende Öffentlichkeitsarbeit positionieren.

Fragen der beruflichen Selbstorganisation werden in nächster Zukunft stärker in das Blickfeld geraten. Dazu gehören die Kooperation zwischen Organisationen und die Investition in Öffentlichkeitsarbeit. Es ist dies eine andere Form von Selbstentwicklung, als sie von Berufsverbänden geleistet werden kann, unbeschadet der Wichtigkeit ihrer Arbeit in der Formulierung von Qualitäts- und Ausbildungsstandards und der berufsständischen Öffentlichkeitsarbeit. Doch hier geht es um eine Investition in die unternehmerische Selbstentwicklung der Supervisorinnen und in ihre Klientenbeziehung.

Formen der Selbstorganisation von Supervisoren in Netzwerken oder Firmen oder in Zusammenschlüssen, in denen Supervisorinnen und Organisationsberater miteinander tätig werden, sind an der Tagesordnung.

Literatur

Altrichter, H. (1995): Organisationsentwicklung von Schulen – die neue Mode der Saison? In: Erziehung und Unterricht 7/1995. Wien: Österreichischer Bundesverlag, S. 518-529

Bachmann, H. et al. (1996): Auf dem Weg zu einer besseren Schule. Evaluation der Schulautonomie in Österreich. Auswirkungen der 14. SchOG-Novelle. Innsbruck – Wien: Studienverlag

Badelt, Ch. (Hg.) (1997): Handbuch der Nonprofit Organisation. Strukturen und Management. Stuttgart: Schäffer-Poeschel

Badura, B., Feuerstein, G. (1994): Systemgestaltung im Gesundheitswesen. Zur Versorgungskrise der hochtechnisierten Medizin und den Möglichkeiten ihrer Bewältigung. Weinheim – München: Juventa

Badura, B., Feuerstein, G., Schott, T. (Hg.) (1993): System Krankenhaus. Arbeit, Technik und Patientenorientierung. Weinheim – München: Juventa

Baecker, D. (1993): Die Form des Unternehmens. Frankfurt: Suhrkamp

Baecker, D. (1994): Postheroisches Management. Ein Vademecum. Berlin: Merve

Bateson, G. (1985): Ökologie des Geistes. Frankfurt: Suhrkamp

Belardi, N. (1992): Supervision. Von der Praxisberatung zur Organisationsentwicklung. Paderborn: Junfermann

Berker, P. (1992): Felddynamik. In: Supervision. Zeitschrift für berufsbezogene Beratung in sozialen, pädagogischen und therapeutischen Arbeitsfeldern, Heft 21/92. Frankfurt am Main: Fachhochschule Frankfurt am Main, S. 3-9

Brack, R. (1995): Qualitätssicherung in der Sozialarbeit. In: Badelt, Ch. (Hg.): Qualitätssicherung in den sozialen Diensten. Krems: Wissenschaftliche Landesakademie für Niederösterreich, S. 5-39

Brandau, H. (Hg.) (1991): Supervision aus systemischer Sicht. Salzburg – Wien: Otto Müller

Brandau, H., Schürs, W. (1995): Spiel- und Übungsbuch zur Supervision. Salzburg – Wien: Otto Müller

Buchinger, K. (1992): Ist Teamsupervision Organisationsberatung? Zur Professionalisierung von Selbstreflexion. In: Wimmer, R. (Hg.): Organisationsberatung. Neue Wege und Konzepte. Wiesbaden: Gabler, S. 151-169

Buchinger, K. (1996): Supervision in Organisationen. Den Wandel begleiten. Heidelberg: Carl Auer

Butzko, H. G. (1994): Supervision in Wirtschaftsunternehmen. In: Pühl, H. (Hg.): Handbuch der Supervision 2. München: Edition Marhold, S. 316-330

Drucker, P. (1990): Managing the Non-Profit Organization. Oxford: Butterworth-Heinemann

Eckardstein, D. v., Simsa, R. (1997): Entscheidungsmanagement in NPOs. In: Badelt, Ch. (Hg.): Handbuch der Nonprofit Organisation. Strukturen und Management. Stuttgart: Schäffer-Poeschel, S. 315-329

Eikenbusch, G. (1995): Systematische Planungs- und Entwicklungsgespräche in der Schule. Ansätze, Erfahrungen und Hinweise. In: Organisationsberatung Supervision Clinical Management. Jg 2, Heft 2. Leverkusen: Leske + Budrich, S. 123-139

Fatzer, G. (Hg.) (1996): Organisationsentwicklung und Supervision. Erfolgsfaktoren bei Veränderungsprozessen. Köln: Edition Humanistische Psychologie

Fatzer, G., Eck, C. D. (Hg.) (1990): Supervision und Beratung. Ein Handbuch. Köln: Edition Humanistische Psychologie

Fengler, J. (1992): Helfen macht müde. Zur Analyse und Bewältigung von Burnout und beruflicher Deformation. München: Pfeiffer

Foerster, H. v. (1985): Sicht und Einsicht. Versuche zu einer operativen Erkenntnistheorie. Braunschweig – Wiesbaden: Vieweg

Franke, U. (1997): Systemische Familienaufstellung. München – Wien: Profil

Frese, M. (1985): Psychische Gesundheit, Arbeitsbedingungen und neue Technologien. In: WSI Mitteilungen, Heft 4. Düsseldorf: Bund Verlag

Fürnkranz, W. (1996): Supervision in Organisationen. Forschungsbericht. Wien: IFF – Gesundheit und Organisationsentwicklung

Fürnkranz, W., Grossmann, R., Scala, K. (1993): Supervision in Organisationen. Programm zum Hochschullehrgang 1994-1997. Wien: IFF – Gesundheit und Organisationsentwicklung

Fürstenau, P. (1992): Psychoanalytisch-systemische Teamsupervision im psychiatrisch-psychosomatischen Bereich zwecks Förderung der Teamentwicklung. In: Fürstenau, P.: Entwicklungsförderung durch Therapie. Grundlagen einer psychoanalytisch-systemischen Psychotherapie. München: Pfeiffer, S. 175-188

Fürstenau, P. (1996): Auf dem Weg zur Organisationssupervision: Differenzierung ist gefragt – Ein Gespräch mit W. Weigand. In: Supervision. Zeitschrift für berufsbezogene Beratung in sozialen, pädagogischen und therapeutischen Arbeitsfeldern, Heft 29/96. Frankfurt am Main: Fachhochschule Frankfurt am Main, S. 33-39

Giesecke, M., Rappe-Giesecke, K. (1997): Supervision als Medium kommunikativer Sozialforschung. Die Integration von Selbsterfahrung und distanzierter Betrachtung in der Beratung und Wissenschaft. Frankfurt am Main: Suhrkamp (stw 1105)

Gotthardt-Lorenz, A. (1994): „Organisationssupervision": Rollen und Interventionsfelder. In: Pühl, H. (Hg.): Handbuch der Supervision 2. München: Edition Marhold, S. 365-379

Gotthardt-Lorenz, A. (1996): Warum „Organisationssupervision"? In: Supervision. Zeitschrift für berufsbezogene Beratung in sozialen, pädagogischen und therapeutischen Arbeitsfeldern, Heft 29/96. Frankfurt am Main: Fachhochschule Frankfurt am Main, S. 25-32

Grossmann, R. (1980): Schule und Politische Bildung II. Lehrerarbeit und Persönlichkeitsentwicklung. Klagenfurt: Kärntner Druck- und Verlagsgesellschaft

Grossmann, R. (1994): Organisationsentwicklung im Krankenhaus. In: Heller, A. (Hg.): Kultur des Sterbens. Bedingungen für das Lebensende gestalten. Freiburg: Lambertus Verlag, S. 83-111

Grossmann, R. (1995a): Die Selbstorganisation der Krankenhäuser. Ein Schlüssel für die Organisationsentwicklung im „Gesundheitswesen". In: Grossmann, R., Krainz, E., Oswald, M. (Hg.): Veränderung in Organisationen. Management und Beratung. Wiesbaden: Gabler, S. 55-78

Grossmann, R. (1995b): Teamarbeit im Krankenhaus. In: Frischenschlager, R. et al. (Hg.): Lehrbuch zur medizinischen Psychologie. Wien – New York: Springer, S. 900-917

Grossmann, R. (1996): Gesundheitsförderung am Arbeitsplatz im Krankenhaus. In: Grossmann, R. (Hg.): Gesundheitsförderung und Public Health. Wien: Facultas, S. 171-200

Grossmann, R., Krainz, E., Oswald, M. (1995): Veränderung in Organisationen. Management und Beratung. Wiesbaden: Gabler

Grossmann, R., Prammer, K. (1995): Reorganisation eines OP-Betriebs. Zur Überarbeitung zentraler Geschäftsprozesse im Krankenhaus. In: Organisationsentwicklung 3/1995. Basel: Organisationsentwicklung und Management AG, S. 14-26

Grossmann, R., Scala, K. (1993): Supervision in Organisationen. Programmheft zum 2. Hochschullehrgang. In: Unsere Zeitung, Mitteilungen des IFF 3/93. Wien: IFF – Gesundheit und Organisationsentwicklung

Grossmann, R., Scala, K. (1994): Gesundheit durch Projekte fördern. Ein Konzept zur Gesundheitsförderung durch Organisationsentwicklung und Projektmanagement. Weinheim – München: Juventa

Grosz, P. (1985): Liebe, Mühe, Arbeit, Abschied von den Professionen. In: Soziale Welt. Zeitschrift für Wissenschaft und Praxis der sozialen Welt, Heft 1. Dortmund: Ardey

Haider, E. (1995): Der Beitrag des Arbeitsmarktservice in seiner Rolle als öffentlicher Fördergeber bei der Qualitätssicherung von sozialen Dienstleistungen und Qualitätssicherung aus der Sicht der Verwaltung. In: Badelt, Ch. (Hg.): Qualitätssicherung in den sozialen Diensten. Krems: Wissenschaftliche Landesakademie für Niederösterreich, S. 105-114

Heimerl-Wagner, P., Köck, Ch. (1996): Management in Gesundheitsorganisationen. Wien: Ueberreuter

Heintel, P., Krainz, E. (1994): Was bedeutet Systemabwehr? In: Götz, K. (Hg.): Theoretische Zumutungen. Heidelberg: Carl Auer

Heitger, B., Boos, F. (Hg.) (1994): Organisation als Erfolgsfaktor. Wien: Service Fachverlag

Heitger, B., Jarmai, H. (1994): Unternehmen in der Krise – Organisation als Erfolgsfaktor? In: Heitger, B., Boos, F. (Hg.): Organisation als Erfolgsfaktor. Wien: Service Fachverlag, S. 9-28

Heller, A. (Hg.) (1994): Kultur des Sterbens. Bedingungen für das Lebensende gestalten. Freiburg: Lambertus

Heller, A. (1997): Die Identität der kirchlichen Krankenhäuser systemisch entwickeln. In: Caritas. Zeitschrift für Caritasarbeit und Caritaswissenschaft. Jg 98, Heft 2 (in Druck)

Kasper, H. (1990): Die Handhabung des Neuen in organisierten Sozialsystemen. Berlin – Heidelberg – New York: Springer

Kersting, H. J. (1992): Kommunikationssystem Supervision. Unterwegs zu einer konstruktivistischen Beratung. Aachen: Kersting

Kersting, H. J., Neumann-Wirsig, H. (Hg.) (1992): Supervision – Konstruktion von Wirklichkeiten. Aachen: Kersting

Köck, Ch., Ebner, H. (1994): Qualitätsmanagement im Krankenhaus. Kriterien und Abgrenzung erfolgreicher Qualitätsverbesserung. In: Zapotoczky, K., Grausgruber, A., Mechtler, R. (Hg.): Gesundheit im

Brennpunkt – Anforderungen und Leistungen. Bd. 4. Linz: Veritas, S. 51-61

Königswieser, R., Lutz, Ch. (Hg.) (1990): Das systemisch evolutionäre Management. Wien: Orac

Krainz, E., Simsa, R. (1995): Gute Menschen. Zur Beratung von Freiwilligen-Organisationen. In: Grossmann, R., Krainz, E., Oswald, M.: Veränderung in Organisationen. Management und Beratung. Wiesbaden: Gabler, S. 255-269

Lange, H. (1995): Schulautonomie. Entscheidungsprobleme aus politisch-administrativer Sicht. In: Zeitschrift für Pädagogik. Jg 41, Nr. 1. Weinheim: Beltz, S. 21-37

Loos, W. (1991): Coaching für Manager. Problembewältigung unter vier Augen. Landsberg/Lech: Moderne Industrie

Luhmann, N. (1984): Soziale Systeme. Grundriß einer allgemeinen Theorie. Frankfurt – New York: Suhrkamp.

Luhmann, N. (1988): Organisation. In: Küpper, W., Ortmann, G. (Hg.): Mikropolitik. Opladen: Westdeutscher Verlag, S. 165-186

Luhmann, N. (1994): Das Erziehungssystem und die Systeme seiner Umwelt. Manuskript. Bielefeld

Luhmann, N. (1995): Sich im Undurchschaubaren bewegen. Zur Veränderungsdynamik hochentwickelter Gesellschaften. In: Grossmann, R., Krainz, E., Oswald, M.: Veränderung in Organisationen. Management und Beratung. Wiesbaden: Gabler, S. 9-19

Luhmann, N. (1996): Entscheidungen in der „Informationsgesellschaft". Manuskript

Luhmann, N., Schorr, K. E. (Hg.) (1982): Zwischen Technologie und Selbstreferenz. Fragen an die Pädagogik. Frankfurt am Main: Suhrkamp

Luhmann, N., Schorr, K. E. (Hg.) (1988): Reflexionsprobleme im Erziehungssystem. Stuttgart 1979; 2. Aufl. mit Nachwort. Frankfurt am Main: Suhrkamp

Luif, I., (Hg.) (1997): Supervision. Tradition, Ansätze und Perspektiven in Österreich. Wien: Orac

Menzies, I. E. P. (1974): Die Angstabwehr-Funktion sozialer Systeme – ein Fallbericht. In: Gruppendynamik. Forschung und Praxis. Jg 5, Heft 3. Klett: Stuttgart, S. 183-216

Morgan, G. (1986): Images of Organizations. Beverly Hills – London – New Delhi: Sage

Natter, B. (Hg.) (1993): Schulautonomie. Dokumentation zum Kongreß der Österreichischen Bildungsallianz. In: Erziehung heute, Nr. 3/1993. Wien: Österreicher Studienverlag

Obholzer, A. (1994): Managing Social Anxieties in Public Sector Organizations. In: Obholzer, A., Roberts-Zagier, V.: The Unconscious at Work. London – New York: Routledge, S. 121-128

Pallasch, W. (1991): Supervision. Neue Formen beruflicher Praxisbegleitung in pädagogischen Arbeitsfeldern. Weinheim – München: Juventa

Pallasch, W., Mutzeck, W., Reimers, H. (Hg.) (1996): Beratung – Training – Supervision. 2. Aufl. Weinheim – München: Juventa

Pallasch, W. et al. (1993): Das Kieler Supervisionsmodell (KSM). Weinheim – München: Juventa

Patak, M. (1997): Non Profit-Organisationen: Die besseren Manager. In: Sozial Management. Magazin für Organisation und Innovation, Heft 2/97. Baden-Baden: Nomos, S. 13-15

Patak, M., Simsa, R. (1992): Paradoxien in Nonprofit-Organisationen. In: Gester, P. W., Heitger, P., Schmitz, Ch. (Hg.): Menagerie. Jahrbuch für systemisches Management. Jg 2. Heidelberg: Carl Auer

Palzkill, B. (1995): Supervision und Schule. In: Organisationsberatung Supervision Clinical Management. Jg 2, Heft 2. Leverkusen: Leske + Budrich, S. 107-121

Pelikan, J. M. (1993): Krankenhaus in den 90er Jahren. In: WBO-Team (Hg.): Krankenhaus als soziales System. Hildesheim: Franzbecker, S. 5-19

Pelikan, J. M., Lobnig, H., Nowak, P. (1995): Wiener WHO-Modellprojekt „Gesundheit und Krankenhaus". Modelldokumente 1-6; 9. Wien: Ludwig Boltzmann-Institut für Medizin- und Gesundheitssoziologie

Penn, P. (1983): Zirkuläres Fragen. In: Familiendynamik. Interdisziplinäre Zeitschrift für systemorientierte Praxis und Forschung. Jg 8, Heft 3. Stuttgart: Klett-Cotta, S. 194-220

Posch, P. (1991): Gesellschaft und Schule. Am Weg zu einer neuen Kultur des Lernens an der Schule. In: Berger, W. et al. (Hg.): Zukunft der Weiterbildung. München – Wien: Profil, S. 397-408

Posch, P. (1992): Thesen zur Autonomie der Schule. In: Erziehung und Unterricht 5/1992. Wien: Österreichischer Bundesverlag, S. 127-132

Prowaznik, B. (1997): Supervision in der Verwaltung. In: Luif, I. (Hg.): Supervision. Tradition, Ansätze und Perspektiven in Österreich. Wien: Orac

Pühl, H. (Hg.) (1992): Handbuch der Supervision. Berlin: Edition Marhold

Pühl, H. (Hg.) (1994): Handbuch der Supervision 2. Berlin: Edition Marhold

Pühl, H. (Hg.) (1996): Supervision in Institutionen. Eine Bestandsaufnahme. Frankfurt am Main: Fischer

Pühl, H., Schmidbauer, W. (Hg.) (1991): Supervision und Psychoanalyse. Frankfurt am Main: Fischer

Rappe-Giesecke, K. (1994): Supervision. Theorie und Praxis der Gruppen- und Teamsupervision. 2. Aufl. Berlin – Heidelberg – New York: Springer

Rappe-Giesecke, K. (1996): Von der Teamsupervision zur Organisationsberatung. In: Supervision. Zeitschrift für berufsbezogene Beratung in sozialen, pädagogischen und therapeutischen Arbeitsfeldern, Heft 29/96. Frankfurt am Main: Fachhochschule Frankfurt am Main, S. 6-7

Rolff, H.-G. (1993): Wandel durch Selbstorganisation. Theoretische Grundlagen und praktische Hinweise für eine bessere Schule. Weinheim – München: Juventa

Scala, K. (1993): Das Organisieren von Entscheidungen – ein Fallbeispiel. Supervision als Unterstützung für Leitende im Krankenhaus. In: Klinik, Nr. 3/1993. Wien: AKOS-Verlagsgesellschaft, S. 14-15

Scala, K. (1993): Eine Patientenbeschwerde. Wie Supervision dabei helfen kann. In: Klinik, Nr. 4/1993. Wien: AKOS-Verlagsgesellschaft, S. 11-13

Scala, K. (1995): Settings für Supervision im Krankenhaus. In: Gruppendynamik. Zeitschrift für angewandte Sozialpsychologie. Jg 26, Heft 2. Leverkusen: Leske + Budrich, S. 169-181

Scala, K. (1995): Was heißt Lean Service im Erziehungssystem? Umgang mit Ressourcen als Organisationsentwicklungsperspektive der Schule. In: Gruppendynamik. Zeitschrift für angewandte Sozialpsychologie. Jg 26, Heft 3. Leverkusen: Leske + Budrich, S. 347-358

Schaeffer, D. (1994): Zur Professionalisierbarkeit von Public Health und Pflege. In: Schaeffer, D., Moers, M., Rosenbrock, R. (Hg.): Public Health und Pflege. Berlin: Edition Sigma, S. 103-126

Schein, E. H. (1990): Organizational Culture and Leadership. San Francisco – Oxford: Jossey-Bass

Schein, E. H. (1995): Wie können Organisationen schneller lernen? Die Herausforderung, den grünen Raum zu betreten. In: Organisationsentwicklung. Jg 14, Nr. 3. Zürich: Organisationsentwicklung und Management AG, S. 4-13

Schley, W. (1995): Organisationsentwicklung und Schulkultur. In: Organisationsberatung Supervision Clinical Management. Jg 2, Heft 2. Leverkusen: Leske + Budrich, S. 157-173

Schreyögg, A. (1994): Wie viele Brillen verwenden Berater? Zur Bedeutung der Mehrperspektivität in Supervision und Organisationsberatung. In: Organisationsberatung Supervision Clinical Management. Jg 1, Heft 1. Leverkusen: Leske + Budrich, S. 5-28

Schreyögg, A. (1996): Organisationskultur und Supervision. In: Pühl, H. (Hg.): Supervision in Institutionen. Eine Bestandsaufnahme. Frankfurt am Main: Fischer, S. 94-113

Schuhmacher, A. (1995): Die Balance der Unterscheidung. Zur Form systemischer Beratung und Supervision. Heidelberg: Carl Auer

Schwarz, G. (1981): Organisationsentwicklung praktisch. In: Gruppendynamik. Zeitschrift für angewandte Sozialwissenschaft. Jg 12, Heft 4. Stuttgart: Klett-Cotta, S. 299-308

Senge, P. (1996): Die fünfte Disziplin – Kunst und Praxis der lernenden Organisation. Stuttgart: Klett-Cotta

Simon, F. B., C\O\N\E\C\T\A-Autorengruppe (1992): Radikale Marktwirtschaft. Verhalten als Ware oder Wer handelt, der handelt. Heidelberg: Carl Auer

Tomm, K. (1988): Das systemische Interview als Intervention. In: System Familie. Teil I, S. 145-159; Teil II, S. 220-243

Türk, K. (1989): Neuere Entwicklungen in der Organisationsforschung. Ein Trend Report. Stuttgart: Enke

Weick, K. (1985): Der Prozeß des Organisierens. Frankfurt am Main: Suhrkamp

Weick, K. (1995): Sensemaking in Organizations. Thousand Oaks California

Weigand, W. (1994): Teamsupervision: Ein Grenzgang zwischen Supervision und Organisationsberatung. In: Pühl, H. (Hg.): Handbuch der Supervision 2. Berlin: Edition Marhold, S. 112-131

Weigand, W. (1992): Interventionen in Organisationen. Ein Grenzgang zwischen Teamsupervision und Organisationsberatung. In: Pühl, H. (Hg.): Handbuch der Supervision 1. Berlin: Edition Marhold, S. 175-193

Weigand, W. (1996): Teamarbeit und ihre Supervision. In: Supervision. Zeitschrift für berufsbezogene Beratung in sozialen, pädagogischen und therapeutischen Arbeitsfeldern, Heft 29/96. Frankfurt am Main: Fachhochschule Frankfurt am Main, S. 15-24

Widauer, H. (1996): Supervision im Krankenhaus – eine Alibimaßnahme? In: Lobnig, H., Pelikan, J. M. (Hg.): Gesundheitsförderung in Settings: Gemeinde, Betrieb, Schule und Krankenhaus. Wien: Facultas, S. 279-286

Willke, H. (1987): Strategien der Intervention in autonome Systeme. In: Baecker, D. et al. (Hg.): Theorie als Passion. Frankfurt: Suhrkamp

Willke, H. (1992): Ironie des Staates. Grundlinien einer Staatstheorie polyzentrischer Gesellschaften. Frankfurt: Suhrkamp

Willke, H. (1994): Systemtheorie II: Interventionstheorie. Grundzüge einer Theorie der Intervention in komplexe Systeme. Stuttgart – Jena: Gustav Fischer

Willke, H. (1995): Systemtheorie III: Steuerungstheorie. Grundzüge einer Theorie der Steuerung komplexer Sozialsysteme. Stuttgart – Jena: Gustav Fischer

Willke, H. (1996): Führung in systemischer Sicht. In: Ratio, Heft 4, S. 11-13

Wimmer, R. (1992): Was kann Beratung leisten? Zum Interventionsrepertoire und Interventionsverständnis der systemischen Organisationsberatung. In: Wimmer, R. (Hg.): Organisationsberatung. Neue Wege und Konzepte. Wiesbaden: Gabler, S. 59-111

Wimmer, R. (1995): Die permanente Revolution. Aktuelle Trends in der Gestaltung von Organisationen. In: Grossmann, R., Krainz, E., Oswald, M. (Hg.): Veränderung in Organisationen. Management und Beratung. Wiesbaden: Gabler, S. 21-41

Wimmer R. (1996): Die Zukunft von Führung. Brauchen wir noch Vorgesetzte im herkömmlichen Sinn? In: Organisationsentwicklung. Jg 15, Nr. 4. Basel: Organisationsentwicklung und Management AG, S. 46-57

Wimmer, R., Oswald, M. (1987): Organisationsberatung im Schulversuch. Möglichkeiten und Grenzen systemischer Beratung in der Institution Schule. In: Bremerich-Vos, A., Boettcher, W. (Hg.): Kollegiale Beratung in der Schule. Schulaufsicht und Referendarausbildung. Frankfurt – Bern – New York – Paris: Lang, S. 123-176

Zauner, A. (1997): Von Solidarität zu Wissen. Nonprofit Organisationen in systemtheoretischer Sicht. In: Badelt, Ch. (Hg.) (1997): Handbuch der Nonprofit Organisation. Strukturen und Management. Stuttgart: Schäffer-Poeschel, S. 103-119